国家社会科学基金资助项目最终成果（17BGL244）

Research on the influence of

EXTERNAL
COMPENSATION

equity on executive behavior choice

薪酬外部公平性对高管行为选择影响研究

孙世敏　马智颖　张汉南 ◎著

中国财经出版传媒集团

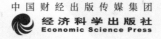

经济科学出版社
Economic Science Press

图书在版编目（CIP）数据

薪酬外部公平性对高管行为选择影响研究/孙世敏，
马智颖，张汉南著 . -- 北京：经济科学出版社，2022.8
ISBN 978 - 7 - 5218 - 3915 - 9

Ⅰ . ①薪…　Ⅱ . ①孙…②马…③张…　Ⅲ . ①企业 -
管理人员 - 劳动报酬 - 研究 - 中国　Ⅳ . ①F279.23

中国版本图书馆 CIP 数据核字（2022）第 139463 号

策划编辑：袁　澂
责任校对：刘　娅
责任印制：邱　天

薪酬外部公平性对高管行为选择影响研究

孙世敏　马智颖　张汉南　著

经济科学出版社出版、发行　新华书店经销
社址：北京市海淀区阜成路甲 28 号　邮编：100142
总编部电话：010 - 88191217　发行部电话：010 - 88191522
网址：www. esp. com. cn
电子邮箱：esp@ esp. com. cn
天猫网店：经济科学出版社旗舰店
网址：http://jjkxcbs. tmall. com
固安华明印业有限公司印装
710 × 1000　16 开　18 印张　250000 字
2022 年 10 月第 1 版　2022 年 10 月第 1 次印刷
ISBN 978 - 7 - 5218 - 3915 - 9　定价：82.00 元
（图书出现印装问题，本社负责调换。电话：010 - 88191510）
（版权所有　侵权必究　打击盗版　举报热线：010 - 88191661
QQ：2242791300　营销中心电话：010 - 88191537
电子邮箱：dbts@ esp. com. cn）

序　言

　　高管薪酬公平性一直是社会各界热议的敏感性话题，2008 年金融海啸爆发后社会各界对其关注度空前高涨，高管"天价"薪酬事件又使其成为社会关注的焦点。2009 年，人力资源和社会保障部等六部委联合颁发《关于进一步规范中央企业负责人薪酬管理的指导意见》，对中央控股公司高管货币薪酬水平产生重大影响，导致部分国有公司高管货币薪酬偏低，由此引发新的薪酬分配不公平问题。实验经济学研究表明，人们大多具有公平偏好倾向，不仅关注自身薪酬水平，而且通过社会比较判断薪酬公平性。现有研究显示中国员工对薪酬分配公平性的重视程度远远高于其他国家，且分配公平时工作满意度较高，不公平时会滋生消极怠工等报复性行为。从行为经济学角度分析，薪酬不公平会影响高管心理感知，并对其行为选择产生影响。首先，当高管感知自身薪酬低于外部比较对象时，可能通过过度在职消费、非效率投资以及盈余操纵等手段获取私人收益，弥补正式合约遭受的薪酬损失。其次，薪酬外部不公平可能诱发高管博弈行为，如降低自身努力水平、采取主动离职等消极对抗手段提高薪酬契约执行成本；利用手中权力影响董事会和薪酬管理委员会，通过影响薪酬同业参照政策、加剧薪酬粘性等手段为自身谋取利益。

目前，薪酬外部公平性研究刚刚起步，研究内容集中于薪酬外部公平性对公司业绩的影响，有关薪酬外部公平性对高管行为选择影响的研究文献甚少，需要深入探索。本著作从行为经济学视角研究薪酬外部公平性对高管机会主义行为以及薪酬契约的影响，揭示薪酬外部公平性对高管行为影响机理，学术贡献表现在如下几方面：（1）从行为经济学、公平偏好、互惠偏好与心理契约视角诠释薪酬外部公平性对高管行为影响机理，为薪酬外部公平性对高管行为影响研究提供理论支撑。（2）探索薪酬外部公平性对薪酬契约影响，包括薪酬外部公平性对高管薪酬粘性以及高管薪酬同业参照选择影响，得出具有创新性的研究结论，填补了理论研究空白。（3）引入制度因素、治理因素与情境因素，通过调节和中介效应检验揭示薪酬外部公平性对高管行为影响机理，推动理论研究进入更深、更高层次。（4）颠覆传统代理成本假说，从薪酬外部公平性视角研究高管薪酬粘性形成机理与传导路径，发现高管薪酬粘性并非单纯管理漏洞，一定程度上是公司为弥补高管货币薪酬激励不足而给予的替代性补偿激励机制，薪酬管制制度是高管薪酬粘性产生的重要助力。本著作研究结论可为高管薪酬契约设计及政府薪酬管制与监管政策制定提供参考。

本著作结构安排如下：（1）薪酬外部公平性基础理论，包括绪论、薪酬外部公平性对高管行为影响机理以及高管薪酬公平性计量方法；（2）薪酬外部公平性对高管机会主义行为影响，包括薪酬外部公平性对高管过度在职消费、非效率投资以及盈余管理影响；（3）薪酬外部公平性对高管薪酬契约影响，包括薪酬外部公平性对高管薪酬粘性以及高管薪酬同业参照选择影响。本著作研究工作主要由孙世敏老师带领博士生和硕士生共同完成，具体分工如下：第1章、第2章与第3章由孙世敏撰写，第4章、第6章与第8章由孙世敏和马智颖共同完成，第5章由孙世敏和翟大千共同完成；第7章由孙世敏和张汉南共同完成。在此向参与课题研究的各位博士生和硕士生表示衷心感谢。此外，课题研究和专著撰写过程中借鉴了部分参考文献，在此向这些文献作者致以诚挚的谢意。

　　由于我们水平有限，部分研究存在局限性，文中论证也难免有不足和疏漏之处，欢迎各位专家学者批评指正。

孙世敏

2022 年 7 月于沈阳

目录
CONTENTS

第一篇　薪酬外部公平性基础理论

第二篇 薪酬外部公平性对高管机会主义行为影响研究

第三篇　薪酬外部公平性对高管
薪酬契约影响研究

第一篇
薪酬外部公平性基础理论

第1章

绪　　论

1.1　研究问题提出

高管薪酬是公司治理的重要组成部分，也是高管激励的重要手段。长期以来，高管薪酬始终是备受争议的敏感性问题，其公平性一直是社会各界热议的话题。2008 年金融海啸爆发后，全球经济发展严重受阻，各大公司经营业绩出现严重滑坡，而高管薪酬却始终居高不下，尤其是高管"天价薪酬"事件引起了强烈的社会反响，并引发了一场薪酬公平性大讨论。高管薪酬激励效应并非完全取决于薪酬绝对水平，很大程度上受薪酬公平性影响。实验经济学研究表明，人们大都具有公平偏好倾向，不仅关注个人收益，而且通过社会比较判断收益是否公平（Gachter and Fehr，2002）[1]。当高管感知自身薪酬低于外部比较对象时，会产生自我利益被侵蚀的消极心理，并选择报复性行为恢复公平。

1.1.1　薪酬外部公平性对高管行为影响机理

改革开放以来，中国公司打破了原有的平均主义分配模式，通过扩大收入差距成功地建立起有效的薪酬激励制度。但收入差距持续扩大引起社会分配公平失衡，原有的激励效应逐渐退化，效率与公平之间的矛盾不断深化，收入分配不公平对效率产生的不利影响越来越明显。近些年，随着经济体制改革和社会环境变迁，人们社会收入分配理念逐渐发生变化，由最初的"效率优先，兼顾公平"演变为"更加注重社会公平"（马智颖，2017）[2]。薪酬管制是中国国有公司独有的制度特色。2009 年人力资源和社会保障部会同中央组织部、监察部、财政部、审计署和国有资产监督管理委员会等单位联合下发了《关于进一步规范中央企业负责人薪酬管理的指导意见》（王娜，2013）[3]，不仅对国有公司高管薪酬水平与结构作出了详细规定，而且对补充保险与职务消费等进行了统一规范。2014 年中央政治局发布的《中央管理企业负责人薪酬制度改革方案》（张耀伟等，2020）[4]，将国有公司高管与员工薪酬差距由原来的 12 倍压缩到 7~8 倍。薪酬管制对遏制国有公司高管天价薪酬发挥了重要作用，但这种刚性管制剥夺了国有公司高管薪酬谈判的权利，破坏了薪酬契约的市场平衡机制，导致国有公司高管货币薪酬激励不足（孙世敏等，2016）[5]，由此引发新的薪酬分配不公平问题。

薪酬外部公平性是高管将个体薪酬与同行业（地区）相同职位高管薪酬对比而产生的公平感知。行为经济学研究表明，薪酬外部公平性影响高管心理感知，并对其行为选择产生影响。心理契约①研究指出，高管对自身薪酬及其在同群中的地位抱有各种期望或要求，构成心理契约的重要内容。高管心理契约被满足将会产生积极向上的动力并选择公司价值最大化决策行为；反之，高管心理契约被违背则容易诱发消极怠工等报复性行为。目前，薪酬外部公平性研究刚刚起步，对高管行为影响机理尚未清晰，需要进一步深入探索。

---

① 心理契约是组织与员工间基于非书面化承诺而形成的彼此期望，如组织期望员工积极投入、对组织忠诚并创造最佳产出（业绩），员工期望组织给予公平的薪酬和福利待遇、营造良好的工作环境等（Rousseau，1990[6]；Robinson，1997[7]；Herriot et al.，1997[8]）。当彼此期望得到满足后，员工对组织会更加忠诚，双方关系和谐；反之，将损害员工与组织的关系，可能产生消极怠工、出现机会主义行为及主动离职等问题。

1.1.2 薪酬外部公平性对高管机会主义行为影响

机会主义行为指高管利用职权谋取私利的行为。薪酬外部不公平可能使高管产生消极心理感知，并诱发机会主义行为，以弥补正式合约带来的损失。

（1）薪酬外部不公平可能导致高管过度在职消费行为

货币薪酬与在职消费是高管薪酬契约的重要组成部分，二者之间的关系理论界已有诸多研究，大多数文献认为二者存在替代关系（傅颀和汪祥耀，2013）[9]。薪酬外部劣势不公平会导致高管货币薪酬偏低，在职消费作为不完备契约条件下的替代性选择，是高管弥补薪酬损失最直接、最重要的手段。

（2）薪酬外部不公平可能促使高管通过盈余管理虚增业绩

会计盈余是高管薪酬契约设计的重要依据，薪酬外部不公平可能诱发高管盈余管理行为，通过虚增盈余谋取高额业绩薪酬以弥补货币薪酬损失。高管作为公司经营政策的制定和执行者，拥有至高无上的权力，掌握公司最全面、最真实的机密信息，具备盈余操纵条件。管理层权力越大，高管薪酬与操纵性业绩敏感性越强（权小锋等，2010）[10]。

（3）薪酬外部不公平可能促使高管通过非效率投资谋取私利

薪酬外部不公平滋生的报复心理可能改变高管投资决策选择，由股东价值最大化标准调整为私人收益最大化。高管为享有更高职务消费和特权，可能盲目扩大规模而选择净现值为负的项目，导致过度投资；也可能为降低风险承担水平而放弃风险大、收益高的投资项目，导致投资不足。

薪酬外部不公平引发高管机会主义行为，虽引起部分学者关注并进行尝试性探索，但该方面研究十分薄弱。薪酬外部不公平会诱发高管产生哪些机会主义行为？其影响机理如何？上述问题至今尚未清晰，需要深入探索。

1.1.3 薪酬外部公平性对高管薪酬契约影响

高管是公司实际经营管理者，不仅对公司经营决策具有绝对控制权，而且可以利用手中职权影响董事会或薪酬管理委员会，通过薪酬契约设计对高管实施替代性补偿激励。薪酬管制背景下高管货币薪酬水平偏低，提高薪酬粘性、制定对高管有利的薪酬外部参照政策可在一定程度上弥补正式契约损失。

（1）薪酬外部不公平可能诱使高管通过影响薪酬管理委员会提高薪酬粘性

薪酬契约设立的宗旨是缓解代理冲突，使高管利益与股东利益趋于一致。薪酬契约有效性指薪酬契约能否对高管发挥激励作用以及激励效应强弱，只有高管薪酬与公司业绩高度相关的薪酬契约才是有效的（谬毅等，2014）[11]。薪酬粘性指业绩上升与下降时高管薪酬增减幅度的不对称性，业绩上升时薪酬增长幅度超过业绩下降时薪酬降低幅度（方军雄，2009[12]；张耀伟等，2020[4]）。薪酬外部劣势不公平导致高管薪酬激励不足，为弥补正式合约遭受的薪酬损失，高管可能通过影响董事会或薪酬管理委员会干预薪酬契约设计，提高薪酬粘性，保证业绩上升时高管获得丰厚收益，业绩下滑时避免薪酬出现大幅波动。目前，理论界大都将高管薪酬粘性视为公司治理不善引发的代理问题，但随着公司治理的不断完善，高管薪酬粘性并未消失或缓解，甚至有愈演愈烈之势，表明高管薪酬粘性并非单纯的管理漏洞，很可能是股东为弥补货币薪酬激励不足而给予高管的替代性补偿激励机制，薪酬粘性具有保护功能。从理论上分析，薪酬外部不公平可能加剧高管薪酬粘性。该部分研究十分薄弱，影响机理不明，目前尚未查阅到相关研究文献，需要深入探索。

（2）薪酬外部不公平可能促使高管通过影响薪酬管理委员会干预薪酬同业参照政策选择

随着会计信息披露制度的完善，高管薪酬透明度越来越高，社会比较使高管对薪酬外部公平性诉求日益增强。上市公司高管薪酬契约设计通常以同行业高管薪酬为参照基准（Brookman and Thistle，2013[13]；徐细雄和谭瑾，2014[14]；赵颖，2016[15]）。高管薪酬同群选择具有较大自由裁量权，公司倾向于以规模较大且薪酬较高的公司作为参照对象（Faulkender and Yang，2010[16]；Bizjak et al.，2011[17]）。目前，中国上市公司并未要求强制披露高管薪酬契约设计的同群参照公司信息，参照对象选择与参照信息使用具有隐蔽性（孙园园和马忠，2018）[18]，导致上市公司高管薪酬同业参照政策更具灵活性。行业薪酬参照基准一定程度上体现了高管的人力资本价值。薪酬外部优势不公平时高管为保持现有高额薪酬，可能影响薪酬管理委员会选择更高薪酬公司作为参照群体，或抑制不利同业参照；薪酬外部劣势不公平时高管为提高薪酬有强烈愿望选择同业参照。高管薪酬同业参照研究刚刚起步，研究文献较少，且无明确结论。薪酬外部不公平可能促使高管通过影响薪酬管理委员会干预薪酬同业参照政策选择，导致高管薪酬同业参照政策出现选择偏差。该方面研究十分薄弱，目前尚未查阅到相关研究文献，需要深入探索。

1.2　研究内容与总体框架

本著作研究内容与总体框架如图 1-1 所示。

高管薪酬是公司治理的重要组成部分，薪酬契约设计不仅要注重激励性，而且要兼顾内部公平性和外部公平性。依据公平偏好理论，高管大都具有公平偏好倾向，不仅关注自身薪酬，而且注重与他人的社会比较。相对剥削理论指出，高管倾向于将自身薪酬与公司内部高级别高管薪酬对比，若内部薪酬差距过大就会产生被剥削心理感知，并因嫉妒而滋生消极对抗情绪。锦标赛理论提出相反观点，认为扩大内部薪酬差距有助于团队成员开展竞争，从而提升公司业绩。社会比

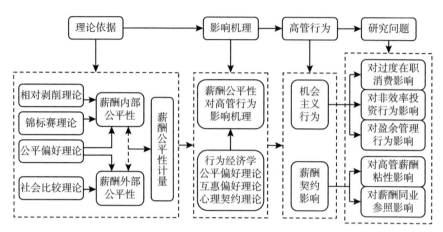

图 1 - 1　本著作研究内容与总体框架

较理论则认为，高管倾向于选择同行业、同地区类似职位高管为参照对象，通过对比判断自身薪酬合理性，据此调整工作投入并选择管理行为。依据行为经济学理论，薪酬外部不公平会使高管产生自我利益被侵蚀的消极心理感知，并采取行动恢复公平。首先，薪酬外部不公平可能诱发高管机会主义行为，通过过度在职消费、盈余管理和非效率投资等手段谋取私利以弥补薪酬损失。其次，薪酬外部不公平可能促使高管运用职权影响董事会或薪酬管理委员会，制定对自身有利的薪酬契约。本著作以社会比较理论、公平偏好理论、相对剥削理论、锦标赛理论以及行为经济学理论为依托，分析薪酬外部公平性对高管行为影响机理，实证检验薪酬外部公平性对高管行为选择影响，主要内容包括如下四个方面。

（1）薪酬外部公平性对高管行为影响机理分析

本著作依据行为经济学理论、公平偏好理论、互惠偏好理论及心理契约理论分析薪酬外部公平性对高管行为影响机理，为薪酬外部公平性对高管行为影响研究提供理论支撑。首先，分析标准经济学中高管效用函数，解析行为经济学参照点依赖对高管无差异效用曲线的修正，从中展示薪酬外部公平性对高管行为影响机理。其次，依据公平偏好理论中两个最具代表性的不公平厌恶模型（FS 模型）和公平互惠与竞争（equity，reciprocity and competition，ERC）模型原理，从薪酬外部参照点和薪酬外部比较结果感知差异两方面解释薪酬外部公平性对高管行为影响机理。再次，以股东与高管为交易双方，依据互惠偏好理论善意（恶意）举措与善意（恶意）回报思想，将薪酬外部优势与劣势不公平视为股东对高管的善意与恶意行为，解释薪酬外部优势与劣势不公平对高管行为选择影响。最后，从心理契约视角解析高管心理契约被满足或被违背后可能产生的积极向上或消极怠工等行为。

（2）高管薪酬公平性计量方法研究

目前，理论界对薪酬外部公平性计量主要采用额外薪酬法（残差法）和薪酬分位数法，前者随意性较大，后者建立在薪酬比较基础上而忽略了业绩对比。本著作综合考虑高管薪酬、公司业绩、公司规模、行业和地区等诸多因素，设计三种更为合理的薪酬外部公平性计量方法：①薪酬—业绩相对分位数法。引进"相对分位数"概念，同时考虑"薪酬分位数"与"业绩分位数"，采用二者比值衡量高管薪酬外部公平性。②实际薪酬与预期薪酬比较法。综合考虑公司业绩、公司规模以及行业高管薪酬水平确定预期薪酬，用实际薪酬与预期薪酬比值衡量高管薪酬外部公平性。③倾向得分匹配法。采取倾向得分匹配法（PSM）对外部比较对象进行识别，按照样本公司规模、所属行业、所处地区、产权性质和年份五个指标计算所有样本倾向值，寻找特征类似公司作为同群公司，再以 1∶5 的半径匹配法选取配对组，并以配对组高管薪酬均值作为高管薪酬外部比较标准。薪酬内部公平性计量主要有薪酬差距法和薪酬变异系数法，仅仅考虑组织内部相同层级或不同层级高管薪酬比较，而忽略了行业或地区不同层级高管的薪酬差距。本著作将高管内部薪酬差距与行业不同层级高管薪酬差距对比，设计经行业因素调整后薪酬差距，并对薪酬变异系数进行调整。

（3）薪酬外部公平性对高管机会主义行为影响研究

机会主义行为指高管通过各种非正常手段谋取私利的行为。薪酬外部不公平会影响高管心理感知，可能引发消极报复行为，如通过过度在职消费寻求心理平衡、通过非效率投资从中谋取私利、通过盈余管理操纵业绩等。本著作研究薪酬外部优势与劣势不公平对高管机会主义行为影响，探索薪酬内部公平性、公司治理及制度环境等因素调节机理或传导路径，并依据研究结论提出管理启示，以期为高管薪酬管理实践提供有益借鉴。

（4）薪酬外部公平性对高管薪酬契约影响研究

高管是公司实际经营管理者，拥有较大决策控制权，有能力和意图利用职权影响董事会或薪酬管理委员会，选择对自身有利的薪酬契约。当高管感知自身薪酬低于外部参照标准或内部参照对象时，会产生自我利益被侵蚀的消极心理，有可能为寻求心理平衡而干预薪酬契约制定，提高薪酬粘性或选择最有利的薪酬参照群体与参照标准。本著作研究薪酬外部公平性对高管薪酬粘性及薪酬同业参照选择影响，探索公司治理及制度环境等因素调节机理或传导路径，并依据研究结论提出管理启示。

1.3 研究思路与方法

本著作研究思路与研究方法如图 1 - 2 所示。

1.3.1 研究思路

（1）研究现状

通过梳理国内外相关研究文献，了解高管薪酬公平性研究现状和发展动态，掌握现有研究内容、方法及其局限，为后续研究奠定基础。

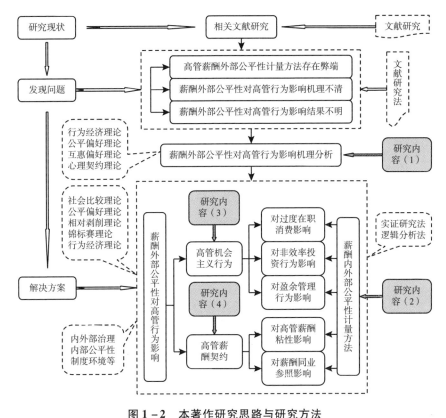

图 1 – 2 本著作研究思路与研究方法

（2）发现问题

通过梳理文献发现现有研究存在如下三方面不足：①高管薪酬外部公平性计量方法存在弊端。目前，理论界对高管薪酬外部公平性计量主要采用额外薪酬法（残差法）和薪酬相对分位数法，前者随意性较大，后者仅考虑薪酬对比而忽略了公司业绩、公司规模、所处行业和地区差异等因素影响。②薪酬外部公平性对高管行为影响机理不清。行为经济学和心理契约理论认为，薪酬外部不公平影响高管心理契约满足程度，可能导致高管差异化行为选择。薪酬外部公平性如何影响高管行为？其作用机理如何？上述问题至今尚未清晰。③薪酬外部公平性对高管行为影响结论不明。薪酬外部公平性研究刚刚起步，现有少量文献仅仅探索薪酬外部公平性对高管特定行为影响，研究设计较为简单，结论不一。

（3）设计解决方案

①以最优契约理论、社会比较理论、相对剥削理论及锦标赛理论为依托，从行为经济学、公平偏好、互惠偏好及心理契约视角诠释薪酬外部公平性对高管行为影响机理。

②引进"相对分位数"概念，考虑公司业绩、公司规模、公司所处行业和地区等考量因素，设计"薪酬—业绩相对分位数法""实际薪酬与预期薪酬比较法"和"倾向得分匹配法"（PSM）计量薪酬外部公平性。

③将实证研究和逻辑分析相结合，检验薪酬外部公平性对高管机会主义行为以及薪酬契约影响，并引入薪酬内部公平性、公司治理及制度环境等因素探索调节效应或传导路径，揭示薪酬外部公平性对高管行为影响机理。

1.3.2 研究方法

（1）文献研究法

文献研究法是依据一定研究目的，在搜集、鉴别与整理文献基础上对研究问题形成科学认识的方法。该方法获取的信息虽然较为间接，但可以突破研究者思考模式局限，有助于对研究对象形成总体认知。本著作首先通过梳理国内外相关研究文献，对高管薪酬公平性研究现状、涉及的研究领域及理论基础进行归纳整理，在全面了解和熟练把握基础上剖析现有研究不足，对未来发展动态提出合理预期。

（2）实证研究法

实证研究法是通过对大量研究对象进行观察、实验和调查，从个别到一般归纳出事物本质属性和发展规律的一种研究方法。该方法使用客观、可观察、可检验的实际证据，以假设实证检验来代替研究者价值判断，是一种定性分析与定量分析相结合的方法，有助于提升研究结论的准确性和稳健性，因此在管理学领域得到广泛应用。本著作研究薪酬外部公平性对高管行为选择影响，以实证研究方法为主，通过理论分析提出研究假设，从金融数据库（WIND）和国泰安数据库（CSMAR）以及上市公司年报中收集研究数据，采用 Stata 软件进行描述性统计分析、相关性分析及回归分析，得出实证研究结论。

（3）逻辑分析法

逻辑分析法是利用各种已知条件、根据研究对象内在关系对未知事物结果进行推理判断的一种科学分析方法。本著作在理论与文献梳理基础上对研究对象之间的关系进行逻辑推断，并提出研究假设；运用逻辑分析对实证检验结果及其所代表的经济含义加以解释，探究解释变量与被解释变量之间的规律性联系，并在归纳总结基础上提出研究启示。

1.4 理论基础

1.4.1 委托代理理论

委托代理理论（principal-agent theory）是由美国经济学家伯利和米恩斯（Berle and Means）于 20 世纪 30 年代提出的，它是契约理论最重要的内容之一。20 世纪 30 年代全球经济出现许多新态势，生产力快速发展促进社会分工更加精细。财产所有者由于知识、能力和精力等原因无法直接对其资产进行经营管理，而专业化分工产生了一大批具有专业知识的职业经理人，他们有精力、有能力代理财产所有者行使资产管理职责，因此在社会分工背景下财产所有权与经营权出现分离。法玛（Fama，1980）[19]认为两权分离是一种有效的组织形式，但会因股东与代理人信息不对称而产生代理问题。代理人可能利用信息优势选择委托人无法观测和监督的隐匿行为，增加自身效用而损害委托人利益，引发道德风险；代理人亦可能利用委托人无法获取的信息优势选择对自身有利的决策，出现"逆向选择"行为（Jensen and Meckling，1976）[20]。

委托代理理论假设委托人与代理人均为完全理性经济人，追求自身利益最大化。詹森和麦克林（Jensen and Meckling，1976）[20]首次将委托代理关系界定为契约关系，指明委托代理是一个或多个行为主体雇佣其他行为主体为其提供服务、并依据服务数量和质量支付相应报酬的行为（谢国强，2005[21]；蒋廷富，2010[22]），其中雇佣方为委托人，被雇佣方为代理人。委托代理理论归纳了四方面代理问题：①委托人与代理人效用目标不一致；②委托人与代理人信息不对称；③委托人与代理人之间的契约是不完全的；④委托人与代理人责任风险不对等。上述代理问题必然导致委托人与代理人出现利益冲突，委托人追求股东财富最大化，代理人追求薪酬、奢侈消费和闲暇时间等自身效用最大化，在缺乏有效制度安排情况下代理人很可能选择损害委托人利益的行为。

信息不对称条件下委托人无法直接观测代理人努力程度，只能通过公司业绩表现间接衡量代理人努力水平。公司业绩不仅取决于代理人努力行为，还受其他外生随机变量影响，委托人不能使用"强制合同"迫使代理人选择委托人期望行动，只能设计适宜的激励机制协调委托人与代理人利益冲突，激发代理人努力工作。委托代理理论核心问题是研究信息不对称条件下如何通过正式合约激励代理人，以缓解委托人与代理人利益冲突。委托代理框架下的最优激励契约是与公司业绩挂钩的薪酬契约，委托人通过业绩薪酬给予代理人部分剩余索取权，激励代理人在实现委托人利益最大化前提下追求自身效益最大化，保证委托代理双方利益趋于一致。

1.4.2　行为代理理论

标准经济学将决策中的个体视为完全理性经济人，以追求自身效用最大化为唯一目标。但随着行为理论的发展，人们发现标准经济学无法对部分现实经济问题做出合理解释，越来越多的研究打破标准经济学假设前提，认为个体并非完全理性。文斯曼和勾迈滋（Wiseman and Gomez，1998）[23] 在卡奈曼和图尔斯堪（Kahneman and Tversky，1979）[24] 提出的前景理论基础上，对标准经济学完全理性假设进行修正，明确个体有限理性特征，形成行为代理理论雏形。传统代理理论认为决策个体具有风险规避特征，行为代理理论持不同观点，并归纳出影响个体行为的三大关键因素（Alexander，2015）[25]：①个体对风险具有选择偏好，面对损失时表现为风险追逐，面对收益时则表现为风险规避。②个体具有参照点依赖特征，参照点选择决定得失感受，收益评估结果低于参照点时个体偏好损失规避，高于参照点时偏好风险规避。③个体具有损失厌恶心理，相较于追求未来财富最大化，个体更注重现有财富损失最小化（Wiseman and Gomez，1998）[23]；注重损失规避而非风险规避，对损失比收益更为敏感（屠立鹤，2020）[26]。

心理学实验研究发现个体决策更多依赖经验或思维定式，而非经济学或统计学知识，表现出有限理性并产生直觉性偏差（屠立鹤，2020）[26]，理论界将其归纳为相似性偏差、可利用性偏差、锚定效应偏差及认知分歧偏差（丁际刚和兰肇华，2002）[27]。相似性偏差指个体利用相似事件数据信息评估特定事件，因过于看重近期数据而忽视先验概率产生的偏差；可利用性偏差指个体利用自己选定信息进行决策，由于忽视其他必须利用的重要信息而产生的偏差；锚定效应偏差指参照点选择失误导致决策者高估连续事件概率和低估离散事件概率产生的偏差；认知分歧偏差指个体面临相互冲突观点时选择主流观点而放弃非主流观点产生的认识偏差。除上述直觉性偏差外，还存在三类框架依赖偏差，包括确定性偏差、反射偏差和分离偏差（屠立鹤，2020）[26]。个体通常会低估不确定损益，高估确定性损益（确定性偏差）；关注参照点下的财富变动而忽视平均收益（反射偏差）；删除备选前景中的相同前景导致选择偏差（分离偏差）。

1.4.3 社会比较理论

心理学家莱欧嫩·法斯亭格（Leon Festinger）1954 年提出社会比较理论，认为个体在缺乏客观评价标准情况下通常选择他人作为参照对象进行自我评价。社会比较是一种普遍的心理现象，人们会自觉或不自觉地通过与他人对比判断自己在群体中的地位，充分了解自己的能力和价值，从而对自己作出客观公正的评价。从某种意义上看，社会比较有助于个体清楚地了解自己和他人，找出差距并激发积极向上的动力。

依据比较对象可将社会比较划分为两种类型：一是与自己类似的他人进行比较，以确认自己与他人相似的社会属性，这是主流社会比较方法；二是与自己不同的他人进行比较，从反面寻找自己不具备的社会属性，以提高自我评价客观性和可信度，也可为个体社会行为发展奠定基础，这是一种辅助性的社会比较方法。现实生活中，人们可以将两种社会比较结合起来，既看到自己与他人的相似之处，又知道自己与他人的差异所在，知己知彼有利于自我完善。社会比较通常具备三个特性：第一，人们有动机对自己进行客观公正的评价；第二，没有评价个体能力和价值的物理的、客观的手段，只能通过与他人比较来判明；第三，通常选择与自己类似的人作为比较对象。

社会比较在实践中可以发挥多方面作用。首先，有助于寻找适合自己的团队。个体通过社会比较发现自己态度和意见与他人是否一致，可以选择与自己意见一致的群体作为合作伙伴，或说服他人与自己意见达成一致，或改变自己观点与他人达成一致，或远离与自己意见相悖的他人。不论何种选择，最终帮助个体寻找到适合自己的团队，促进团体成员态度和意见一致化。其次，有助于团队竞争。团队成员可通过社会比较判断个体组织地位，确定努力方向。社会比较可分为上行比较与下行比较，前者是与比自己优秀的人进行比较，后者是与比自己差的人进行比较（马君和彭媛，2019）[28]。比较过程中存在对比效应，个体进行上行比较会降低自我评价水平，激发努力动力；下行比较会提升自我评价水平，产生骄傲自满情绪（吴联生等，2010）[29]。

1.4.4　公平偏好理论

长期以来以委托代理理论为依托的管理激励研究均假设代理人是理性经济人，但行为经济学和实验经济学领域大量的实证和实验研究发现，人们普遍存在公平偏好心理，理性经济人假设并不完全成立。代理人在追求自身利益最大化的同时，也受自身偏好和心理特征等诸多因素影响。传统委托代理理论强调委托人与代理人之间的利益冲突与信息不对称性，将研究重点放在解决代理人"道德风险"与"逆向选择"问题上，而忽略了公平偏好对代理人激励效应影响。

公平偏好理论认为，代理人不仅关注自身收入水平，而且关心收入相对公平性。该理论最具代表性的模型是法霍与斯慈米特（Fehr and Schmidt，1999）[30]的不公平厌恶模型（简称 FS 模型）以及波特恩与欧肯法斯（Bolton and Ockenfels，2000）[31]的平等、互惠、竞争模型（equity，reciprocity and competition，简称 ERC 模型），它们认为代理人对薪酬外部优势不公平和劣势不公平均具有厌恶心理，因为薪酬外部优势不公平使代理人产生愧疚心理，薪酬外部劣势不公平使代理人产生妒忌心理。二者的区别表现在两方面：第一，FS 模型认为代理人对薪酬外部优势不公平的厌恶程度小于薪酬外部劣势不公平，即嫉妒心理比内疚心理对代理人行为的影响更强烈；而 ERC 模型则认为代理人对薪酬外部优势不公平与薪酬外部劣势不公平的厌恶程度一致。第二，FS 模型将个体收入与每一个相关者收入进行对比，而ERC 模型则将个体收入与相关群体平均收入进行对比。依据上述比较结果，可将公平偏好分为同情偏好、嫉妒偏好和自豪偏好。当个体收入高于比较对象时表现为同情或自豪，相反当个人收入低于比较对象时则表现出嫉妒情绪。

公平偏好理论具体可细分为三类：①分配公平理论。由亚当斯（Adams）于1965年提出，认为个体会将自己的付出与所得与他人进行比较以判断分配结果是否公平。由于亚当斯的分配公平理论偏重于分配结果公平性，因此又称为结果公平理论，FS模型与ERC模型均属此类。②互惠偏好理论。最初由美国行为经济学家罗宾（Rabin）提出，认为个体并非完全自利，往往具有报答善意行为的心理偏好，并将互惠性解释为"他人对你友善你要回报他人友善，他人对你不善你也回报他人不善"，前者被界定为正互惠，后者则被界定为负互惠。③前两种理论的融合。

1.4.5 相对剥削理论

相对剥削理论是组织行为学最具代表性的理论之一，由美国社会学家格尔和戴维斯（Gurr and Davis）于1970年提出。相对剥削感是一种心理感知，人们将自身所处环境与外界比较时发现处于劣势地位就会产生被剥削感知，并滋生怨恨情绪。抠赫德和莱文讷（Cowherd and Levine，1992）[32]的研究指出，人们对特定目标具有价值期望，而社会对该目标具有价值评估能力，若个体期望价值高于社会价值，就会产生怨气和委屈，该种情绪越强烈，带来的破坏性越大。

相对剥削理论可延伸到薪酬公平性研究领域，员工通常将个体薪酬与组织内部高级别成员薪酬对比以判断自身薪酬公平性。若自身薪酬低于组织内部高级别员工薪酬，且较大内部薪酬差距无法找到合理解释，员工就会产生被剥削感，可能引发消极怠工行为，从而削弱团队凝聚力。相对剥削理论强调员工与高管投入产出比率的一致性，体现"多劳多得、按劳分配"思想。若高管与员工投入存在较大差异，由此产生的薪酬差距是公平合理的，只有那些不能在投入差异中找到依据的产出（报酬）差异，才会促使员工产生被剥削感知。

相对剥削理论是高管薪酬内部公平性研究的重要理论支撑，对薪酬内部公平性计量给出了标准，只有剔除员工间因投入差异而产生的产出（薪酬）差异，薪酬内部公平性衡量才具有实际意义。员工产出差异计量比较容易，用员工与高管薪酬差距即可衡量。投入差异的衡量比较困难，因为学历层次、职业经历、工作时间、责任心和努力程度等均属于投入范畴，难以直接估测。理论界以相对剥削理论为依据计量薪酬内部公平性大多采用残差法，以员工产出（薪酬）与各项投入因素建立回归模型，其残差代表各项投入无法解释的部分，将其视为内部不公平因素引起的差异。

1.4.6 锦标赛理论

拉泽尔和罗森（Lazear and Rosen，1981）[33]从博弈论视角对委托代理理论展开进一步探索，基于员工报酬随职位晋升呈阶梯式增长现象提出锦标赛理论（tournament theory）。该理论明确指出，与职级相关的工资增长会激励员工为晋升而努力工作，此理论观点迄今为止已得到诸多实证结果支持。

锦标赛理论的核心观点是通过扩大内部薪酬差距诱发员工为职位晋升而展开竞赛，从而调动员工工作积极性，提升公司业绩。该理论对高管薪酬激励给予较好的理论阐释。监督成本较低时股东可以根据高管边际贡献做出晋升决策，依据高管边际产出确定其薪酬水平。然而现实工作中信息不对称和公司固有经营风险使股东难以通过边际产出观察高管努力水平，以边际贡献确定晋升人选的可行性大大降低。锦标赛理论具有三方面特点：①以高管边际产出排序代替边际产出制定晋升决策，可以有效降低监督成本。拉泽尔和罗森（1981）[33]指出，公司内部员工职级晋升和奖励可以通过连续的竞赛淘汰机制来实现，最后的赢家将获取职业晋升机会和奖金报酬，降低股东对高管的监督成本。为诱使高管投入更高努力，薪酬差距应随着职级上升而增大。②高管团队成员薪酬和公司业绩没有密切相关性，但扩大内部薪酬差距有助于改善公司业绩。高管团队成员薪酬取决于其职位竞争，属于非业绩因素，但为诱使高管（竞赛者）付出更高努力，需要给予较高奖励（薪酬差距），扩大内部薪酬差距可以有效提升高管竞技动力，并提升公司业绩。③外部环境不确定性程度越大，内部薪酬差距越大。高管投入的边际成本随着外部环境不确定程度增加而递增，而"运气"成为竞赛成功与否的一个重要决定因素（邱伟年，2006）[34]，将严重削弱高管参与竞技的动力。为激发高管参与竞赛的积极性，奖金（薪酬差距）需要随着外部环境不确定程度提高而递增。

1.5 学术贡献

第一，从行为经济学、公平偏好、互惠偏好和心理契约多重视角诠释薪酬外部公平性对高管行为影响机理，为薪酬外部公平性对高管行为影响研究提供理论支撑。

目前，关于薪酬外部公平性对高管行为影响研究的文献很少，且仅仅证实薪酬外部公平性对高管行为影响结果，有关薪酬外部公平性对高管行为影响机理知之甚少。本著作以最优契约理论、社会比较理论、相对剥削理论以及锦标赛理论等为依托，基于行为经济学、公平偏好、互惠偏好和心理契约多重视角分析薪酬外部公平性对高管行为影响机理。首先，基于行为经济学视角分析参照点依赖对标准经济学高管无差异效用曲线的修正，从高管效用曲线偏移角度解析薪酬外部公平性对高管行为影响机理。其次，利用公平偏好理论两个最具代表性的 FS 模型和 ERC 模型原理，揭示薪酬外部优势与劣势不公平给高管带来的效用损失及厌恶心理，并从薪酬外部参照点和薪酬外部比较结果感知差异两方面解释薪酬外部公平性对高管行为影响机理。再次，依据互惠偏好理论，将薪酬外部优势与劣势不公平视为公司给予高管的善意与恶意举措，将薪酬外部优势与劣势不公平产生的正向激励效应与消极报复行为视为高管对公司善意与恶意举措的回报，以此解释薪酬外部公平性对高管行为影响机理。最后，基于心理契约理论框架，将薪酬外部优势与劣势不公平视为高管心理契约满足与违背的标志，高管心理契约得以满足将会产生积极向上的动力并选择公司价值最大化决策行为，高管心理契约被违背将会产生自我利益被侵蚀的消极心理并诱发机会主义行为。

第二，探索薪酬外部公平性对高管薪酬契约影响，得出具有创新性研究结论，填补了理论研究空白。

首先，将薪酬外部公平性引入高管薪酬粘性研究中来，寻找薪酬粘性形成的制度性根源，颠覆了传统代理成本假说。现有研究大多将高管薪酬粘性视为公司治理不善引起的代理问题，但随着公司治理效率的改善，高管薪酬粘性并未消失，甚至有愈演愈烈之势。本著作从薪酬外部公平性视角探索高管薪酬粘性形成机理与传导路径，发现三点结论：①薪酬外部劣势不公平加剧了高管薪酬粘性特征，薪酬外部优势不公平缓解了高管薪酬粘性特征，证明薪酬粘性并非都是代理问题，一定程度上是公司为缓解薪酬外部劣势不公平而给予高管的替代性补偿激励机制。②薪酬外部劣势不公平会引起薪酬结构调整，隐性薪酬比例提升在薪酬外部劣势不公平加剧高管薪酬粘性过程中具有中介遮掩效应，表明显性薪酬与隐性薪酬具有替代作用。③薪酬管制较强时薪酬外部劣势不公平加剧高管薪酬粘性的作用更明显，证明薪酬粘性并非单纯的管理漏洞，薪酬管制制度是高管薪酬粘性产生的重要助力。上述研究结论可为高管薪酬契约设计及政府薪酬管制与在职消费规范政策制定提供参考。

其次，将薪酬外部公平性引入高管薪酬同业参照研究中来，丰富了现有研究成果，为理论研究开辟了一个新视角。研究发现四点结论：①薪酬外部劣势不公平促进高管薪酬同业参照，薪酬外部优势不公平抑制高管薪酬同业参照。②公司业绩增长幅度越大，薪酬外部劣势不公平对高管薪酬同业参照的促进作用越强，此时同业参照具有激励强化效用；公司业绩下降幅度越大，薪酬外部优势不公平对高管薪酬同业参照的抑制作用越弱，此时同业参照具有薪酬保护效用。③董事长与总经理两职兼任促进高管薪酬同业参照，但对薪酬外部公平性与高管薪酬同业参照关系无显著影响；管理层持股加剧薪酬外部劣势不公平对高管薪酬同业参照的促进作用。④行业发展前景越好，薪酬外部劣势不公平对同业参照的促进作用越弱；行业规模越大，薪酬外部劣势不公平对高管薪酬同业参照的促进作用越强，薪酬外部优势不公平对高管薪酬同业参照的抑制作用越弱。

第三，运用迎合行为假说和才能信号假说诠释薪酬外部不公平状态下高管盈余平滑动机，并通过实证检验证实上述假说，为理论研究提供新证据。

盈余平滑动机较为复杂，可能是高管为迎合股东和投资者盈余稳定性需求、以损害公司长远利益为代价进行盈余平滑，亦可能是超额薪酬激励下高管凭借自身过硬的能力和素质、以提高公司价值为目标而进行盈余平滑。中国上市公司高管盈余平滑究竟是才能信号体现还是迎合行为，有待进一步验证。本著作验证薪酬外部公平性对盈余平滑影响，得出三点结论：①薪酬外部优势不公平促进盈余平滑，薪酬外部劣势不公平诱发高管上行盈余操纵并抑制盈余平滑。②经济政策不确定性削弱了薪酬外部优势不公平对盈余平滑的促进作用，且缩减长期投资支出是实现薪酬外部优势不公平促进盈余平滑的手段。该结论喻示超额薪酬激励下高管盈余平滑行为并非才能体现，而属迎合之举。③盈余平滑对薪酬外部优势不公平逆转十分敏感，而对薪酬外部劣势不公平逆转具有迟滞性，表明薪酬外部优势不公平对盈余平滑的促进效应具有形成缓慢、消失迅速的特征。低水平盈余平滑更有助于改善未来业绩，高水平盈余平滑对未来业绩的促进效应递减迅速。上述结论为高管激励实践及盈余管理治理提供了经验证据。

第四，突破"薪酬外部公平性"计量的薪酬分位数局限，引入公司业绩与公司规模等因素，使其计量更为精准。

目前，理论界大都采用薪酬分位数计量高管薪酬外部公平性。虽简便易行，但存在两点弊端：第一，仅考虑高管薪酬比较，而忽略了公司业绩，不能真正体现公平性；第二，将行业平均薪酬作为参照基准比较粗糙，数据偏差和混杂变量影响较为严重。本著作采用如下两种方法改进"薪酬外部公平性"计量方法。

首先，采用倾向得分匹配法（PSM），从薪酬—业绩双重视角计量高管薪酬外部公平性。运用倾向得分匹配法对外部比较对象进行识别，按照样本公司规模、所属行业、所处地区、产权性质和年份五个指标计算所有样本倾向值，寻找特征类似公司作为同群公司。再以1:5 半径匹配法选取配对组，并计量其高管薪酬均值和公司业绩均值，设计式（1－1）薪酬外部公平计量方法。

$$薪酬外部公平性（Ef）= \frac{样本公司高管薪酬÷配对组高管薪酬均值}{样本公司业绩÷配对组公司业绩均值}$$

$$(1-1)$$

其次，采用实际薪酬与预期薪酬比较法计量"薪酬外部公平性"。综合考虑公司业绩、公司规模及行业高管薪酬水平确定高管合理的预期薪酬，并与实际薪酬对比判断薪酬公平性，见式（1－2）与式（1－3）。高管预期薪酬计量步骤如下：①将同年份、同行业样本公司分别按净资产收益率（Roe）和公司规模（Size）从低到高升序排列，并分别等分为"高、中、低"三个业绩区间段和"大、中、小"三个规模区间段；②计算同行业、同年份、相同业绩区间段且相同规模区间段内样本公司高管货币薪酬中位数，并以其作为各样本公司高管预期薪酬。

$$薪酬外部劣势不公平程度（Ed）= 1 - \frac{高管货币薪酬}{高管预期薪酬} \qquad (1-2)$$

$$薪酬外部优势不公平程度（Eu）= \frac{高管货币薪酬}{高管预期薪酬} - 1 \qquad (1-3)$$

本章参考文献

[1] Gachter S, Fehr E. Fairness in the labor market：a survey of experimental results ［R］. Working Paper, University of Zurich, 2002.

［2］马智颖. 薪酬外部公平性对在职消费及其经济效应的影响［D］. 沈阳：东北大学，2017.

［3］王娜. 企业所得税改革与公司薪酬［D］. 南京：南京大学，2013.

［4］张耀伟，陈世山，刘思琪. 董事会非正式层级与高管薪酬契约有效性［J］. 管理工程学报，2020，34（3）：83 - 96.

［5］孙世敏，柳绿，陈怡秀. 在职消费经济效应形成机理及公司治理对其产生的影响［J］. 北京：中国工业经济，2016（1）：37 - 51.

［6］Rousseau D M. New hire perceptions of their own and their employer's obligations：study of psychological contracts［J］. Journal of Organizational Behavior，1990，11（5）：389 - 400.

［7］Robinson M S L. When employees feel betrayed：a model of how psychological contract violation develops［J］. The Academy of Management Review，1997，22（1）：226 - 256.

［8］Herriot P，Manning W E G，Kidd J M. The content of the psychological contract［J］. British Journal of Management，1997，8（2）：151 - 162.

［9］傅颀，汪祥耀. 所有权性质、高管货币薪酬与在职消费［J］. 中国工业经济，2013（12）：104 - 116.

［10］权小锋，吴世农，文芳. 管理层权力、私有收益与薪酬操纵［J］. 经济研究，2010（11）：73 - 87.

［11］谬毅，张倩，符栋良. 高管薪酬的有效性问题研究：总结与展望［J］. 现代管理科学，2014（11）：118 - 120.

［12］方军雄. 我国上市公司高管的薪酬存在粘性吗？［J］. 经济研究，2009（3）：110 - 124.

［13］Brookman J T，Thistle P D. Managerial compensation：luck，skill or labor markets？［J］. Journal of Corporate Finance，2013，21：252 - 268.

［14］徐细雄，谭瑾．高管薪酬契约、参照点效应及其治理效果：基于行为经济学的理论解释与经验证据［J］．南开管理评论，2014（4）：35－45．

［15］赵颖．中国上市公司高管薪酬的同群效应分析［J］．中国工业经济，2016（2）：114－129．

［16］Faulkender M，Yang J．Inside the black box：the role and composition of compensation peer groups［J］．Journal of Financial Economics，2010，96（2）：257－270．

［17］Bizjak J，Lemmon M，Nguyen T．Are all CEOs above average? an empirical analysis of compensation peer groups and pay design［J］．Journal of Financial Economics，2011，100（3）：538－555．

［18］孙园园，马忠．上市公司高管薪酬契约的双重参照效应研究——基于系族集团的视角［J］．贵州财经大学学报，2018（3）：72－83．

［19］Fama E F．Agency problems and the theory of the firm［J］．The Journal of Political Economic，1980，88（2）：288－307．

［20］Jensen M C，Meckling W H．Theory of the firm：managerial behavior，agency costs and ownership structure［J］．Journal of Financial Economics，1976，3（4）：305－360．

［21］谢国强．从盈余管理视角对我国独立董事制度有效性的研究［D］．长沙：湖南大学，2005．

［22］蒋廷富．从公司治理角度防范财务舞弊的实证研究［D］．镇江：江苏科技大学，2010．

［23］Wiseman R M，Gomez－Mejia L R．A behavioral agency model of managerial risk taking［J］．Academy of Management Review，1998，23（1）：133－153．

［24］Kahneman D，Tversky A．Prospect theory：an analysis of decision under risk［J］．Econometrica，1979，47（2）：263－292．

［25］Alexander P. Behavioral agency theory：new foundations for theo-rizing about executive compensation ［J］. Journal of Management，2015，41（4）：1045 – 1068.

［26］屠立鹤. 实施动机视角下股票期权对高管风险承担影响研究［D］. 沈阳：东北大学，2020.

［27］丁际刚，兰肇华. 前景理论述评 ［J］. 经济学动态，2002，43（9）：64 – 66.

［28］马君，彭媛. 明星员工空降如何打造"与星共舞"平台［J］. 清华管理评论，2019（12）：45 – 52.

［29］吴联生，李景艺，王亚平. 薪酬外部公平性、股权性质与公司业绩 ［J］. 管理世界，2010（3）：117 – 126.

［30］Fehr E，Schmidt K M. A theory of fairness，competition and co-operation ［J］. Quarterly Journal of Economics，1999，114（3）：817 – 868.

［31］Bolton G E，Ockenfels A. A theory of equity，reciprocity and competition ［J］. American Economic Review，2000，90（1）：166 – 193.

［32］Cowherd D M，Levine D I. Product quality and pay equity be-tween lower-level employees and top management：an investigation of distrib-utive justice theory ［J］. Administrative Science Quarterly，1992，37（2）：302 – 320.

［33］Lazear E P，Rosen S. Rank-order tournaments as optimum labor contract ［J］. The Journal of Political Economy，1981，89（5）：841 – 864.

［34］邱伟年. 锦标赛理论与高管团队的激励 ［J］. 现代管理科学，2006（8）：84 – 85，98.

第 2 章

薪酬外部公平性对
高管行为影响机理

2.1 薪酬公平性概述

薪酬公平性概念源于美国著名心理学家约翰·斯塔希·亚当斯
(John Stacey Adams)。早在 20 世纪 60 年代，亚当斯在其著作《对不
公平性的理解》（Adams，1963）[1] 以及《社会交换中的不公平》
（Adams，1965）[2] 中对公平性进行了界定，指出"公平性是个体将
自己工作投入和产出与他人投入和产出进行比较所形成的一种心理感
知"（马智颖，2017）[3]。公平包括社会公平和组织公平，前者指不
同阶层、行业和职业群体的公平感受，后者指组织内部成员对与个体
利益相关的组织制度、政策及措施等的公平感受（黄洪斌等，
2015）[4]。高管薪酬公平性属于组织公平范畴，其研究具有多维度多
层次性。

2.1.1 薪酬公平性研究层次

薪酬公平性研究包括分配公平、程序公平和互动公平三个层次
（王莉与孙文刚，2012）[5]，它们研究问题的视角和内容存在较大差
异，分述如下。

（1）分配公平

分配公平研究始于约翰·斯塔希·亚当斯，他在 20 世纪 60 年代提出的薪酬公平性概念指的就是分配公平，认为员工工作动力不仅取决于绝对薪酬，更受相对薪酬影响（Adams，1963）[1]。此外，亚当斯（1965）[2] 将霍曼斯（Homans）的社会交换理论与莱欧嫩·法斯亭格的认知失调理论结合起来，提出管理学著名的分配公平理论（刘凤仪，2012）[6]，认为员工倾向于将个体付出与所得与他人进行比较以判断分配结果是否公平。

设 y_1 和 x_1 分别为个体薪酬和工作付出水平，y_2 和 x_2 分别为参照对象薪酬和工作付出水平。依据分配公平理论，个体将自身薪酬与付出和他人进行对比时可能出现三种情况：①若 $y_1/x_1 = y_2/x_2$，则个体感知自身薪酬处于公平状态。此时个体心理感知良好，不会出现消极怠工情况。②若 $y_1/x_1 > y_2/x_2$，则个体薪酬在社会比较中处于优势地位，理论界将其界定为薪酬优势不公平。此时个体不会产生不公平感知，也不会主动降低自身薪酬，有可能提升自身努力水平，或安然自得地享受额外薪酬。③若 $y_1/x_1 < y_2/x_2$，则个体薪酬在社会比较中处于劣势地位，理论界将其称为薪酬劣势不公平。此时个体会产生不公平心理感知，可能降低自身努力水平或寻求其他补偿途径以恢复心理平衡。

分配公平理论的核心是个体公平感知，其本身就是一个非常复杂的问题，表现在如下三个方面：①公平感与个体主观判断有关。从心理学角度看，人们往往过高估计自身投入而低估他人投入，导致公平感知出现错觉。②公平感知的形成与公平标准有关。不同个体对公平标准的认知存在差异，可能导致相同比较结果出现多种颇具差异的公平感知。③公平感与绩效评定方法有关。薪酬水平与绩效相关，而绩效评价体系有不同侧重点，不同个体利弊不对等会导致个体产生不同公平感知。分配公平理论过于强调分配结果公平性，而忽略了分配程序是否公平，因此不适用于以过程为导向的情境。

（2）程序公平

程序公平指决策者使用政策、程序及准则以达成某一争议或协商结果的公平感知（邢彦玲，2006[7]；安娜，2016[8]）。20 世纪 70 年代，美国社会学家锡博特（Thibaut）和华尔克（Walker）将心理学与公平程序相结合，提出了程序公平理论（安娜，2016）[8]，认为人们无法直接操控某项决策时公正的程序可以作为一种间接控制工具（邢彦玲，2006[7]；安娜，2016[8]）。锡博特和华尔克（1978）[9]最早尝试将该理论应用于法律层面，发现如果裁决程序是公平的，即使个体得到不利的裁决结果，他们也会持比较中肯的态度（邢彦玲，2006[7]；安娜，2016[8]）。锡博特和华尔克（1978）[9]的研究表明，提高程序公平性有助于改善个体对裁决程序的认知态度，提升个体结果满意度并对其行为产生影响。莱文特海等（Leventhal et al.，1980）[10]将程序公平理论应用于组织情境中，认为资源分配程序和过程公平是影响员工心理感知的重要因素，程序公平比结果公平更能令员工接受。之后，程序公平性研究拓展到公司经营管理层面，包括劳工纠纷协议程序、员工申诉程序、人事程序以及解雇程序等。

莱文特海等（1980）[10]研究报酬分配程序公平性，提出公平程序七项构成要素（邢彦玲，2006）[7]：①选择委托人：确定制定分配程序负责人；②设定基础法则：规范达成目标、评价标准及奖罚程序；③搜集信息：确定被奖罚者信息收集程序；④决策结构：确定分配决策遵循的程序；⑤申诉：针对不满决策寻求改善的程序；⑥预防措施：确保决策制定者不会滥用职权的程序；⑦改变机制：授权改变分配做法的程序。为保证程序公平性，莱文特海等（1980）[10]设计了六项公平原则（邢彦玲，2006）[7]：①一致性原则：决策期间所有可能被决策影响的成员都适用相同程序；②代表性原则：所有可能被决策影响的成员所关心的问题与价值观都应予以考虑；③避免偏见原则：决策过程中决策者不应有先入为主的偏见，避免涉及自身利益，并乐于接受所有观点和意见；④正确性原则：尽可能依据最完整、最有法律效力的信息以及有佐证的意见进行决策；⑤修正性原则：对于不适当或不公平的决策应留有可以修正或撤销的余地；⑥道德性原则：决策程序必须符合受决策影响成员的基本伦理道德和价值观。

（3）互动公平

互动公平理论是公平理论的延伸，由贝义思和莫诶格（Bies and Moag，1986）提出，认为公平性不仅取决于分配结果公平和程序公平，程序执行过程中参与者的公平对待也是公平性的重要体现。员工与管理者之间、上级与下属之间建立良好的互动关系有助于提升员工组织公平感（刘凤仪，2012）[6]，员工有权利参与薪酬制度设计与薪酬分配过程。格伦拜格（Greenberg，1993）将互动公平细分为人际公平和信息公平两部分（刘凤仪，2012）[6]。人际公平指管理者在执行程序或确定结果时是否真诚对待参与互动的员工，如是否给予其充分的礼貌与尊重、彼此平等交流，是否存在有意针对现象等。信息公平强调管理者与员工以及上级与下属之间信息透明性，管理者如实告知员工程序被使用的原因、分配结果评定过程，对相关信息和各种可能出现的结果向员工进行详细、合理的解释。

2.1.2　薪酬分配公平性研究维度

薪酬公平性研究的三个层次中，薪酬分配结果公平性最易衡量，因此理论界大都将薪酬公平性研究限定在分配公平层面。分配公平理论核心思想是将个体投入与所得与他人对比获得公平感知，但由于比较对象不同，薪酬分配公平性存在一定差异，可将其细分为个体公平、内部公平和外部公平三个维度。

（1）个体公平性

个体公平性体现个人贡献与所得薪酬的匹配性，通常将个体实际薪酬与预期薪酬对比确认公平感知。该部分研究主要从公平心理出发设计公平变量，以调查问卷形式获取信息，大多用于研究薪酬公平性对员工满意度影响，如斯威尼和麦克法林（Sweeney and Mcfarlin，

1993)[11]以及黄再胜和王玉（2009）[12]等。个体公平性不能只考虑员工个体薪酬水平，而应与其绩效挂钩，充分体现"多劳多得，按劳分配"原则。同一组织内部相同职位员工因其工作绩效、资历与职业技能差异，可能存在一定薪酬差距。

个体公平性与个人心理感知密切相关。员工感知自身实际薪酬高于与其付出相匹配的预期薪酬时，薪酬满意度大大提升，工作积极性较高；反之，若员工感知自身付出没有获得相应回报，将滋生被剥削的消极心理感知，并挫伤工作热情。由于个体自我付出认知与评价标准不同，薪酬效应感知偏好存在差异，个体对相同薪酬的公平感知未必一致，通过问卷调查获取个人薪酬满意度具有较大主观性（祁怀锦和邹燕，2014）[13]。此外，调查对象选择也可能存在一定局限性，未必符合正态分布，可能导致调查结论的普适性大打折扣。

（2）内部公平性

薪酬内部公平性研究通常将个体薪酬与组织内部他人薪酬对比，从行为理论和锦标赛理论视角解释公平问题，如马丁（Martin，1979）[14]、拉泽尔和罗森（1981）[15]以及亨尼斯（Hunnes，2009）[16]等。薪酬内部公平性可通过纵向比较判断薪酬结构合理性，内部公平的薪酬体系至少符合以下三个特征（刘凤仪，2012）[6]：第一，某项工作对知识与技能的要求越高，从事该项工作的员工应得到越高薪酬；第二，工作环境越恶劣，从事该项工作的员工应给予更多薪酬；第三，某项工作对组织目标的贡献度越大，从事该项工作的员工应得到较高薪酬。

内部薪酬差距对员工是否具有激励作用，理论界有两种截然相反的观点。锦标赛理论强调团队成员间的有序排列，最优秀成员应该分配最大额度薪酬，最差成员应获得最低薪酬。该理论认为适当拉大内部薪酬差距可促使员工保持较高努力水平，减少彼此间因串谋而产生代理行为（Lazear and Rosen，1981）[15]。行为经济学理论则认为内部薪酬差距会使员工滋生嫉妒和攀比心理，影响其努力程度，较小的内部薪酬差距可以激发员工工作积极性，提升组织绩效。现有研究大多用组织内部员工薪酬差距衡量薪酬内部公平性，虽简单易行，但无法对公司或行业间薪酬内部公平性进行横向比较。不同地区、不同行业员工内部薪酬差距不具可比性，很难得出内部公平性一致判断。

（3）外部公平性

薪酬外部公平性研究通常将个体薪酬与同行业、同地区类似职位他人薪酬进行对比，以判断个体薪酬在外部比较中的优势或劣势地位，如吴联生等（2010）[17]以及祁怀锦和邹燕（2014）[13]等。薪酬外部公平性通过公司或行业间员工薪酬横向比较判断薪酬合理性，在一定程度上反映了特定公司或行业员工薪酬在劳动力市场的竞争力。通常情况下，高于外部参照标准的薪酬才具有市场竞争力，否则可能导致人才流失。目前，薪酬外部公平性研究刚刚起步，相关研究文献较少，薪酬外部公平性衡量较多采用薪酬分位数法（高管薪酬与同行业或地区高管薪酬均值或最高值比值），体现高管薪酬在经理人市场的竞争力，有利于不同地区与行业间的对比分析。

现有研究显示，薪酬外部公平性对高管行为选择产生影响，理论界从公平性产生动因与高管心理感知视角进行解释。首先，薪酬外部比较结果对高管群体具有优劣分选效应。薪酬外部劣势不公平在一定程度上是董事会对高管能力与业绩不满而给予的警示与惩罚（吴联生等，2010）[17]，高管需要努力改善公司业绩以扭转董事会与外界对其能力的质疑。薪酬外部公平性是高管显示自身能力的信号，薪酬外部优势不公平程度越大，代表高管能力越强（黎文靖等，2014）[18]，为维持声誉高管可能会有意识地做出行为反馈。其次，薪酬外部公平性影响高管心理感知。薪酬外部劣势不公平使高管产生黑色妒忌心理，通过增加非效率投资弥补薪酬损失（王嘉歆和黄国良，2016）[19]；或产生自我利益被侵蚀的消极心理，通过在职消费寻求替代性补偿（孙世敏等，2017）[20]；或因攀比心理产生紧张不安情绪，通过盈余管理实现薪酬增长（罗宏等，2016）[21]。马智颖和孙世敏

（2019）[22] 发现薪酬外部优势不公平强化高管风险规避特征，薪酬外部劣势不公平使高管减持偏好由收益追逐转为损失规避。

2.2　高管机会主义行为表现

2.2.1　高管机会主义行为动机

有关机会主义行为定义，理论界至今尚无定论。依据威廉姆森（Williamson，1985）观点，机会主义行为指"信息披露不完整或歪曲透露信息，尤其是蓄意误导、歪曲、掩盖、搅乱或混淆信息传播的行为，是一种狡诈地追求利润的利己主义行为"。国内学者认为机会主义行为是信息不对称情况下人们不完全或不真实披露信息以及从事其他损人利己的行为。机会主义行为可区分为事前机会主义行为和事后机会主义行为。事前机会主义行为指交易双方在签约时利用信息不对称或隐蔽、扭曲信息，以签订对自己有利的合同谋取利益，理论界将其称为"逆向选择"。事后机会主义行为指交易双方签约后利用信息不对称与信息优势，通过偷懒、信息欺诈等手段获取私人利益，由于该行为严重影响公司效率且因成本过高无法实施监督，理论界将其称为"道德风险"。高管机会主义行为表现多种多样，如过度在职消费、盈余管理以及非效率投资等，但其行为动机大体一致，主要源于以下三方面。

（1）人的逐利本性促使高管追求自身效用最大化

社会学研究表明人的本性是自私的，只要有机会就可能采取损人利己行动。现实经济活动中，契约一方利用不对称信息损害他人或组织以获取私利的现象屡见不鲜，说明人性中机会主义行为是不可避免的，高管在追求自身效用最大化过程中难免借助各种不正当手段谋取私利。机会主义行为并不意味着所有人在所有时间都会以损人利己的方式行事，但总有人会选择合适时机实施机会主义行为，且其发生时间和方式具有不确定性。

（2）人的有限理性使高管可能为谋求私利而采取博弈行为

古典经济学认为高管是完全理性经济人，而行为经济学和实验经济学研究表明高管的理性是有限的，在缺乏有效监管情况下未必按股东价值最大化原则行事。不完全理性影响高管最优决策选择，可能导致资源配置不合理、资源利用效率低下，提高了市场交易活动复杂性。交易双方均具有逐利本性和损人利己动机，需要实施严格监督程序，导致交易成本提高。现实工作中信息不对称为高管机会主义行为创造了条件，高管为谋取最大化利益可能冒着被处罚风险采取博弈行为，通过盈余操控粉饰业绩以攫取私人收益，或利用手中权力实施过度在职消费谋取不正当利益。

（3）制度缺陷为高管机会主义行为提供了契机

薪酬管制是中国国有公司独有的制度特色，薪酬管制破坏了薪酬契约的市场平衡机制，导致国有公司高管货币薪酬激励不足。为弥补正式合约遭受的损失，高管必然利用手中权力借用各种名目扩大隐性收入。在职消费由于其隐蔽性和不易追踪性，可以不受薪酬管制约束，一度成为国有公司高管自我激励的重要手段（孙世敏等，2016）[23]。

2.2.2 高管过度在职消费行为

在职消费又称职务消费，2006 年国有资产监督管理委员会颁布的《关于规范中央企业负责人职务消费的指导意见》中将其界定为"公司负责人为履行工作职责所发生的消费性支出以及享有的待遇，主要包括通信、差旅、国（境）外考察培训、公务用车配备及使用、业务招待（含礼品）等与公司负责人履行职责相关的消费项目"。在职消费是中国公司一项庞大支出，多年来居高不下，是高管薪酬的数倍之多（孙世敏等，2016）[23]。它是高管履职过程中不可避免的支出，是公司为提高高管工作效率而提供的正常职务消费，原本不属于机会主义行为。但现实经济活动中，许多高管利用职务之便享有过度在职消费。那些超过正常职务需要部分理论界将其界定为"超额在职消费"，它是高管机会主义行为表现之一。过度在职消费具有多重复杂的经济根源，除了高管自身特征外还包括制度环境方面的影响因素，下面从四个不同视角阐释其产生原因。

（1）基于委托代理视角的分析

两权分离条件下大股东委托高管经营公司，并行使资产管理者权力和职责，高管作为公司实际经营管理者具有股东无法观测的信息优势。委托代理框架下，股东致力于公司价值最大化，而高管追求自身效用最大化。如何设计最优薪酬契约使股东利益与高管利益协调一致，这是委托代理理论解决的核心问题。詹森和麦克林（Jensen and Meckling，1976）[24]的研究指出，在职消费是两权分离和信息不对称条件下的产物，是伴随高管与股东利益冲突而产生的一种代理问题，高管有动机通过职务消费占用公司资源以谋求私利。由于高管不占有或只拥有少量公司股份，在职消费可为其带来较大利益，却只需承担少量成本，因此在监督无效情况下高管会自由享受在职消费，通过增加非货币性福利来实现自身效用最大化。高管拥有公司股份越少，越倾向于通过职务消费获取更多利益。简言之，委托代理框架下高管不会总是按照股东利益最大化原则行事，在缺乏足够监督情况下就会产生过度在职消费动机。

（2）基于薪酬管制视角的分析

20 世纪 80~90 年代以来，中国国有公司实行薪酬管制，它是高管过度在职消费行为的重要根源。陈冬华等（2005）[25]的研究表明，薪酬管制使在职消费成为国有公司高管的替代性选择，是不完备契约条件下的产物。徐细雄和刘星（2013）[26]发现货币薪酬受到管制时会被迫出现不直接以货币薪酬体现的多元化替代性激励形式，包括在职消费等隐性薪酬以及贪污、腐败与财产侵占等赤裸裸的违法行为。薪酬管制是政府凭借特权对国有公司高管薪酬水平与结构进行的直接干预和限制，是与市场竞争机制相悖的一种薪酬制度，必然引发两类经济后果。一是出现替代性的薪酬契约以弥补高管货币薪酬激励不足，在职消费就是这一制度背景下基于平衡契约结构而合理存在的产物。合理的在职消费很少体现为代理成本性质，更多表现出对高管替代性激励作用（陈冬华等，2005）[25]。二是引发道德风险，在职消费成为高管权力寻租的手段，职业生涯晚期尤为突出。

（3）基于管理层权力视角的分析

在公司内部治理存在缺陷、外部监督约束不足情况下，管理层权力滥用现象比较普遍。中国国有公司一直存在"内部人控制"问题，所有者缺位使管理层权力可能凌驾于公司治理之上（吴倩，2016）[27]。管理层权力越大，高管操纵薪酬（包括显性货币薪酬和隐性在职消费）的能力越强。货币薪酬依附于明确的薪酬合约，透明度较高，且存在薪酬管制约束，不易操控。基于声誉考虑，高管需要寻求一种更为隐蔽的方式满足自身需求（吴倩，2016）[27]。在职消费因其内生于日常经营活动，加之具有难以量化的特点，无法形成正式合约，常常成为高管实施机会主义行为谋取私利的温床。

（4）基于信息成本视角的分析

由于在职消费的隐蔽性和不易追踪性，监督可能需要付出高昂的成本代价。若监督成本超过抑制其可能带来的收益，这种监督是得不偿失的。阿尔钦和德姆塞茨（Alchian and Demsetz，1972）[28]的研究指出，若在职消费监督成本超过抑制其可能带来的收益，在职消费是有效的。法玛（1980）[29]认为在职消费可以通过调整高管薪酬来消除，只有事后薪酬调整不足以弥补在职消费所消耗的公司资源时，在职消费才构成代理成本的一部分。可见，在职消费是股东给予高管的一种特殊待遇，是无奈之下的一种次优选择，这为高管过度在职消费提供了空间。

2.2.3　高管非效率投资行为

非效率投资（inefficient investment）指高管不按照股东价值最大化决策标准选择投资项目，而以私人收益最大化为目标，在公司资源充足时放弃净现值为正的投资项目，造成"投资不足"，或者将公司资源投入净现值为负的项目，导致"投资过度"（韩玉姝，2019）[30]。非效率投资的产生原因源于多个方面，包括大股东、债权人和高管自身等诸多因素。本著作仅针对高管层面，从委托代理和行为金融学视角进行理论分析。

（1）基于委托代理视角的分析

委托代理框架下，高管与股东的利益冲突可能导致非效率投资。高管为追求自身效用最大化可能选择对公司不利的投资决策。高管可能选择净现值小于零、但能够为自身带来丰厚收益的投资项目，导致投资过度；亦可能放弃风险较大、但能够为股东创造较高价值的投资项目，导致投资不足。此外，两权分离条件下股东享有大部分剩余收益而高管独自承担成本的不对称现象，使高管趋向于选择过度投资以扩大非生产性消费。

（2）基于行为金融学视角的分析

依据行为金融学理论，高管是非完全理性经济人，对不确定情况下的投资决策可能产生认知偏差，从而导致非理性投资。首先，高管存在过度自信。威斯特恩（Weinstein）选择一系列有利和不利事件来检验人们过度自信程度，发现人们总是过高估计自身知识水平及能力，相信自己比其他人更可能经历有利事件，即存在过度自信（孙世敏等，2017）[31]。过度自信使高管在估测未来收益和制定决策时过度乐观，公司资源充足时倾向于选择过度投资，公司资源短缺时则偏好于投资不足（詹雷和王瑶瑶，2013）[32]。其次，高管具有损失厌恶偏好。当已有投资出现损失时，高管在损失厌恶心理作用下倾向于选择风险较高的投资项目，通过扩大投资来扭转或弥补损失，导致过度投资。最后，高管具有群体行为特性，通常跟随他人选择次优决策，导致过度投资或投资不足。

2.2.4　高管盈余管理行为

盈余管理指管理层在遵循会计准则（GAAP）基础上，通过控制或调整对外报告会计收益信息达到主体自身利益最大化的行为，有应计盈余管理和真实盈余管理两种形式。应计盈余管理主要利用会计政策选择、会计估计变更、应计项目管理、会计方法运用时点与交易事项发生时点控制等手段调节盈余，它只改变会计盈余在各期分布水平，并不影响一定期间内公司总盈余。真实盈余管理是通过构造真实交易改变会计盈余，如削减研究开发支出提高利润等。简言之，盈余管理是高管综合运用会计和非会计手段来控制和调整会计收益，以误导利益相关者或影响以盈余为基础的契约。盈余管理主要针对会计盈余（会计收益），影响报表使用者对公司真实经营状况的正确判断，维护局部利益或个人利益而损害众多利益相关者权益。盈余管理动机来源于两方面：一是公司层面，满足股票上市、增发配股以及收购兼并等盈利需求；二是高管层面，满足薪酬契约、职位晋升等业绩要求。下面分别从两个层面进行理论分析。

（1）基于公司层面的分析

高管为满足公司特定目标需要而实施盈余管理，虽非私人动机，但广义上依然属于机会主义行为。表现在如下四方面：①满足资本市场需要进行盈余管理。中国法律明确规定，拟上市公司最近三年累积净利润不低于3000万元，拟增发配股公司最近三个会计年度加权平均净资产利润率不低于6%，上市公司连续两个会计年度亏损将被列入ST公司。上市公司为实现特定目标需要通过盈余管理达到法律要求。②满足收购兼并需要进行盈余管理。被并购方为获得更高交易价格通常采用盈余管理提高公司估价（曹辰，2013）[33]。并购方为展示管理与决策能力趋向于通过盈余管理降低并购前财务业绩、提升并购后财务业绩。换股并购中交易双方均有意通过盈余管理提高股价以获得最大收益（曹辰，2013）[33]。③为吸引投资者而进行盈余管理。盈利能力是投资者决策的重要参考依据，为向投资者传递公司稳定经营信号，高管倾向于通过盈余管理调整会计报告盈利水平。④为应对监督而进行盈余管理。中国上市公司实行业绩预告制度，实际业绩与预告业绩相差较大时需要向证监会说明理由。为应对证监会监管，管理层有意愿通过盈余管理降低业绩预告偏差。

（2）基于高管层面的分析

高管为获取私人利益而进行盈余管理，其动机表现在以下四方面：①满足薪酬契约需要而进行盈余管理。高管薪酬与公司业绩存在正相关性，高管为获取较高业绩薪酬经常在会计准则允许范围内谨慎调整会计盈余，或构造真实交易改善会计盈余。②满足股利分配需要而进行盈余管理。高管习惯于在分红计划宣布或修订后调整会计政策，选择增加未来盈利的会计政策以提高红利，分红计划没有规定盈余上限时表现更明显（曹辰，2013）[33]。③满足投机套利需要而进行盈余管理。为配合股票买卖交易行为，高管可能利用资产减值、会计估计变更等手段营造盈余平滑、盈余下降或盈余增长假象。④满足职位晋升需要而进行盈余管理。管理层变更时往往伴随着盈余管理行为。高管预期晋升时通常将盈利调整为平稳上升趋势；高管为避免因业绩较差被辞退，倾向于通过盈余管理提高应计利润；高管就职时习惯于通过坏账清理和资产减值等手段降低盈利并将责任推卸给前任，同时为未来盈利增长留足空间。

2.3　高管影响薪酬契约的行为表现

依据行为经济学理论，薪酬外部不公平影响高管心理感知及行为决策。薪酬外部公平性对高管行为影响可区分为直接影响和间接影响，前者指薪酬外部不公平引发的高管机会主义行为，后者指高管通过职权影响董事会或薪酬管理委员会制定对自身有利的薪酬契约，如提高高管薪酬粘性、选择有利的薪酬同业参照政策等。本部分仅阐述薪酬外部公平性对高管行为的间接影响。

2.3.1　影响薪酬管理委员会提高薪酬粘性

委托代理框架下高管与股东之间存在两大代理问题：一是高管与股东存在利益冲突，为追求自身效用最大化可能选择损害股东利益的行为；二是高管与股东存在信息不对称，可能引发"道德风险"与"逆向选择"。股东与高管不可能签订完全薪酬契约，总会存在一些未被指明事项或未被指派权力（张樱姝，2010）[34]。高管薪酬契约的不完全性为高管利用职权干预薪酬契约制定提供了便利。依据最优契约理论，只有与公司业绩保持高度相关性的薪酬契约才是有效的，强化薪酬业绩敏感性是实现股东利益最大化的合理选择（谬毅等，2014）[35]。但现实工作中高管薪酬业绩敏感性并非很强，业绩上升时高管薪酬增长幅度超过业绩下降时高管薪酬降低幅度（方军雄，2009[36]；陈修德等，2014[37]），理论界将其称为薪酬粘性。高管薪酬粘性是普遍存在的现象，其产生原因多种多样，本著作从管理权力论和最优契约论视角进行诠释。

（1）基于管理权力论视角的分析

委托代理框架下，只有与业绩挂钩的薪酬契约才能将高管利益与股东利益捆绑在一起，促使高管按照股东利益最大化原则经营公司。若薪酬契约设计不是基于股东价值最大化立场，高管权力寻租行为就存在较大空间。管理权力论认为，高管可以凭借手中权力影响董事会或薪酬管理委员会，对薪酬契约制定过程施加影响。高管为避免业绩下滑招致巨大损失，可能利用手中职权影响董事会或薪酬管理委员会，制定对自身有利的薪酬契约（左雪莲，2018）[38]，业绩上升时提高薪酬业绩敏感性，业绩下滑时削弱薪酬业绩相关性。现有研究表明，薪酬契约有效性与公司治理强度有关，良好的内外部治理机制可以有效抑制高管机会主义行为，改善薪酬业绩敏感性，降低薪酬粘性，从而提升薪酬契约有效性。

（2）基于最优契约论视角的分析

最优契约论认为，高管薪酬契约设计应遵循股东利益最大化原则，薪酬业绩相关性强弱是股东权衡多种利弊而做出的内生选择。①业绩噪声是高管薪酬粘性产生的重要原因。信息不对称使股东无法直接观测高管努力水平，只能通过公司业绩间接衡量。现有业绩计量指标（如 ROA、ROE 以及 EPS 等）受行业经营环境影响，不能完全代表高管努力水平。公司业绩来源于两方面，一是基于行业竞争优势而获得的垄断盈余，二是基于高管自身经营能力和努力而取得的盈余。行业竞争加剧了公司盈利的波动性和不确定性，使业绩噪声更大。高管具有风险规避特征，行业经营风险较大时削弱薪酬业绩敏感性、提高薪酬粘性可能对其具有更好的激励作用。②盈余管理是高管薪酬粘性产生的助力。公司业绩是高管薪酬契约设计的重要考量因素，为避免业绩下滑带来薪酬损失，高管可能通过盈余管理操控业绩。高管薪酬粘性很可能是公司抑制高管机会主义盈余操纵而给予的替代性补偿机制，有助于降低代理成本。拜勒赛姆（Balsam）将会计盈余细分为可操纵应计项目、不可操纵应计项目和现金流项目，发现前二者与高管薪酬相关性弱化，而后者与高管薪酬相关性增强，说明董事会对高管盈余管理行为识别能力逐步提升（谬毅等，2014）[35]。③高管薪酬粘性可能是一种替代性激励机制。首先，薪酬管制限制高管薪酬水平，极易引发薪酬外部不公平，薪酬粘性可能作为替代性激励机制对高管发挥补充激励作用。其次，高管薪酬契约设计需要同时兼顾盈利业绩与非盈利业绩，而业绩薪酬仅仅考虑盈利业绩。薪酬粘性一定程度上是公司为鼓励高管维系良好基本面特征而保留的替代性激励机制。

2.3.2 影响薪酬管理委员会制定有利的薪酬同业参照政策

理论界对高管薪酬影响因素进行了大量研究，发现公司业绩、公司规模与成长性等诸多因素与高管薪酬存在显著正相关性。近期研究发现，薪酬管理委员会在制定高管薪酬契约时通常以同行业高管薪酬为参照基准（Brookman and Thistle，2013[39]；徐细雄等，2014[40]；赵颖，2016[41]），理论界将其称为薪酬同业参照。高管薪酬同业参照有助于建立市场化竞争机制，增强薪酬契约有效性（Holmstrom and Kaplan，2003[42]；江伟，2010[43]）。但基于管理层权力视角的研究指出，高管薪酬同群选择具有更大自由裁量权，倾向于以规模较大且薪酬较高的公司作为参照对象以提高薪酬水平（Faulkender and Yang，2010[44]；Bizjak et al.，2011[45]）。

目前，中国上市公司并未要求强制披露高管薪酬契约设计参照公司信息，高管薪酬参照对象选择与参照信息使用更具隐蔽性（孙园园和马忠，2018）[46]，为高管干预薪酬契约设计提供了便利条件。为弥补薪酬外部不公平带来的损失，高管可能利用职权影响董事会或薪酬管理委员会，采用国际高薪酬公司作为参照标准（李维安等，2010）[47]，外部治理较弱公司的高管更可能选择高水平参照基准获得薪酬增长（江伟，2011）[48]。高管对薪酬同业参照政策选择干预具有比较复杂的动因，可能归咎于管理制度漏洞，更多源于高管利益追逐本性，并非单一理论可以诠释清楚的。管理层权力理论将其解释为高管凭借控制权进行的利益侵占，经理人市场理论认为是高管集体薪酬辩护行为，二者可能同时存在，但薪酬辩护动机占据主导地位。薪酬外部劣势不公平时高管具有强烈动机利用同业参照提高薪酬水平，薪酬外部优势不公平时高管为维持较高超额薪酬可能排斥或抵制同业参照，即薪酬外部劣势不公平促进高管薪酬同业参照，薪酬外部优势不公平抑制高管薪酬同业参照。

2.4　薪酬外部公平性对高管
行为影响机理分析

2.4.1　基于行为经济学理论的分析

经济学研究包括理论阐释与经验事实两部分，前者从理论上解释现实问题应该是什么样的，后者则用经验事实证明现实问题究竟是什么样的。经验研究结论可能支持理论阐释，也可能颠覆理论阐释。标准经济学将高管视为完全理性经济人且具有完全信息，但用其解释和预测现实经济问题时经常出现偏差，于是人们对标准经济学理性假设质疑。行为经济学将心理因素对个体行为决策影响引入经济学研究中来，认为人是有限理性的，为标准经济学理论阐释与经验事实异象提供了合理解释。

（1）标准经济学高管效用函数

高管效用指公司支付的货币薪酬、在职消费及其他非货币报酬给高管带来的满足程度。如图 2-1 所示，依据标准经济学理论，高管效用函数具有双重特性：①单调递增性。依据偏好单调性假设，高管

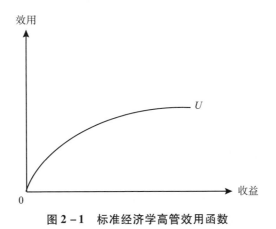

图 2-1　标准经济学高管效用函数

获得的货币收益与非货币收益越多，其满意度越高，因此高管效用函数具有单调递增特征，即 $u' > 0$。②边际效用递减性。依据偏好凸性假设，高管效用函数斜率递减（$u'' < 0$），即随着货币薪酬与非货币薪酬数量增加，单位增量带给高管的增量效用存在递减趋势，理论界将其称为边际效应递减规律。

高管效用由货币效用与非货币效用构成，其组合情况如图 2 - 2 所示。其中，I_1、I_2 和 I_3 为股东等支付线（$I_1 < I_2 < I_3$），线上各点公司支付给高管的货币薪酬与非货币薪酬总和相等；U_1、U_2 和 U_3 为高管无差异效用曲线（$U_1 < U_2 < U_3$），线上每点高管效用相同。标准经济学高管无差异效用曲线具有三个特征：①基于偏好的传递性假设，任意两条无差异效用曲线不会相交；②基于偏好的单调性假设，无差异效用曲线向右下方倾斜；③基于偏好的凸性假设，无差异效用曲线凸向原点。观察图 2 - 2 中的 A、B、C 三点，A 点与 B 点位于同一条股东等支付线上，但 A 点高管效用明显高于 B 点；C 点与 B 点位于同一条无差异效用曲线上，但 B 点股东成本明显高于 C 点。可见，货币效用与非货币效用最优组合点位于股东等支付线（I）与高管无差异效用曲线（U）切点上。该点既不是货币效用最高点，也不是非货币效用最高点，而是实现了二者的均衡组合，即高管对货币效用与非货币效用的理性与均衡选择会实现自身效用最大化。

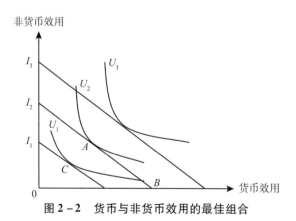

图 2 - 2　货币与非货币效用的最佳组合

（2）行为经济学参照点依赖对高管无差异效用曲线的修正

行为经济学将"参照点"与"损失厌恶"引入经济学研究中来，提出参照点依赖理论。卡奈曼和图尔斯堪（Kahneman and Tversky，1979）[49]对其进行规范化表述，认为高管决策受薪酬参照点影响，高管行为选择不仅受制于绝对薪酬水平，更多依赖绝对薪酬与参照对象的比较结果。高管薪酬高于参照点部分被视为收益，低于参照点部分则被定义为损失。参照点依赖理论认为人们普遍具有损失厌恶心理，等量损失带来的沮丧大于等量收益产生的快乐（贺京同和那艺，2015）[50]。可见，行为经济学考虑参照点与损失厌恶心理对高管行为选择影响，对标准经济学高管效用函数曲线进行修正，如式（2-1）所示。

$$U(x \perp r) \qquad\qquad (2-1)$$

其中，x 为高管货币薪酬，r 为高管薪酬参照点。设 $m = x - r$，则 m 为高管薪酬超过或低于参照点部分，理论界将其称为额外薪酬。薪酬外部优势不公平时高管薪酬高于外部参照对象，此时高管获得了额外收益，$m > 0$；薪酬外部劣势不公平时高管薪酬低于外部参照对象，此时高管遭受了薪酬损失，$m < 0$。设 $v(m)$ 为薪酬参照点效用，$u(x)$ 为货币薪酬效用，α 为权重，则行为经济学高管效用函数可表示为：

$$U(x \perp r) = \alpha u(x) + (1-\alpha)v(m) \qquad (2-2)$$

式（2-1）和式（2-2）表明，高管效用由两部分构成：一是高管绝对薪酬效用，与标准经济学效用函数一致；二是参照点依赖效用，即高管薪酬相对比较（收益或损失）产生的效用，由值函数表示，如图 2-3 所示。行为经济学规定了值函数四个特性（贺京同和那艺，2015）[50]：①$v'(m) > 0$，值函数单调递增；②$m > 0$，$v(m) > 0$；$m < 0$，$v(m) < 0$；③$m > 0$，$v(m)$ 为凹函数，$v''(m) < 0$；$m < 0$，

$v(m)$ 为凸函数，$v''(m) > 0$①；④对于任何 $m > 0$，均有 $-v(-m) > v(m)$，且 $v'(-m) > v'(m)$，即高管是损失厌恶的。从上述特性可以看出，值函数类似"S"形，$m < 0$ 时图像更为陡峭，体现出高管损失厌恶特征。不论高管薪酬与参照点比较结果是收益还是损失，它们给高管带来的心理感知均存在边际递减规律。

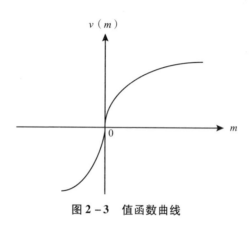

图 2 - 3　值函数曲线

将损失厌恶引入效用函数后，高管无差异效用曲线如图 2 - 4 所示。不考虑损失厌恶影响，A 点与 B 点位于同一条无差异效用曲线 U_1 上，高管扩大 2 个单位货币效用（由 B 点至 A 点），必须降低 2 个单位非货币效用以达到均衡状态。考虑损失厌恶影响后高管无差异效用曲线发生偏移，由原来的 U_1 变为 U_2，此时高管扩大 2 个单位货币效用（由 B 点至 C 点）只需降低 1.5 个单位非货币效用即可实现均衡选择。可见，损失厌恶心理作用下高管效用最大化选择（股东等支付线与高管无差异效用曲线切点）不再是唯一不变的。

① 经济学对函数凸凹性界定与数学定义相反，即经济学中的凸函数为数学中的凹函数，而经济学中的凹函数为数学中的凸函数。

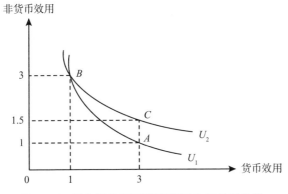

图 2 - 4　引入损失厌恶的高管无差异效用曲线

（3）行为经济学视角下薪酬外部公平性对高管行为影响分析

依据行为经济学理论，高管具有参照点依赖和损失厌恶心理。薪酬外部公平性是高管薪酬与参照点比较结果，薪酬外部优势与劣势不公平使高管在社会比较中获得收益和损失，必将影响高管心理感知，并对其行为选择产生影响。薪酬外部不公平引发的损失厌恶心理可能促使高管选择过度在职消费、非效率投资及盈余管理等机会主义行为，亦可能通过影响董事会或薪酬管理委员会干预薪酬契约制定。

标准经济学视角下任意两条高管无差异效用曲线互不相交，行为经济学则认为个体具有损失厌恶特征，初始禀赋不同情况下无差异效用曲线可能会发生偏移（贺京同和那艺，2015）[50]，这一研究结论为薪酬外部公平性对高管行为选择影响机理解释提供重要依据。卡德等（Card et al.，2012）[51] 验证了个体对同业薪酬信息反应的不对称性，发现薪酬低于行业中位数时个体工作满意度较低，而高于中位数时满意度却不高，说明薪酬外部公平性对个体心理感知影响存在不对称性。为剖析不同情境下薪酬外部公平性对高管行为影响的差异性，本章以同行业具有类似职位高管平均薪酬作为参照点，将薪酬外部公平性细分为薪酬外部优势不公平与薪酬外部劣势不公平，并分别展开讨论。前者高管获得了额外收益，后者高管遭受了薪酬损失。分别以货币薪酬（Comp）和非货币薪酬（Fcomp）作为横轴和纵轴，绘制两种薪酬公平状态下高管无差异效用曲线，如图2-5和图2-6所示。

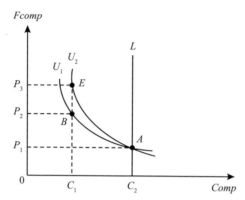

图2-5　薪酬劣势不公平无差异效用曲线

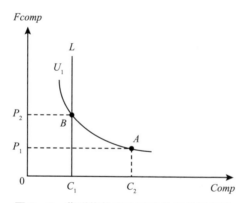

图2-6　薪酬优势不公平无差异效用曲线

薪酬外部劣势不公平状态下，不考虑损失厌恶影响，高管无差异效用曲线为U_1。该曲线上A点与B点货币薪酬与非货币薪酬组合效用一致，此时对高管而言（$C_2 - C_1$）个单位货币薪酬与（$P_2 - P_1$）个单位非货币薪酬具有同等效用。在既定工作付出水平下，高管货币薪酬（C_1）低于外部参照标准（C_2）。不考虑初始禀赋影响，薪酬外部劣势不公平会使高管产生自我利益被侵蚀的消极心理感知，此时恢复平衡有两条途径：一是增加（$C_2 - C_1$）个单位货币薪酬，使其达到参照点水平（总效用为 A 点）；二是增加（$P_2 - P_1$）个单位非货币薪酬，使总效用达到 B 点水平。两条途径高管设定的效用目标等同，但薪酬管制背景下提高货币薪酬很难实现，调增在职消费等非货币效用往往是解决问题的突破口，故薪酬外部劣势不公平可能导致高管非货币薪酬增长。行为经济学认为高管存在损失厌恶偏好，在外部不利比较结果影响下达到目标效用增加的非货币薪酬往往超过（$P_2 - P_1$）个单位，在 E 点才达到期望均衡效用，此时无差异效用曲线将由 U_1 变为 U_2，高管增加的非货币薪酬为（$P_3 - P_1$）个单位，产生了（$P_3 - P_2$）个单位超额非货币薪酬。可见，薪酬外部劣势不公平可能诱发高管攫取非货币效用行为，如选择过度在职消费、非效率投资和盈余操纵等机会主义行为。

既定工作付出水平下，薪酬外部优势不公平使高管获得额外收益，货币薪酬（C_2）高于外部参照标准（C_1）。薪酬外部优势不公平产生的"收益"使高管经济需求得以满足、能力和付出得到认可，此时高管薪酬满意度较高。但高管是非完全理性经济人，具有自利动机，不会主动减少（$C_2 - C_1$）个单位货币薪酬，也不会主动将非货币薪酬降低（$P_2 - P_1$）个单位。此时高管对薪酬外部比较结果关注度较低，薪酬外部优势不公平对高管行为选择影响弱于薪酬外部劣势不公平。

2.4.2　基于公平偏好理论的分析

"公平"是个体主观感知，没有明确的客观标准。卡奈曼等（Kahneman et al.，1986）[52]对公平进行了初步描述，认为交易需要事先对双方当事人赋予某些权利，任何交易都是基于事先默认的双边赋权来进行的，只要交易双方权利未受到损害，那么该项交易就是公平的。上述描述只是一种抽象解释，并未涉及双边赋权的具体内容。对高管薪酬特定问题而言，薪酬外部公平性是高管薪酬与外界参照对象比较产生的心理感知，与外部参照点选择及个体公平偏好有关。

（1）公平偏好理论模型

公平偏好理论指出个体普遍存在不公平厌恶心理，不仅追求自身绝对收益，而且关注自身收益与外部参照对象的比较。该理论可以很好地解释薪酬外部公平性对高管行为影响机理。薪酬外部优势不公平时高管薪酬超过外部参照点，高管获得额外收益并在社会比较中处于优势地位；薪酬外部劣势不公平时高管薪酬低于外部参照点，高管在社会比较中遭受了薪酬损失。行为经济学通常将薪酬外部优势与劣势不公平产生的收益和损失称为优势不均等和劣势不均等。高管公平偏好不同使其对薪酬优势与劣势不均等心理感知存在差异。公平偏好理论最具代表性的模型是法霍与斯慈米特（Fehr and Schmidt，1999）[53]的 FS 模型以及波特恩与欧肯法斯（Bolton and Ockenfels，2000）[54]的 ERC 模型。

①FS 模型。由法霍与斯慈米特于 1999 年提出，它是行为经济学中考虑公平偏好影响的个体效用函数模型，如式（2-3）所示。假设某个群体中有 n 位高管，考虑不均等厌恶影响后高管 i 的效用函数可表达为：

$$U_i(x) = x_i - \frac{\alpha_i}{n-1} \sum_{k \neq i} \max(x_k - x_i, 0) - \frac{\beta_i}{n-1} \sum_{k \neq i} \max(x_i - x_k, 0)$$

$$(2-3)$$

其中，x_i 为第 i 位高管绝对薪酬，x_k 为第 k 位高管绝对薪酬，α_i 与 β_i 分别为第 i 位高管对薪酬劣势不均等与薪酬优势不均等的厌恶系数，$\beta_i \leq \alpha_i$，且 $0 \leq \beta_i < 1$。FS 模型表明，高管效用大小不仅取决于自身绝对收益，而且受自身收益与参照点差异影响。高管效用函数由高管绝对薪酬效用（x_i）、薪酬劣势不均等效用［式（2-3）中第二项］和薪酬优势不均等效用［式（2-3）中第三项］三部分构成。高管薪酬社会比较结果不论是优势不公平还是劣势不公平，均会给高管带来效用损失，即高管对薪酬优势不均等和薪酬劣势不均等均具有

厌恶心理。分析其形成原因，一个合理的解释是薪酬优势不均等使高管产生愧疚心理，薪酬劣势不均等使高管产生妒忌心理。该模型同时对高管薪酬不均等厌恶系数 α_i 与 β_i 进行界定，$\beta_i \leq \alpha_i$ 表明高管对薪酬优势不均等的厌恶程度小于薪酬劣势不均等，即嫉妒心理比内疚心理对高管行为影响更强烈。$0 \leq \beta_i < 1$ 具有双重含义：一方面表明薪酬优势不均等给高管带来的不是快乐和自豪，而是效用损失，这点非常令人费解，该模型解释力也为此受到一定质疑；另一方面显示高管内疚产生的效用损失小于薪酬优势不均等带来的额外收益，非常符合常理。

②ERC 模型。波特恩与欧肯法斯（2000）[54] 针对公平偏好影响提出 ERC 模型。ERC 模型与 FS 模型基本思想类似，认为高管不仅在意绝对薪酬，更注重相对薪酬，并希望自身相对收入靠近群体平均水平。不论高管薪酬在社会比较中处于优势还是劣势地位，高管都愿意将自身薪酬调整至群体平均水平。该模型显示薪酬优势不均等和薪酬劣势不均等均会导致高管效用损失。ERC 模型与 FS 模型区别表现在如下三方面：第一，FS 模型将个体收入与群体中每一位参照对象进行比较，而 ERC 模型则将个体收入与群体平均收入进行比较；第二，FS 模型关注个体收入的绝对差异，ERC 模型关注个体收入的相对比较；第三，FS 模型假设个体对损失厌恶程度大于对收益厌恶程度（$\beta_i \leq \alpha_i$），即妒忌感比内疚感更强，ERC 模型假设个体对收益和损失厌恶感一致（$\beta_i = \alpha_i$）。从心理学角度看，FS 模型彰显的不公平厌恶感知更符合现实情况。

（2）公平偏好视角下薪酬外部公平性对高管行为影响分析

①薪酬外部参照点对高管行为选择影响。公平偏好分为同情偏好、嫉妒偏好和自豪偏好三类。高管薪酬高于外部比较对象时表现出同情和自豪，反之则表现出嫉妒情绪。首先，高管薪酬公平感知源于社会比较结果。依据公平偏好理论，高管效用来源于绝对薪酬和相对薪酬。高管通常选择某一特定群体作为外部参照对象，将个体薪酬与他人比较判断自身薪酬公平性。自身薪酬高于比较对象时，高管自豪

心理可能诱使其产生骄傲情绪，引发消极怠工行为，也可能产生愧疚心理而加倍努力工作。自身薪酬低于外部比较对象时，高管将滋生自我利益被侵蚀的消极感知，在损失厌恶和妒忌心理作用下可能选择三种报复性行为恢复公平：一是消极怠工以寻求心理平衡；二是选择机会主义行为谋取私利，如过度在职消费、非效率投资及盈余操纵等；三是影响薪酬管理委员会干预薪酬契约制定，如提高薪酬粘性、选择对自身有利的薪酬同业参照政策等。其次，薪酬外部参照点选择偏好影响高管公平心理感知。薪酬社会比较存在不同参照群体，高管个性偏好影响薪酬外部参照点选择。高期望型高管可能选择薪酬较高公司作为参照群体，比较结果会产生妒忌和沮丧情绪，并滋生强烈报复心理。现实型高管可能选择同行业类似职位高管作为参照群体，比较结果比较容易接受且极易产生公平感。低期望型高管可能选择薪酬较低参照对象，或与历史薪酬比较，从中获取满足感，并激发工作动力。

②薪酬外部比较结果认知差异对高管行为选择影响。高管个性偏好可能导致比较结果认知差异。首先，薪酬外部优势不公平使高管享有超过参照点的额外收益，高管可能认为它是董事会对其能力与业绩认可而给予的奖励，选择加倍努力以回报知遇之恩；也可能在自豪心理作用下心安理得地享受优势薪酬待遇，甚至因骄傲而产生懈怠情绪。相同社会比较结果，高管个体认知差异可能导致高管行为选择出现分歧。其次，薪酬外部劣势不公平使高管遭受薪酬损失，高管可能将其视为董事会对其工作不满而给予的警示，选择努力工作以消除董事会与外界对其能力的质疑，亦可能因妒忌产生消极报复心理，选择机会主义行为谋取私利。高管对薪酬社会比较结果存在认知差异，可能导致相同比较结果出现迥异心理感知，并诱发不同行为选择。

2.4.3 基于互惠偏好与心理契约理论的分析

（1）基于互惠偏好理论的分析

互惠偏好理论是公平偏好理论的一个分支，最早产生于生物学领域，由哈佛大学生物学家罗伯特·特里福斯（Robert Trivers）提出，之后被应用于经济学研究领域，解释社会经济活动中交易双方行为反馈与互动。互惠指交易一方采取某种行动，另一方为维持公平而做出回应行动。公平是互惠基础，但互惠远比公平更复杂。该理论认为个体并非极端利己主义者，也会考虑他人感受惠及他人利益，愿意牺牲自身利益回报他人善意行为、惩罚他人恶意举措。互惠可分为积极互惠和消极互惠两种形式，积极互惠指交易一方做出善意行为而另一方回报善意行为，消极互惠指交易一方做出恶意行为而另一方也回报恶意行为。

互惠偏好理论可以合理解释薪酬外部公平性对高管行为选择影响。薪酬外部优势不公平使高管享有与自身努力不匹配的超额薪酬，可以将其理解为股东给予高管的额外薪酬奖励，是一种善意举措。高管为回报股东善举会选择努力工作，以股东价值最大化为决策目标提升公司业绩，此时薪酬外部优势不公平对高管行为选择具有正向激励效应。薪酬外部劣势不公平导致高管薪酬损失，高管很可能将其归结为公司对其不满而给予的惩罚，认为是股东对其采取的恶意行为，由此滋生消极报复心理，采取过度在职消费、非效率投资及盈余管理等报复性行为，或影响薪酬管理委员会干预薪酬契约制定，此时薪酬外部劣势不公平可能诱发高管机会主义行为，并导致薪酬契约执行成本上升。

（2）基于心理契约理论的分析

心理契约由美国心理学家安格瑞思（Argyris）提出，广泛应用于人力资源管理、组织行为学和心理学等研究领域。它是组织与员工间基于非书面化承诺而形成的彼此期望，包括良好的工作环境、职位与兴趣的一致性、安全与归属感、薪酬与福利待遇、价值认同以及培训与晋升等内容（Rousseau，1990[55]；Robinson，1997[56]；Herriot et al.，1997[57]），可归纳为交易维度和关系维度，前者与经济和物质相关，后者涉及社会情感（Robinson and Rousseau，1994）[58]。心理契约框架下，组织期望员工积极投入、对组织忠诚并创造最佳产出（业绩），员工期望组织给予公平的薪酬和福利待遇、营造良好的工作环境。彼此期望满足后员工对组织更加忠诚，双方关系和谐；否则将损害员工与组织关系，诱发消极怠工、主动离职及各类机会主义行为。

依据经济人假设，高管具有自利动机并与股东存在目标分歧。现代管家理论认为高管并非完全自利，为扮演好管家角色会主动选择努力工作以提升公司价值（张志波，2008）[59]。经济人假设和现代管家理论描述了两种截然相反的高管行为表现，这喻示高管行为背后存在更深层次的活动机制，从心理契约视角诠释薪酬外部公平性对高管行为选择影响可能是一种突破。高管薪酬是心理契约的重要组成部分，高管对绝对薪酬及其同群地位抱有各种期望，而薪酬外部公平性是高管心理契约满足与否的重要体现，决定高管行为选择。薪酬外部优势不公平时高管心理契约得以满足，将会产生积极向上动力并选择公司价值最大化决策行为。薪酬外部劣势不公平时高管心理契约被违背，会产生自我利益被侵蚀消极心理，并诱发机会主义行为。

本章参考文献

［1］Adams J S. Towards an understanding of inequity ［J］. Journal of Abnormal and Social Psychology，1963，67：422 – 436.

［2］Adams J S. Inequity in social exchange ［J］. Advances in Experimental Social Psychology，1965，2 （4）：267 – 299.

［3］马智颖. 薪酬外部公平性对在职消费及其经济效应的影响 ［D］. 沈阳：东北大学，2017.

［4］黄洪斌，王忠，张同建. 国有商业银行组织公平对提升核心竞争力促进机制研究——基于二级分行（地市级分行）样本数据的检验 ［J］. 商业研究，2015 （1）：70 – 77.

［5］王莉，孙文刚. 高管薪酬公平性问题研究 ［J］. 山东社会科

学，2012（6）：109 – 112.

［6］刘凤仪. 薪酬公平理论及其与业绩关系研究综述［J］. 金融经济，2012（16）：63 – 65.

［7］邢彦玲. 程序公正性对跨国公司战略管理影响的理论研究［J］. 山东社会科学，2006（10）：150 – 153.

［8］安娜. 地方公共投资项目方案选择研究［D］. 北京：中央财经大学，2016.

［9］Thibaut J W, Walker L. Procedural justice a psychological analysis［J］. Duke Law Journal, 1978, 26（6）：1289 – 1296.

［10］Leventhal G S, Karuza J, Fry W R. Beyond fairness：a theory of allocation preferences［M］//Milkula G, Ed., Justice and Social Interaction, Springer – Verlag, New York, 1980：167 – 218.

［11］Sweeney P D, Mcfarlin D B. Workers' evaluation of the "ends" and the "means"：an examination of four models of distributive and procedural justice［J］. Organizational Behavior and Human Decision Processes, 1993, 55（1）：23 – 40.

［12］黄再胜，王玉. 公平偏好、薪酬管制与国企高管激励——一种基于行为合约理论的分析［J］. 财经研究，2009（1）：16 – 27.

［13］祁怀锦，邹燕. 高管薪酬外部公平性对代理人行为激励效应的实证检验［J］. 会计研究，2014（3）：26 – 32.

［14］Martin J. Relative deprivation：a theory of distributive injustice for an era of shrinking resources［D］. Palo Alto：Graduate School of Business, Stanford University, 1979.

［15］Lazear E P, Rosen S. Rank-order tournaments as optimum labor contract［J］. The Journal of Political Economy, 1981, 89（5）：841 – 864.

［16］Hunnes A. Internal wage dispersion and firm performance：white-collar evidence［J］. International Journal of Manpower, 2009, 30（8）：776 – 796.

［17］吴联生，李景艺，王亚平. 薪酬外部公平性、股权性质与公司业绩［J］. 管理世界，2010（3）：117－126.

［18］黎文靖，岑永嗣，胡玉明. 外部薪酬差距激励了高管吗——基于中国上市公司经理人市场与产权性质的经验研究［J］. 南开管理评论，2014，17（4）：24－35.

［19］王嘉歆，黄国良. 高管个性特征、薪酬外部不公平性与非效率投资——基于妒忌心理视角的研究［J］. 山西财经大学学报，2016，38（6）：75－87.

［20］孙世敏，马智颖，陈怡秀，等. 薪酬外部公平性对在职消费及其经济效应的影响［J］. 南大商学评论，2017（4）：98－121.

［21］罗宏，曾永良，宛玲羽. 薪酬攀比、盈余管理与高管薪酬操纵［J］. 南开管理评论，2016，19（2）：19－31.

［22］马智颖，孙世敏. 薪酬外部公平性对高管股票减持的影响——基于收益风险偏好视角［J］. 技术经济，2019，38（11）：48－56.

［23］孙世敏，柳绿，陈怡秀. 在职消费经济效益形成机理及公司治理对其影响［J］. 中国工业经济，2016（1）：37－51.

［24］Jensen M C，Meckling W H. Theory of the firm：managerial behavior，agency costs and ownership structure［J］. Journal of Financial Economics，1976，3（4）：305－360.

［25］陈冬华，陈信元，万华林. 国有企业中的薪酬管制与在职消费［J］. 经济研究，2005（2）：92－101.

［26］徐细雄，刘星. 放权改革、薪酬管制与企业高管腐败［J］. 管理世界，2013（3）：119－132.

［27］吴倩. 公司治理对在职消费经济效应的影响研究［D］. 沈阳：东北大学，2016.

［28］Alchian A，Demsetz H. Production，information costs and economic organization［J］. American Economic Review，1972（12）：780－781.

［29］Fama E F. Agency problems and the theory of the firm［J］. The Journal of Political Economic，1980，88（2）：288 – 307.

［30］韩玉姝. 金融约束政策对投资效率的影响研究［D］. 大连：东北财经大学，2019.

［31］孙世敏，吴倩，张林玉，等. 考虑长短期努力的过度自信代理人激励机制［J］. 运筹与管理，2017，26（8）：174 – 186.

［32］詹雷，王瑶瑶. 非效率投资动机、影响因素及后果研究［J］. 财会通讯（综合版），2013（4下）：58 – 60.

［33］曹辰. 盈余管理动机综述［J］. 现代商贸工业，2013（21）：26 – 27.

［34］张樱姝. 高管薪酬契约有效性研究——基于市场化改革与公司实际控制人性质视角［D］. 长春：吉林大学，2010.

［35］谬毅，张倩，符栋良. 高管薪酬的有效性问题研究：总结与展望［J］. 现代管理科学，2014（11）：118 – 120.

［36］方军雄. 我国上市公司高管的薪酬存在粘性吗？［J］. 经济研究，2009（3）：110 – 124.

［37］陈修德，彭玉莲，吴小节. 中国上市公司 CEO 薪酬粘性的特征研究［J］. 管理科学，2014，27（3）：61 – 74.

［38］左雪莲. 高管薪酬激励对非效率投资的影响研究［D］. 杭州：浙江工商大学，2018.

［39］Brookman J T, Thistle P D. Managerial compensation：luck, skill or labor markets？［J］. Journal of Corporate Finance，2013，21：252 – 268.

［40］徐细雄，谭瑾. 高管薪酬契约、参照点效应及其治理效果：基于行为经济学的理论解释与经验证据［J］. 南开管理评论，2014（4）：35 – 45.

［41］赵颖. 中国上市公司高管薪酬的同群效应分析［J］. 中国工业经济，2016（2）：114 – 129.

［42］Holmstrom B，Kaplan S. The State of US corporate governance：what's right and what's wrong？［J］. Journal of Applied Corporate Finance，2003，15：8 – 20.

［43］江伟. 行业薪酬基准与管理者薪酬增长——基于中国上市公司的实证分析［J］. 金融研究，2010（4）：144 – 159.

［44］Faulkender M，Yang J. Inside the black box：the role and composition of compensation peer groups［J］. Journal of Financial Economics，2010，96（2）：257 – 270.

［45］Bizjak J，Lemmon M，Nguyen T. Are all CEOs above average？an empirical analysis of compensation peer groups and pay design［J］. Journal of Financial Economics，2011，100（3）：538 – 555.

［46］孙园园，马忠. 上市公司高管薪酬契约的双重参照效应研究——基于系族集团的视角［J］. 贵州财经大学学报，2018（3）：72 – 83.

［47］李维安，刘绪光，陈靖涵. 经理才能、公司治理与契约参照点——中国上市公司高管薪酬决定因素的理论与实证分析［J］. 南开管理评论，2010，13（2）：4 – 15.

［48］江伟. 市场化程度、行业竞争与管理者薪酬增长［J］. 南开管理评论，2011，14（5）：58 – 67.

［49］Kahneman D，Tversky A. Prospect theory：an analysis of choice under risk［J］. Econometrica，1979，47：263 – 291.

［50］贺京同，那艺. 行为经济学：选择、互动与宏观行为［M］. 北京：中国人民大学出版社，2015：26 – 30.

［51］Card D，Alexandre M，Enrico M，et al. Inequality at work：the effect of peer salaries on job satisfaction［J］. American Economic Review，2012，102（6）：2981 – 3003.

［52］Kahneman D，Knetsch J L，Thaler R H. Fairness as a constraint on profit seeking：entitlements in the market［J］. American Economic Review, 1986, 76 (4): 728 – 741.

[53] Fehr E, Schmidt K M. A Theory of fairness, competition and cooperation [J]. Quarterly Journal of Economics, 1999, 114 (3): 817 – 868.

[54] Bolton G E, Ockenfels A. A theory of Equity, Reciprocity and Competition [J]. American Economic Review, 2000, 90 (1): 166 – 193.

[55] Rousseau D M. New hire perceptions of their own and their employer's obligations: study of psychological contracts [J]. Journal of Organizational Behavior, 1990, 11 (5): 389 – 400.

[56] Robinson M S L. When employees feel betrayed: a model of how psychological contract violation develops [J]. The Academy of Management Review, 1997, 22 (1): 226 – 256.

[57] Herriot P, Manning W E G, Kidd J M. The content of the psychological contract [J]. British Journal of Management, 1997, 8 (2): 151 – 162.

[58] Robinson S L, Rousseau K D M. Changing obligations and the psychological contract: A longitudinal study [J]. The Academy of Management Journal, 1994, 37 (1): 137 – 152.

[59] 张志波. 现代管家理论研究述评 [J]. 山东社会科学, 2008 (11): 155 – 158.

第3章

高管薪酬公平性计量方法

3.1 高管薪酬公平性计量方法研究现状

高管薪酬公平性属于分配公平研究范畴，其核心思想体现在两方面：一是高管自身投入与产出（薪酬）是否匹配；二是高管投入产出比与参照对象比较是否合理。依据比较对象不同，薪酬分配公平性可进一步细分为个体公平性、内部公平性和外部公平性三个分支。个体公平性指高管个人贡献（投入）与其薪酬的匹配性，体现"多劳多得，按劳分配"原则；内部公平性指高管将自身投入产出比与组织内部相同层级或不同层级人员比较，以获得薪酬分配公平性感知；外部公平性指高管将自身投入产出比与组织外部类似职位同群参照对象比较，以判断自身薪酬公平性。本著作仅涉及薪酬外部公平性与薪酬内部公平性。

薪酬公平性衡量是该领域研究的重要问题，至今尚未达成共识。目前，薪酬公平性研究刚刚起步，薪酬内外部公平性衡量方法比较混杂，难以区分哪种方法适用于哪类公平性计量，此处只针对公平性进行研究综述，不再区分内外部公平性。

3.1.1 问卷调查法及其弊端

问卷调查法通过设计调查问卷获取员工对高管薪酬满意度，以此衡量高管薪酬公平性。调查问卷需要借助量表设计来完成，如史密斯（Smith，1969）设计工作描述指数（JDI）问卷、普瑞特（Porter，1978）设计需求满意度调查表（NSQ）以及黑斯克曼与欧德汉姆（Hackman and Oldham，1974）开发的工作诊断调查表（步丹璐等，2010）[1]。现有部分研究基于量表计分方式获取员工薪酬满意度信息，如斯威内与麦克法林（Sweeney and Mcfarlin，1993）[2]、黄再胜和王玉（2009）[3]、黛珂内克与斯蒂文（Deconinck and Stilwell，2004）[4]以及阿姆柔思等（Ambrose et al.，1991）[5]。进一步研究发现，薪酬内外部公平性对员工薪酬满意度均产生显著影响，但其影响程度存在差异。部分研究认为内部公平性对员工薪酬满意度影响较大（Taylor and Vest，1992）[6]，而另有研究证实外部公平性比内部公平性对员工薪酬满意度影响更大（步丹璐等，2010）[1]。郭起宏和万迪昉（2008）以电力集团为调研对象，通过问卷设计从过程公平和结果公平两个角度综合衡量薪酬公平性，发现薪酬公平性感知对员工薪酬满意度具有显著正向影响（步丹璐等，2010）[1]。

问卷调查法以问卷调查方式设计公平变量，通过员工薪酬满意度及对高管薪酬满意度衡量薪酬公平性，适用于个体公平性和内部公平性计量。该方法虽然能够直接收集被调查者的公平感知，但存在两点弊端：第一，主观性太强。公平性会随着问卷发放对象不同而出现较大差异，因此不具有横向可比性；第二，认知偏差会导致问卷结果出现较大差异。从心理学角度看，人们进行自我评价时一般会高估自身能力和投入水平而低估他人能力和投入水平，这种感知偏差会导致问卷调查数据带有强烈的主观色彩，可能对结论的普适性产生影响。

3.1.2　额外薪酬法（残差法）及其弊端

额外薪酬法亦称残差法。首先确定高管薪酬影响因素，据此构建高管薪酬决定模型并进行分行业分年度回归。模型残差代表公司正常经营活动无法解释的薪酬，理论界将其称为额外薪酬，并以此衡量薪酬公平性。考瑞等（Core et al.，1999）[7]首次提出使用高管薪酬决定模型残差来测算高管薪酬不公平程度，之后吴联生等（2010）[8]在考瑞等（1999）[7]的薪酬决定模型基础上对其加以改进，增加了股权性质等控制变量（唐薇，2014）[9]，并将得到的回归系数代入模型估测预期合理薪酬，用实际薪酬减去预期合理薪酬的差额（即模型残差 ε）衡量高管薪酬不公平程度，残差为正代表薪酬优势不公平，残差为负代表薪酬劣势不公平。张悦玫等（2015）[10]继承了吴联生等（2010）[8]的薪酬公平性计量方法，但对高管薪酬决定模型进行了修正，加入高管人数和应付职工薪酬变量，剔除董事会规模变量，解释变量采用滞后一期数据。罗华伟等（2015）[11]在抠赫德和莱文讷（Cowherd and Levine，1992）[12]的薪酬差距决定模型基础上，将高管薪酬差距决定因素从一个拓展到多个，以便更准确度量代表不公平程度的残差 ε。

部分学者对额外薪酬法（残差法）进行了改进与完善。王莉和孙文刚（2012）[13]以额外薪酬的四分之一分位数为分界点，对薪酬公平状态重新进行界定：位于前四分之一的为正向额外薪酬，代表高管薪酬处于外部优势不公平状态；位于后四分之一的为负向额外薪酬，代表高管薪酬处于外部劣势不公平状态；位于中间区域的表示合理公平薪酬，代表高管薪酬处于公平状态。步丹璐等（2010）[1]对残差计量方法进行了较大改进。首先，考虑高管特征将外部薪酬差距与内部薪酬差距相结合，以高管薪酬与同行业同地区高管最高薪酬的比值衡量高管薪酬分位数，以员工薪酬与同行业同地区员工最高薪酬的比值衡量员工薪酬分位数，并以高管薪酬分位数与员工薪酬分位数的比值作为薪酬决定模型的因变量，选择高管管辖的员工人数、高管离职情况、高管文化背景和高管任期为自变量，对模型进行回归并获得残差 ε_1。其次，基于公司特征视角，以高管薪酬为因变量，以公司规模、监督成本、公司成长性、公司现金流为自变量，建立薪酬决定模型并通过回归获得残差 ε_2。最后，计算上述两个模型残差 ε_1 和 ε_2

的分位数，并进行加权，得到综合残差，以此衡量薪酬公平性。

额外薪酬法（残差法）多方面考虑了高管薪酬影响因素，将正常经营活动无法解释的部分视为超额薪酬，适用于薪酬内部公平性与外部公平性计量。但该方法过于依赖薪酬决定模型，对其设计合理性和有效性要求较高。高管薪酬影响因素众多，研究者不可能将所有影响因素都引入模型中来，只能选择部分重要变量。但不同研究者对变量选择偏好不同，选择结果差异较大会导致模型残差随意性较大。

3.1.3　薪酬差距法及其弊端

薪酬差距可分为绝对薪酬差距和相对薪酬差距以及内部薪酬差距和外部薪酬差距。绝对薪酬差距反映高管与参照对象绝对薪酬差值，相对薪酬差距反映高管与参照对象薪酬比例；内部薪酬差距指公司内部不同层级高管之间的薪酬差距，外部薪酬差距指目标公司高管薪酬与同行业、同地区高管薪酬差距。

内部薪酬差距较多采用绝对薪酬差距，如张兴亮和夏成才（2016）[14]将高管薪酬内部差距划分为水平薪酬差距（非 CEO 成员之间薪酬差值）与垂直薪酬差距（CEO 与非 CEO 成员之间薪酬差值）；林浚清等（2003）[15]使用首席执行官（CEO）与非 CEO 平均薪酬差值衡量薪酬内部公平性。外部薪酬差距更多选择相对薪酬差距，薪酬分位数就是典型做法。薪酬分位数将高管薪酬与同年、同行业、同地区其他公司高管薪酬最高值或平均值进行比较，以确定高管薪酬是否公平。祁怀锦和邹燕（2014）[16]以及覃予和靳毓（2015）[17]以高管薪酬与同行业同地区高管最高薪酬比值作为判别标准，为高管薪酬外部公平性计量提供了新视角。该比值越接近"1"，薪酬外部公平程度越高；越偏离"1"，薪酬外部公平性越差。步丹璐等（2010）[1]以高管（员工）薪酬与同行业同地区高管（员工）薪酬比值计量高管（员工）薪酬分位数，并以高管薪酬分位数与员工薪酬分位数比值衡量薪酬公平性。黎文靖等（2014）[18]以高管薪酬与同行业公司高管薪酬比值衡量国有公司外部薪酬差距，以高管薪酬增长率与同行业公司高管薪酬增长率比值衡量非国有公司外部薪酬差距。李竹梅等（2017）[19]以公司规模作为高管投入差别衡量因素，重新定义高管薪酬外部公平性，将单位资产高管薪酬与同年同地区单位资产高管薪酬比值作为外部公平性判别标准。

薪酬差距法将高管薪酬与公司内部其他高管或同行业、同地区其他公司高管进行比较，数据易于获取且客观，避免残差的随意性。但不论是绝对薪酬差距还是薪酬分位数，均仅仅考虑公司内部或公司间高管薪酬比较而忽略了业绩差异，没有体现"多劳多得"贡献型分配导向，不能真正体现薪酬公平性。未来研究需要引进客观、量化的研究方法，同时考虑"薪酬分位数"与"业绩分位数"，采用"薪酬—业绩相对分位数"衡量薪酬外部公平性，并兼顾公司规模等因素的影响。

3.1.4 薪酬变异系数法及其弊端

薪酬变异系数法最早由艾利森（Allison）在1978年提出，借鉴计量经济学风险衡量方法，选择前 n 位高管薪酬标准差与均值之比计算薪酬变异系数（Allison，1978）[20]，并将其作为高管薪酬内部不公平程度的代理变量。变异系数越大，高管薪酬内部不公平程度越高。之后，部分学者对该方法进行了应用，如饶育蕾和黄玉龙（2012）[21]采用艾利森（1978）[20]的做法，用前5位高管薪酬标准差与均值比值衡量高管薪酬内部不公平程度。

薪酬变异系数法引进了经济学风险衡量方法，大大提高了高管薪酬差距计量准确性。但该方法与薪酬差距法存在类似弊端，即只考虑高管薪酬差距而忽略了业绩对比，无法解释薪酬差距产生的原因，不能真正体现公平性。抠赫德和莱文讷（1992）[12]将高管薪酬差距分为"合理薪酬差距"和"超额薪酬差距"，前者源于高管间智力（劳动）投入差异，属于公平薪酬差距；后者是与投入差异无法匹配的薪酬差距，这才是高管薪酬不公平产生的根源（罗华伟等，2015）[11]。

3.2　高管薪酬外部公平性计量方法设计

薪酬外部公平性是高管将个体薪酬与组织外部参照对象进行比较而产生的公平感知，通常选择同行业同地区类似职位高管作为参照对象，如吴联生等（2010）[8]、张悦玫等（2015）[10]以及祁怀锦和邹燕（2014）[16]等。比较结果可归纳为三种情况：①公平感知。认为自身努力和报酬与参照对象相比是对等的；②劣势不公平感知。认为自身努力和报酬与他人对比处于劣势，即相同努力水平下自身报酬低于比较对象或相同薪酬水平下自身付出努力更多；③优势不公平感知。认为自身投入与报酬与他人对比处于优势，即相同努力水平下自身获取的薪酬高于参照对象或相同薪酬水平下自身努力程度更低。依据上述公平感知差异设计三种薪酬外部公平性衡量方法。

3.2.1　薪酬—业绩相对分位数法

高管薪酬外部公平性可从公平状态和公平程度两方面进行描述。薪酬外部公平状态（D）依据薪酬外部不公平程度（ED）来划分：$ED = 1$ 代表薪酬外部比较结果处于公平状态；$ED > 1$ 代表薪酬外部优势不公平；$ED < 1$ 代表薪酬外部劣势不公平。依据抠赫德和莱文讷（1992）[12]的观点，不是所有的薪酬差距都体现为薪酬不公平，高管间由于技能、职业经历和努力水平等形成的投入差异导致的薪酬差距是合理的薪酬差距，符合"多劳多得，按劳分配"原则，只有那些超出投入差异产生的超额薪酬差距才属于薪酬不公平研究范畴。为区分"合理薪酬差距"和"超额薪酬差距"，体现公平理念，需要将高管薪酬与公司业绩对比判断薪酬外部公平性。本著作引入"薪酬—业绩相对分位数"理念，通过高管付出与回报双向对比判断薪酬公平性。借鉴孙世敏等（2017）[22]的做法，用"薪酬分位数"与"业

绩分位数"比值衡量薪酬外部公平性。借鉴现有文献做法,"薪酬分位数"用样本公司高管薪酬与同行业高管薪酬均值之比衡量,"业绩分位数"用样本公司业绩与同行业公司平均业绩之比衡量。薪酬外部不公平程度计量方法见式(3-1)[①]:

$$薪酬外部不公平程度(ED)=\frac{样本公司高管薪酬/同行业高管平均薪酬}{样本公司业绩/同行业公司平均业绩}$$

$$(3-1)$$

式(3-1)分子为薪酬分位数,反映高管薪酬支付水平;分母为业绩分位数,衡量公司业绩的行业相对水平;两者比值代表高管报酬与投入比。该比值越接近公平标准"1",高管薪酬分配结果越公平;该比值大于1,说明高管薪酬支付水平高于业绩产出水平,高管薪酬分配处于"薪酬外部优势不公平"状态;该比值小于1,说明高管薪酬支付水平低于业绩产出水平,高管薪酬分配处于"薪酬外部劣势不公平"状态。薪酬外部优势不公平状态下,ED 值越大,薪酬外部不公平程度越高;薪酬外部劣势不公平状态下,ED 值越小,薪酬外部不公平程度越高。实际应用中为消除变量方向性影响,便于实证结果分析,可以薪酬外部不公平程度(ED)与公平标准"1"差值衡量薪酬优势与劣势不公平程度,具体定义见式(3-2)和式(3-3):

$$薪酬外部优势不公平程度(ED\_P)=ED-1 \qquad (3-2)$$

$$薪酬外部劣势不公平程度(ED\_N)=1-ED \qquad (3-3)$$

3.2.2 实际薪酬与预期薪酬比较法

高管实际薪酬无法体现公平状况,需要寻找参照对象通过对比判别薪酬公平性。预期薪酬是综合考虑公司业绩、公司规模以及行业高管薪酬水平确定的合理薪酬,克服了现有薪酬分位数计量方法

[①] 该部分内容根据课题阶段性研究成果《薪酬外部公平性对在职消费及其经济效应的影响》(南大商学评论,2017)改编,作者:孙世敏、马智颖、陈怡秀、屠立鹤。

缺陷，体现公司业绩与高管薪酬的匹配性，符合按劳分配原则要求，因此是衡量高管薪酬公平性的较好参照对象。高管实际薪酬与预期薪酬比值小于 1 时，高管薪酬处于劣势不公平状态，比值越低，薪酬劣势不公平程度越大。高管实际薪酬与预期薪酬比值大于1 时，高管薪酬处于优势不公平状态，比值越高，薪酬优势不公平程度越大。本著作参考祁怀锦和邹燕（2014）[16]的薪酬外部公平性研究思路，并对其进行改进，设计薪酬外部优势与劣势不公平程度计量方法，见式（3-4）与式（3-5）①。

$$薪酬外部劣势不公平程度（Ed）= 1 - \frac{高管实际薪酬}{高管预期薪酬} \qquad (3-4)$$

$$薪酬外部优势不公平程度（Eu）= \frac{高管实际薪酬}{高管预期薪酬} - 1 \qquad (3-5)$$

式（3-4）与式（3-5）中，高管预期薪酬计量步骤如下：①将同年份、同行业样本公司分别按净资产收益率（Roe）和公司规模（Size）从低到高升序排列，并分别等分为"高、中、低"三个业绩区间段和"大、中、小"三个规模区间段；②计算同行业、同年份、相同业绩区间段且相同规模区间段内样本公司高管实际薪酬中位数，并以其作为各样本公司高管预期薪酬。

实际薪酬与预期薪酬比较法和现行薪酬分位数计量方法的区别体现在如下三方面：①将高管实际薪酬与代表合理薪酬的预期薪酬对比，使薪酬外部公平性计量更为科学合理。②对薪酬外部优势与劣势不公平程度进行同向化处理，使两个指标解释意义一致，即指标值越高，薪酬外部优势与劣势不公平程度越大，便于实证结果分析。③将公司业绩、公司规模以及行业高管薪酬水平等考量因素引入薪酬外部公平性计量中来，不仅解决了薪酬分位数法只考虑薪酬对比而忽略业绩比较的问题，还权衡了公司规模和行业薪酬对高管市场定位的影

---

① 　该部分内容根据课题阶段性成果《高管薪酬粘性形成机理与传导路径研究——基于薪酬外部公平性视角》（管理评论，2021）改编，作者：孙世敏，张汉南。

响，能够真正体现薪酬公平性。

3.2.3 倾向得分匹配法

目前，理论界大多依据样本公司高管薪酬与行业高管薪酬均值或最大值（最小值）比值衡量薪酬外部公平性。该做法虽然简便易行，但存在两点弊端：第一，仅考虑高管薪酬比较而忽略高管对公司业绩贡献，不能真正体现公平性；第二，将行业平均薪酬作为参照基准比较粗糙，公司异质性等因素混合影响可能导致数据出现偏差。倾向得分匹配法在亚当斯（1963）[23]和亚当斯（1965）[24]公平理念基础上，借助倾向得分匹配思想对高管薪酬外部比较对象加以甄别，筛选与样本公司类似的配对公司作为参照群体，并借助"薪酬—业绩相对分位数法"原理衡量高管薪酬外部公平性，使其计量更为精准。薪酬外部公平性及不公平程度计量方法见式（3-6）和式（3-7）。

$$薪酬外部公平性（Ef）= \frac{样本公司高管薪酬／配对组高管薪酬均值}{样本公司业绩／配对组公司业绩均值}$$

$$(3-6)$$

$$薪酬外部不公平程度（Ed）= |Ef-1| \qquad (3-7)$$

运用倾向得分匹配法计量薪酬外部公平性，其计量步骤如下：

第一步，选取配对公司。采取倾向得分匹配法（PSM）对外部比较对象进行识别，按照样本公司规模、所属行业、所处地区、产权性质和年份五个指标计算所有样本倾向值，寻找特征类似公司作为同群公司。在此基础上再以 1∶n（n 根据需要选定）半径匹配法选取配对组，以配对公司高管薪酬均值作为高管薪酬外部参照基准。

第二步，判断薪酬外部公平状态。依据式（3-6）计算薪酬外部公平性（Ef），以标准"1"作为公平分界点，将 Ef>1 界定为薪酬外部优势不公平，Ef<1 界定为薪酬外部劣势不公平。

第三步，计量薪酬外部不公平程度（Ed）。用 Ef-1 绝对值代表薪酬外部优势与劣势不公平程度，见式（3-7）。

与其他薪酬外部公平性计量方法相比，倾向得分匹配法不仅从薪酬—业绩双重视角研究高管薪酬外部公平性，而且依据公司规模、所属行业、所处地区、产权性质和年份五个指标识别外部比较对象，使参照对象选择更为准确。该方法是迄今为止最为精确的薪酬外部公平性计量方法。

3.3　高管薪酬内部公平性计量方法设计

3.3.1　薪酬差距调整法

薪酬内部公平性是高管将自身薪酬与组织内部相同层级或不同层级高管薪酬比较而产生的心理感知。现行薪酬差距法仅仅考虑组织内部相同层级或不同层级高管薪酬比较，而忽略了行业或地区不同层级高管薪酬差距，不能真正体现公平性。本著作将高管内部薪酬差距与行业不同层级高管薪酬差距进行对比，设计经行业薪酬调整后的薪酬差距，以此衡量薪酬内部不公平程度。以 CEO 内部公平性为例，假设 A 为样本公司 CEO 薪酬，a 为样本公司非 CEO 高管薪酬，B 为同群参照公司 CEO 薪酬均值，b 为同群参照公司非 CEO 高管薪酬均值，则 CEO 内部薪酬公平性计量方法如式（3-8）和式（3-9）所示。

$$\text{CEO 内部薪酬绝对差距}（ID）=(A-a)-(B-b) \quad (3-8)$$

$$\text{CEO 内部薪酬相对差距}（IDC）=\frac{(A-a)}{(B-b)} \quad (3-9)$$

薪酬差距调整法依然采取倾向得分匹配法（PSM）识别外部比较对象，依据样本公司规模、所属行业、所处地区、产权性质和年份五个指标计算样本倾向值，据此确定特征类似公司，并以 $1:n$（n 根据需要选定）半径匹配法选取配对组。以配对组 CEO 薪酬均值与非 CEO 高管薪酬均值差距作为参照标准，衡量 CEO 薪酬内部公平性。

3.3.2 薪酬变异系数调整法

薪酬变异系数法选择前 n 位高管薪酬标准差与均值之比计算薪酬变异系数，以此衡量高管薪酬内部公平性。该方法与薪酬差距法存在类似缺陷，即没有考虑行业或地区不同层级高管薪酬差距对内部公平性衡量产生的影响。基于上述考虑，本著作引进外部同群参照标准，对薪酬变异系数计量方法进行调整。仍以 CEO 内部薪酬公平性为例，假设 A 为样本公司 CEO 薪酬，a_i 为样本公司第 i 位非 CEO 高管薪酬，B 为同群参照公司 CEO 薪酬均值，b_i 为同群参照公司第 i 位非 CEO 高管薪酬均值，则 CEO 内部薪酬公平性计量步骤如下：

第一步，确定同群参照公司。采取倾向得分匹配法（PSM）识别外部比较对象，依据公司规模、所属行业、所处地区、产权性质和年份五个指标计算样本倾向值，据此确定特征类似公司，以 $1:n$（n 根据需要选定）半径匹配法选取配对组作为同群参照公司。

第二步，计算高管薪酬同群差距。首先，计算样本公司 CEO 薪酬与同群参照公司 CEO 薪酬均值差距（$A-B$）；其次，计算样本公司第 i 位非 CEO 高管薪酬与同群参照公司第 i 位非 CEO 高管薪酬均值差距（a_i-b_i）。

第三步，计算薪酬内部不公平程度。以 CEO 薪酬同群差距（$A-B$）与各职位非 CEO 高管薪酬同群差距（a_i-b_i）为研究对象，选择前 n 位高管薪酬同群差距标准差与均值之比计算调整后薪酬变异系数，详见式（3-10），并以其作为薪酬内部公平性替代变量。

$$调整后高管薪酬变异系数（V）$$
$$=\frac{前 n 位高管薪酬同群差距标准差（\sigma）}{前 n 位高管薪酬同群差距均值（E）} \qquad (3-10)$$

本章参考文献

［1］步丹璐，蔡春，叶建明. 高管薪酬公平性问题研究——基于

综合理论分析的量化方法思考［J］. 会计研究, 2010（5）: 39 – 46.

［2］Sweeney P D, Mcfarlin D B. Workers' evaluation of the "ends" and the "means": an examination of four models of distributive and procedural justice［J］. Organizational Behavior and Human Decision Processes, 1993, 55（1）: 23 – 40.

［3］黄再胜, 王玉. 公平偏好、薪酬管制与国企高管激励——一种基于行为合约理论的分析［J］. 财经研究, 2009（1）: 16 – 27.

［4］Deconinck J B, Stilwell C D. Incorporating organizational justice, role states, pay satisfaction and supervisor satisfaction in a model of turnover intentions［J］. Journal of Business Research, 2004, 57: 225 – 231.

［5］Ambrose M L, Harland L K, Kulik C T. Influence of social comparisons on perceptions of organizational fairness［J］. Journal of Applied Psychology, 1991, 76: 239 – 246.

［6］Taylor G S, Vest M J. Pay satisfaction among public sector employees［J］. Public Personnal management, 1992, 21（4）: 445 – 454.

［7］Core J E, Holthausen R W, Larcker D F. Corporate governance, chief executive officer compensation and firm performance［J］. Journal of Financial Economics, 1999, 51（3）: 371 – 406.

［8］吴联生, 李景艺, 王亚平. 薪酬外部公平性、股权性质与公司业绩［J］. 管理世界, 2010（3）: 117 – 126.

［9］唐薇. 高管薪酬外部公平性研究综述［J］. 会计师, 2014（12）: 9 – 11.

［10］张悦玫, 张芳, 王莹. 外部治理环境、行业管制与高管薪酬外部公平性关系的实证研究［J］. 中国人力资源开发, 2015, 23: 55 – 62.

［11］罗华伟, 宋侃, 干胜道. 高管薪酬外部公平性与企业绩效关联性研究——来自中国 A 股上市房地产公司的证据［J］. 软科学, 2015, 29（1）: 6 – 10.

［12］Cowherd D M, Levine D I. Product quality and pay equity between lower-level employees and top management: an investigation of distributive justice theory [J]. Administrative Science Quarterly, 1992, 37 (2): 302 – 320.

[13] 王莉, 孙文刚. 高管薪酬公平性问题研究 [J]. 山东社会科学, 2012 (6): 109 – 112.

[14] 张兴亮, 夏成才. 非 CEO 高管患寡还是患不均 [J]. 中国工业经济, 2016 (9): 144 – 160.

[15] 林浚清, 黄祖辉, 孙永祥. 高管团队内薪酬差距、公司绩效和治理结构 [J]. 经济研究, 2003 (4): 31 – 40.

[16] 祁怀锦, 邹燕. 高管薪酬外部公平性对代理人行为激励效应的实证检验 [J]. 会计研究, 2014 (3): 26 – 32.

[17] 覃予, 靳毓. 经济波动、薪酬外部公平性与公司业绩 [J]. 中南财经政法大学学报, 2015 (3): 94 – 102.

[18] 黎文靖, 岑永嗣, 胡玉明. 外部薪酬差距激励了高管吗——基于中国上市公司经理人市场与产权性质的经验研究 [J]. 南开管理评论, 2014, 17 (4): 24 – 35.

[19] 李竹梅, 邵艳荣, 和红伟. 制度环境、高管薪酬外部公平与企业绩效 [J]. 会计之友, 2017 (8): 104 – 107.

[20] Allison P D. Measures of inequality [J]. American Sociological Review, 1978, 43 (6): 865 – 880.

[21] 饶育蕾, 黄玉龙. 高管薪酬内部公平性、股权性质对公司业绩影响的实证研究 [J]. 系统工程, 2012 (6): 34 – 39.

[22] 孙世敏, 马智颖, 陈怡秀, 等. 薪酬外部公平性对在职消费及其经济效应的影响 [J]. 南大商学评论, 2017, 14 (4): 98 – 121.

[23] Adams J S. Towards an understanding of inequity [J]. Journal of Abnormal and Social Psychology, 1963, 67: 422 – 436.

[24] Adams J S. Inequity in social exchange [J]. Advances in Experimental Social Psychology, 1965, 2 (4): 267 – 299.

第二篇
薪酬外部公平性对高管机会主义行为影响研究

第4章

薪酬外部公平性对高管
在职消费影响

4.1 引　　言

　　高管薪酬作为社会收入分配的重要组成部分，其公平性颇受社会关注。2009 年国有公司正式实施《关于进一步规范中央企业负责人薪酬管理的指导意见》（王嘉琪，2011）[1]，对高管薪酬水平及薪酬结构进行严格规范。受薪酬外部参照标准影响，非国有公司高管薪酬安排亦随之调整。薪酬管制使上市公司高管天价薪酬现象得以治理，但同时也引发新的薪酬分配不公平问题，高管货币薪酬激励不足导致公司业绩下滑现象屡见不鲜。2015 年《中央管理企业负责人薪酬制度改革方案》明确指出高管薪酬将采用差异化管控办法，薪酬差距调整与市场经济变化相适应，使高管团队内部与行业间薪酬分配更为合理。依据亚当斯（1963）[2]和亚当斯（1965）[3]的公平理论，高管薪酬契约设计应充分考虑社会比较影响，对外参照行业标准制定具有竞争力的薪酬契约，对内基于职位价值和岗位分析确定合理薪酬差距。然而，现实工作中高管薪酬契约设计依然存在外部分配不公平（祁怀锦和邹燕，2014）[4]和内部薪酬差距不合理（缪毅和胡奕明，2016）[5]问题。依据公平偏好理论和行为经济学理论，高管具有损失厌恶特征，薪酬内外部不公平会使高管产生消极心理感知，并诱发机会主义行为弥补正式契约遭受的损失。在职消费因其灵活性和隐蔽性常常成为高管补偿薪酬损失的突破口。傅颀和汪祥耀（2013）[6]的研究指出，在职消费作为隐性薪酬可对显性薪酬失衡发挥补充调整作用，但过度使用将导致薪酬激励的低效率。由此推测，薪酬内外部不公平可能诱发高管过度在职消费行为，并影响在职消费"效率观"或"代理观"表现。

目前，高管薪酬公平性研究处于起步阶段，研究成果较少，大多数文献基于薪酬外部公平性或薪酬内部公平性单一视角研究其经济后果，侧重于公平性对公司业绩的影响，如吴联生等（2010）[7]、覃予和靳毓（2015）[8]以及罗华伟等（2015）[9]。薪酬外部不公平是否会诱发高管过度在职消费行为？薪酬外部优势与劣势不公平对在职消费经济效应是否产生差异化影响？薪酬内部不公平是否对其具有调节效应？上述问题虽引起部分学者关注，但至今尚未获得足够证据支持，需要深入探索。本章学术贡献表现在如下四个方面：①突破薪酬分位数研究局限，采用薪酬—业绩相对分位数衡量高管薪酬外部公平性，使其计量更加科学合理。②将薪酬外部公平性与薪酬内部公平性纳入同一研究框架，探索薪酬内部公平性对薪酬外部公平性与在职消费及其经济效应关系的调节作用，拓宽了研究视角。③基于公平偏好和行为经济学理论，借助高管无差异效用曲线和损失厌恶偏好，解析薪酬外部公平性对高管过度在职消费及其经济效应影响机理，为理论研究提供全新解释。④引入公司治理因素，探索管理层和董事会持股对薪酬外部公平性与在职消费及其经济效应关系影响以及薪酬内部公平性调节效应差异性，便于理论界进行更深层次的探索。

4.2　相关研究回顾

4.2.1　薪酬公平性对高管行为选择影响

高管薪酬是缓解委托代理问题的重要手段，同时也是一种重要的信息载体。高管薪酬水平及其在行业或公司内部排位情况在一定程度上反映了董事会对高管的认可程度。高管依据薪酬行业与内部比较结果形成公平心理感知，并影响个体行为决策。因高管拥有公司重大经营决策权，薪酬公平性对其行为选择影响较普通员工更严重（常建，2016）[10]。哈特和缪欧锐（Hart and Moore，2008）[11]从不完全契约理论视角研究薪酬公平性对高管行为选择的影响，发现高管依据薪酬外部参照点判断自身权力在薪酬契约中的满足程度，若自身利益受到侵害，高管将以敷衍业绩方式进行投机，使公司遭受损失。徐细雄和谭瑾（2014）[12]的研究表明，薪酬低于外部参照点的差距越大，高管增加在职消费进行自我激励的动机越强；孙世敏等（2017）[13]发现高管薪酬外部劣势不公平时在职消费增长幅度远远高于薪酬外部优势不公平状态。罗宏等（2016）[14]以及罗宏等（2015）[15]的研究表明，高管薪酬与同行业可比公司高管薪酬中位数差距越大，高管盈余管理行为越严重，借助规模扩张获取在职消费动机越明显。林（Lim，2018）[16]发现薪酬公平性对高管风险承担产生影响，薪酬低于外部参照点时高管更偏好于选择冒险行为。艾莉森和凡尔锐瑞（Elson and Ferrere，2013）[17]以及曼斯椰丝和托马斯（Mathijs and Thomas，2014）[18]的研究得出相同结论，即薪酬外部比较结果与高管自利行为密切相关。此外，部分学者将薪酬内外部公平性纳入同一研究框架，探索其对高管行为影响。豪勒和凯文（Holly and Kevin，2015）[19]发现薪酬内部不公平诱发高管离职行为，而薪酬外部不公平并不存在类似影响。张蕊和管考磊（2016）[20]借鉴"三角理论"，发现薪酬内部不公平会加剧高管侵占型职务犯罪行为，而薪酬外部不公平对高管侵占型职务犯罪行为具有抑制作用。郭雪萌和许婴鹏（2016）[21]以高管交易行为为切入点，证实薪酬内部不公平与薪酬外部劣势不公平会加剧高管交易行为，而薪酬外部优势不公平可抑制高管交易行为。

4.2.2　公司治理对高管在职消费及其经济效应影响

在职消费是高管凭借特权而享有的特殊待遇，如豪华的办公环境、必要的宴请与国内外考察等。现有研究显示，公司治理对高管在职消费及其经济效应具有显著影响。年薪确定情况下高管持股比例越高，在职消费水平越低（冯根福和赵钰航，2012）[22]；机构投资者持股有助于缓解委托代理问题，降低高管在职消费水平（Claessens et al.，2002）[23]。大股东和机构投资者持股比例较高公司在职消费"效率观"表现更显著（孙世敏等，2016）[24]，股权制衡度较高公司在职消费激励效果普遍较差（陈冬华等，2010）[25]。公司治理水平较低时在职消费更多用于满足高管私有利益，减损公司价值（Cai et al.，2005）[26]。

中国制度背景下，薪酬管制导致国有公司高管货币薪酬激励不足，在职消费作为替代性补充激励手段发挥重要作用（Adithipyangkul et al.，2011）[27]，但公司管理实践中高管过度激励现象时有发生（Weinschenk，2013）[28]。行为经济学理论指出，高管有限理性可能诱使其滥用职权，借用各种名义扩大在职消费导致补充激励过度。大股东股权制衡可以有效抑制高管过度在职消费行为（徐静，2013）[29]，高质量内部控制显著降低高管过度在职消费水平（牟韶红等，2016）[30]。过度在职消费属于自娱性成分，必将削弱在职消费"效率观"表现。

4.2.3　现有研究局限

薪酬公平性对高管行为选择影响研究刚刚起步，虽有少量研究成果，但基本处于探索阶段。总体上看，该领域研究尚不充分，需要深入探索。

第一，研究内容比较狭窄。大多集中于薪酬外部公平性对公司业绩（高管努力）影响，对高管其他行为选择影响研究甚少。薪酬外部不公平可能诱发高管消极心理感知并影响其行为决策，在职消费是高管寻求心理平衡的重要手段，目前只查阅到几篇相关研究文献。

第二，研究视角比较单一。现有研究大多从薪酬外部公平性视角研究高管行为，少数文献虽然兼顾了薪酬内部公平性影响，却将二者置于两个平行维度，忽略了彼此间的交互影响。亚当斯（1965）[3] 指出，薪酬外部公平性比薪酬内部公平性对高管影响更强烈。由此推测薪酬内外部公平性对高管行为选择影响可能存在交互作用，需要取得证据支持。

第三，薪酬外部公平性对高管行为影响机理尚未清晰。现有研究证实薪酬外部公平性对高管在职消费行为产生影响，且公司治理对其具有抑制作用（徐细雄和谭瑾，2014[12]；孙世敏等，2017[13]）。有关薪酬外部公平性对高管行为影响机理至今尚未清晰，需要深入探索。

4.3　理论分析与研究假设

4.3.1　薪酬外部公平性对高管过度在职消费影响

本著作借助行为经济学思想，依据社会比较理论与公平偏好理论解释薪酬外部公平性对高管在职消费影响。货币薪酬和在职消费是高管薪酬契约的重要组成部分，可将其视为经济学中两种可供选择的商品。以货币薪酬（Comp）为横轴、在职消费（Perk）为纵轴，绘制高管无差异效用曲线，如图 4 – 1 和图 4 – 2 中 U_1 和 U_2 所示。同一条无差异效用曲线上货币薪酬和在职消费的组合效用是等同的，即货币薪酬和在职消费具有替代关系。行为经济学引入"参照点依赖"与"损失厌恶"偏好，初始禀赋不同情况下高管无差异效用曲线可能发生偏移（贺京同和那艺，2015）[31]，为高管过度在职消费提供了合理解释。薪酬外部公平性感知源于社会比较结果，优势不公平时高管获得了额外收益，劣势不公平时高管遭受了薪酬损失。依据公平偏好理论与高管损失厌恶特征，薪酬外部优势与劣势不公平可能使高管产生不对称性心理感知。

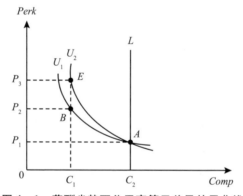

图 4 – 1　薪酬劣势不公平高管无差异效用曲线

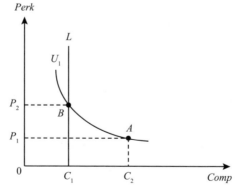

图 4 – 2　薪酬优势不公平高管无差异效用曲线

图 4-1 中 U_1 为不考虑外部参照依赖时高管无差异效用曲线，A 点与 B 点货币薪酬（$Comp$）与在职消费（$Perk$）组合效用一致，即（$C_2 - C_1$）个单位货币薪酬和（$P_2 - P_1$）个单位在职消费带给高管的效用是等同的。薪酬外部劣势不公平时，高管货币薪酬（C_1）低于外部参照标准 L（C_2），高管获得公平心理感知不外乎两条途径：一是增加（$C_2 - C_1$）个单位货币薪酬，使其达到外部参照标准（总效用为 A），二是增加（$P_2 - P_1$）个单位在职消费，用等效在职消费替代货币薪酬（总效用为 B）。由于中国公司存在薪酬管制，用在职消费替代货币薪酬的补偿途径较为可行，故薪酬外部劣势不公平可能引起在职消费增长。行为经济学认为高管是有限理性经济人，在"损失厌恶"心理作用下会选择增加（$P_3 - P_1$）个单位在职消费恢复心理平衡，在 E 点才达到期望均衡效用，产生了（$P_3 - P_2$）个单位超额在职消费。此时高管无差异效用曲线将由 U_1 变为 U_2，薪酬外部劣势不公平可能诱发高管过度在职消费行为。

图 4-2 为薪酬外部优势不公平时高管无差异效用曲线，高管货币薪酬（C_2）高于外部参照标准（C_1）。高管是有限理性经济人，具有自利动机，不会主动减少（$C_2 - C_1$）个单位货币薪酬，也不会主动将在职消费降低（$P_2 - P_1$）个单位。薪酬外部优势不公平使高管物质上和心理上均得到满足，不需要通过过度在职消费谋求心理平衡，故薪酬外部优势不公平对高管过度在职消费不会产生显著影响。

基于上述分析，提出假设 4-1：

假设 4-1：薪酬外部劣势不公平诱发高管过度在职消费行为，薪酬外部优势不公平对高管过度在职消费不具有显著影响。

4.3.2　薪酬外部公平性对在职消费经济效应影响

以在职消费（$Perk$）为横轴，在职消费效用 U（$Perk$）为纵轴，绘制在职消费总效用曲线（U）和经济效应曲线（M），如图 4-3 所示。U 代表在职消费为公司和高管带来的总效用，依据行为经济学理论具有边际效用递减特征。M 代表在职消费为公司创造价值，理论界将其称为在职消费经济效应。中国公司在职消费兼具货币薪酬补充、正常职务消费及自娱性消费三种经济成分，在职消费经济效应取决于各成分占比（孙世敏等，2016）[24]。当在职消费控制在正常职务消费范围内时，曲线 M 和 U 具有较高耦合度；当在职消费其他两种经济成分出现时，曲线 M 和 U 发生偏离。假设曲线 M 在 A 点达到最佳状态，对应的在职消费 P_1，此时在职消费总效用 U_0（对应 B 点），为公司创造价值 M_0，二者之差为高管通过在职消费获得的效用。在职消费超过 P_1 点（过度在职消费），其经济效应下降，曲线 M 开始回落，总效用 U 依然保持上升趋势。可见，高管过度在职消费为自身谋取利益，却损害了公司价值。

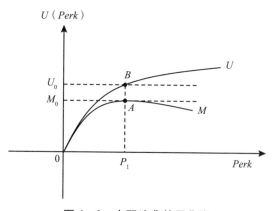

图 4 - 3　在职消费效用曲线

现有研究显示，中国公司在职消费中货币薪酬补充成分和正常职务消费占据主导地位（孙世敏等，2016）[24]，在职消费整体上表现出较强的"效率观"（陈怡秀等，2017）[32]。薪酬外部劣势不公平诱发高管过度在职消费，而过度在职消费主要出于自利动机，更多体现为自娱性成分，必将削弱在职消费"效率观"表现。薪酬外部劣势不公平时，受"参照点依赖"与"损失厌恶"偏好影响，在职消费总效用曲线（U）和经济效应曲线（M）发生偏移，如图 4 - 4 所示。薪酬外部劣势不公平使高管货币薪酬损失 v_0，需要通过在职消费来补偿。在职消费总效用曲线由 U_1 变为 U_2，经济效应曲线由 M_1 变为 M_2。在职消费均衡点由 A 变为 A'，对应的在职消费由 P_1 变为 P_2，其中（$P_2 - P_1$）个单位在职消费属于货币薪酬补充成分。依据行为经济学观点，高管在损失厌恶心理驱使下会将均衡条件下的在职消费提升至 P_3，使其总效用达到 U_0（对应 D 点）。增加的（$P_3 - P_2$）个单位在职消费即为过度在职消费，属于自娱性消费成分，导致在职消费经济效应下降至 M'，而高管自身效用 DC 将远远高于 BA。由此可见，薪酬外部劣势不公平将削弱在职消费的"效率观"表现。

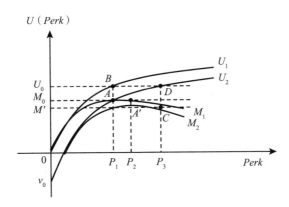

图 4 - 4　薪酬外部劣势不公平在职消费效用曲线

基于上述分析，提出假设 4 - 2：

假设 4 - 2：薪酬外部劣势不公平削弱在职消费"效率观"表现。

4.3.3　薪酬内部公平性调节效应

（1）薪酬内部公平性对薪酬外部公平性与高管过度在职消费关系调节效应

薪酬社会比较对高管心理感知影响同时来自薪酬外部公平性与薪

酬内部公平性。高管作为理性经济人，习惯于将自身薪酬与同行业或公司内部类似职位高管薪酬对比，以判断自身薪酬公平性（马智颖和孙世敏，2019）[33]。高管薪酬外部比较处于劣势地位时会产生自我利益被侵蚀的消极心理（马智颖和孙世敏，2019）[33]，高管薪酬低于公司内部类似职位高管薪酬时亦会产生不满情绪，二者均可能诱发过度在职消费行为。有关薪酬内部公平性对高管行为影响，理论界给出两种不同解释。行为经济学认为扩大内部薪酬差距可能使高管产生黑色嫉妒心理，相互攀比不仅降低工作效率，而且可能诱发机会主义行为，穷尽各种手段扩大在职消费以弥补薪酬损失，由此加剧了薪酬外部劣势不公平对高管过度在职消费的促进效应。锦标赛理论提出相反观点，认为扩大内部薪酬差距可加剧高管间的竞争态势，促使高管努力工作，减少彼此合谋而产生代理问题。高管薪酬外部劣势不公平是一种信息载体，向外界传递董事会或薪酬管理委员会对高管能力与业绩不认可的信号。内部薪酬差距是高管团队竞争的结果，体现奖优罚劣原则。高管薪酬外部劣势不公平前提下，若高管薪酬内部比较亦失利，进一步印证了外界对高管能力的质疑。为消除董事会消极印象，高管会努力改善公司业绩，控制过度在职消费行为。由此推测，扩大内部薪酬差距将给高管带来竞争压力，在一定程度上抑制了薪酬外部劣势不公平引发的过度在职消费。针对两种理论分歧，波瑞安等（Brian et al.，2014）[34]通过实证检验得出折中结论，发现内部薪酬差距虽对高管具有激励效应，但很短暂。基于上述分析，依据行为经济学理论和锦标赛理论提出假设4-3a和假设4-3b：

假设4-3a：扩大内部薪酬差距可加剧薪酬外部劣势不公平对高管过度在职消费影响。

假设4-3b：扩大内部薪酬差距可缓解薪酬外部劣势不公平对高管过度在职消费影响。

（2）薪酬内部公平性对薪酬外部公平性与在职消费经济效应关系调节效应

薪酬外部劣势不公平诱发高管过度在职消费行为，并削弱在职消费"效率观"表现。扩大内部薪酬差距提高了高管薪酬内部不公平程度，强化了高管消极心理感知，可能对薪酬外部公平性与在职消费经济效应关系产生影响。依据相对剥削理论，高管偏好于将自身薪酬与公司内部同级别或高级别高管薪酬对比，薪酬差距较大则会产生被剥削感知，由此滋生怨恨情绪并通过过度在职消费寻求补偿（李玉霞，2017）[35]，由此加剧了薪酬外部劣势不公平对在职消费经济效应的负向影响。锦标赛理论指出，扩大内部薪酬差距可促使高管开展有序竞争，破坏彼此间合谋串通，降低监督成本与代理成本（李玉霞，2017）[35]。由此推测，高管为在内部竞争中取胜，必然增强彼此间的相互监督，可有效抑制薪酬外部劣势不公平引发的过度在职消费行为，缓解薪酬外部劣势不公平对在职消费"效率观"表现的负向影响。综合上述分析，依据相对剥削理论和锦标赛理论提出假设 4－4a和假设 4－4b：

假设 4－4a：扩大内部薪酬差距将加剧薪酬外部劣势不公平对在职消费经济效应的负向影响。

假设 4－4b：扩大内部薪酬差距将缓解薪酬外部劣势不公平对在职消费经济效应的负向影响。

4.4　研　究　设　计

4.4.1　样本选取与数据来源

本章以 2012～2016 年中国沪深 A 股非金融保险类上市公司为研究对象，并剔除 ST、*ST 和 SST 类公司样本以及数据缺失和异常公司样本（任广乾等，2020）[36]。经过上述筛选后，最终保留991 家上市公司、共 4955 个有效观测值。为保证实证研究质量，对处于前后 1% 的连续变量进行缩尾处理（winsorize）。此外，由于薪酬外部公平性（ED）计量需要使用前一期数据，因此本章还搜集了样本公司 2011 年高管薪酬和公司业绩数据。

本章实证研究数据来源如下：在职消费数据来自上市公司年报，通过手工方式搜集；其他财务与非财务数据均来自万得金融数据库（Wind）。

4.4.2 变量选择与定义

（1）被解释变量

①过度在职消费（Expk）。过度在职消费指偏离合理水平、无法用正常生产经营活动解释的那部分超额在职消费。借鉴耿云江和王明晓（2016）[37] 的研究思路，用残差法计量过度在职消费，步骤如下：首先，以年报附注披露的"支付其他与经营活动有关的现金"中办公费、差旅费、业务招待费、通信费、国（境）外培训费、董事会费、小车费和会议费八项费用之和计量在职消费（Perk）（张春苗，2014）[38]；其次，以在职消费（Perk）作为被解释变量，以"营业收入（Sale）""资产报酬率（Roa）""管理层规模（Bom）""资产负债率（Lev）""净利润增长率（Npgr）""高管货币薪酬（Comp）"和"所有权性质（Soe）"作为解释变量，构建在职消费经验估计模型，如式（4-1）所示。其中，a_0 为常数项，a_i（$i=1$，2，…，7）为各变量回归系数，$\varepsilon_{i,t}$ 残差即为过度在职消费。

$$\ln Perk_{i,t} = \alpha_0 + \alpha_1 \ln Sale_{i,t} + \alpha_2 Roa_{i,t} + \alpha_3 Bom_{i,t-1} + \alpha_4 Lev_{i,t}$$
$$+ \alpha_5 Npgr_{i,t} + \alpha_6 \ln Comp_{i,t} + \alpha_7 Soe_{i,t} + \varepsilon_{i,t} \qquad (4-1)$$

②总资产报酬率（Roa）。在职消费经济效应指在职消费对公司业绩的贡献，被解释变量为公司业绩，比较常见的衡量指标有总资产报酬率（Roa）、权益报酬率（Roe）以及每股收益（Eps）等。此处选择总资产报酬率（Roa）作为公司业绩替代变量。

（2）解释变量

①薪酬外部公平性（ED）。借鉴孙世敏等（2017）[13]的做法，选择"薪酬—业绩相对分位数"衡量高管薪酬外部公平性，详见式（4 - 2）。$ED = 1$ 代表高管薪酬分位数与业绩分位数匹配，高管薪酬处于公平状态；$ED > 1$ 时高管薪酬分位数高于业绩分位数，被称为薪酬外部优势不公平，且 ED 值越大优势不公平程度越高；$ED < 1$ 代表高管薪酬分位数小于业绩分位数，被称为薪酬外部劣势不公平，且 ED 值越小劣势不公平程度越大。

$$薪酬外部公平性（ED）= \frac{样本公司高管薪酬/同行业高管平均薪酬}{样本公司业绩/同行业公司平均业绩}$$

$$（4 - 2）$$

②在职消费（$Perk$）。以年报附注中披露的"支付其他与经营活动有关的现金"中办公费、差旅费、业务招待费、通信费、国（境）外培训费、董事会费、小车费和会议费八项费用之和的自然对数计量（张春苗，2014）[38]。

（3）调节变量

薪酬内部公平性（Ig）。以高管内部薪酬差距为衡量依据，借鉴艾利森（Allison，1978）[39]的变异系数法，以样本公司薪酬最高的前三位高管薪酬标准差与均值的比值衡量薪酬内部公平性（Ig）。Ig 值越大，高管薪酬内部不公平程度越大。

（4）控制变量

为保证实证研究质量，选取"资产负债率（Lev）""公司规模（$Size$）""第一大股东持股比例（Fsh）""机构投资者持股比例（Ish）""独立董事比例（Ddp）"以及"高管薪酬（$Comp$）"六个控制变量，同时设置"行业（Ind）"和"年度（$Year$）"两个虚拟变量。

各变量名称、符号及计量方法如表 4 - 1 所示。

表 4 − 1   变量名称、符号及计量方法

变量类型	变量名称	符号	变量定义及计算方法
被解释变量	过度在职消费	$Expk$	回归模型残差，计量方法见式（4 − 1）
	总资产报酬率	Roa	净利润/总资产
解释变量与调节变量	薪酬外部公平性	ED	计量方法见式（4 − 2）
	薪酬内部公平性	Ig	薪酬最高的前三位高管薪酬标准差与均值的比值
	在职消费	$Perk$	年报附注中披露的八项费用之和的自然对数
控制变量	资产负债率	Lev	负债总额/资产总额
	公司规模	$Size$	期末总资产的自然对数
	第一大股东持股比例	Fsh	第一大股东持股数量/公司股份总量
	机构投资者持股比例	Ish	机构投资者持股数量/公司股份总量
	独立董事比例	Ddp	独立董事人数/董事会总人数
	高管薪酬	$Comp$	年报附注中披露的薪酬最高的前三名高管货币薪酬均值的自然对数
	年度	$Year$	虚拟变量，样本来自所在年度取值 1，否则取值 0
	行业	Ind	虚拟变量，样本来自所在行业取值 1，否则取值 0

4.4.3 模型建立

（1）薪酬外部公平性对过度在职消费影响以及内部公平性调节效应回归模型

为验证薪酬外部公平性对高管过度在职消费影响，探索薪酬内部公平性调节作用，构建式（4 − 3）回归模型。其中，$Expk_{i,t}$ 表示第 i 个样本公司第 t 年过度在职消费；$ED_{i,t-1}$ 为第 i 个样本公司第 $t-1$ 年薪酬外部公平性，包括薪酬外部优势不公平和薪酬外部劣势不公平；$Ig_{i,t}$ 为第 i 个样本公司第 t 年薪酬内部公平性；α_0 为常数项；α_i（$i = 1$，

2，…，8）为各变量回归系数；$\varepsilon_{i,t}$为残差项，其他符号含义如表 4-1 所示。

$$Expk_{i,t} = \alpha_0 + \alpha_1 ED_{i,t-1} + \alpha_2 Ig_{i,t} + \alpha_3 ED_{i,t-1} \times Ig_{i,t} + \alpha_4 Lev_{i,t}$$
$$+ \alpha_5 Size_{i,t} + \alpha_6 Fsh_{i,t} + \alpha_7 Ish_{i,t} + \alpha_8 Ddp_{i,t} + \varepsilon_{i,t} \qquad (4-3)$$

（2）薪酬外部公平性对在职消费经济效应影响以及内部公平性调节效应回归模型

为验证薪酬外部公平性对在职消费经济效应影响以及内部公平性调节效应，以总资产报酬率（Roa）为被解释变量，在职消费（$Perk$）和高管薪酬外部公平性（ED）为解释变量，并引入高管薪酬内部公平性（Ig）调节变量，构建式（4-4）回归模型。

$$Roa_{i,t} = \alpha_0 + \alpha_1 Perk_{i,t} + \alpha_2 ED_{i,t-1} + \alpha_3 Ig_{i,t} + \alpha_4 Perk_{i,t} \times ED_{i,t-1}$$
$$+ \alpha_5 Perk_{i,t} \times Ig_{i,t} + \alpha_6 ED_{i,t-1} \times Ig_{i,t} + \alpha_7 Perk_{i,t} \times ED_{i,t-1}$$
$$\times Ig_{i,t} + \alpha_8 Comp_{i,t} + \alpha_9 Lev_{i,t} + \alpha_{10} Size_{i,t} + \alpha_{11} Fsh_{i,t}$$
$$+ \alpha_{12} Ish_{i,t} + \alpha_{13} Ddp_{i,t} + \varepsilon_{i,t} \qquad (4-4)$$

4.5　实证过程及结果分析

4.5.1　描述性统计分析

（1）主要变量描述性统计分析

为直观展示各主要变量总体情况及分散程度，对其进行描述性统计，结果如表 4-2 所示。

表 4-2　　　　　　　　主要变量描述性统计结果

变量	观测值	最小值	最大值	均值	标准差
过度在职消费（$Expk$）	4955	-4.734	4.014	0.000	1.063
总资产报酬率（Roa）	4955	-0.077	0.268	0.068	0.047

续表

变量	观测值	最小值	最大值	均值	标准差
薪酬外部公平性（ED）	4955	0.144	9.967	1.398	1.474
薪酬内部公平性（Ig）	4955	0.098	1.297	0.512	0.229
在职消费（Perk）	4955	13.211	18.800	15.896	1.121
资产负债率（Lev）	4955	0.046	0.909	0.438	0.204
公司规模（Size）	4955	18.907	25.795	22.324	1.105
第一大股东持股比例（Fsh）	4955	0.083	0.751	0.351	0.149
机构投资者持股比例（Ish）	4955	0.000	0.870	0.399	0.229
独立董事比例（Ddp）	4955	0.250	0.571	0.371	0.052
高管薪酬（Comp）	4955	0.020	3.831	0.665	0.671

过度在职消费（Expk）为残差，最大值与最小值相差比较悬殊，说明中国上市公司高管过度在职消费行为严重程度不一，个别公司需要严格监督。总资产报酬率（Roa）均值0.068，整体盈利能力尚好。薪酬外部公平性（ED）与薪酬内部公平性（Ig）均值分别为1.398和0.512，上市公司高管薪酬内外部不公平现象俱在。在职消费（Perk）均值为15.896，是高管薪酬（Comp）均值（0.665）的23倍，说明在职消费是中国公司的一项庞大支出。

（2）薪酬外部公平性分组描述性统计分析

为进一步展示高管薪酬外部优势与劣势不公平情况及其变化趋势，区分"薪酬外部劣势不公平"和"薪酬外部优势不公平"样本组，分别按年份进行描述性统计，结果如表4-3所示。2012~2016年薪酬外部优势不公平（ED）均值在2.100~2.500，高管薪酬分位数是业绩分位数2倍以上；薪酬外部劣势不公平（ED）均值在0.600左右。总体上看，中国上市公司高管薪酬存在分配不公平现象。

表 4 – 3　　　　　薪酬外部公平性分组描述性统计结果

年份	薪酬外部劣势不公平					薪酬外部优势不公平				
	观测值	最大值	最小值	均值	标准差	观测值	最大值	最小值	均值	标准差
2012	526	0.998	0.144	0.598	0.226	465	9.967	1.001	2.249	1.730
2013	517	0.999	0.144	0.608	0.227	474	9.967	1.001	2.308	1.809
2014	522	0.998	0.144	0.607	0.228	469	9.967	1.001	2.198	1.611
2015	520	0.999	0.144	0.602	0.226	471	9.967	1.005	2.257	1.673
2016	529	0.999	0.144	0.594	0.232	462	9.967	1.001	2.422	1.887
总体	2614	0.999	0.144	0.602	0.228	2341	9.967	1.001	2.287	1.745

注：由于连续变量进行了前后 1% 的缩尾处理，故表中最大值与最小值很多相同。下同。

（3）在职消费分组描述性统计分析

首先，为揭示薪酬外部优势与劣势不公平情况下在职消费的差异，并剔除公司规模影响，此处按年份分组描述了单位资产在职消费水平，详情如表 4 – 4 所示。2012～2016 年薪酬外部劣势不公平样本组单位资产在职消费均值明显高于优势不公平样本组，说明薪酬外部劣势不公平时高管可能通过在职消费弥补薪酬损失。

表 4 – 4　　　　　单位资产在职消费分组描述性统计结果

年份	薪酬外部劣势不公平					薪酬外部优势不公平				
	观测值	最大值	最小值	均值	标准差	观测值	最大值	最小值	均值	标准差
2012	526	0.256	0.000	0.010	0.016	465	0.084	0.000	0.008	0.011
2013	517	0.366	0.000	0.009	0.019	474	0.085	0.000	0.008	0.010
2014	522	0.122	0.000	0.008	0.011	469	0.085	0.000	0.006	0.009
2015	520	0.678	0.000	0.006	0.030	471	0.034	0.000	0.004	0.004
2016	529	0.298	0.000	0.006	0.016	462	0.669	0.000	0.006	0.032
总体	2614	0.678	0.000	0.008	0.020	2341	0.669	0.000	0.007	0.016

其次，为揭示薪酬外部优势与劣势不公平对在职消费增长率影响的差异性，此处按年份对两组样本在职消费增长率进行描述性统计，如表 4 - 5 所示。2012 ~ 2016 年各年中薪酬外部劣势不公平样本组在职消费增长率均值明显高于薪酬外部优势不公平样本组，说明薪酬外部劣势不公平更易导致在职消费增长。

表 4 - 5　　　　　　　　在职消费增长率分组描述性统计结果

年份	薪酬外部劣势不公平			薪酬外部优势不公平			组间差异检验	
	观测值	均值	标准差	观测值	均值	标准差	T 值	显著性
2012	526	0.407	1.198	465	0.194	0.553	3.524 ***	0.000
2013	517	0.215	1.115	474	0.123	0.803	1.476	0.140
2014	522	0.121	0.899	469	-0.005	0.425	2.777 ***	0.006
2015	520	0.226	1.577	471	0.050	1.144	1.985 **	0.047
2016	529	1.162	3.089	462	1.002	3.045	0.818	0.414
总体	2614	0.429	1.806	2341	0.270	1.566	3.280 ***	0.001

注：*** 、** 分别代表在 1%、5% 水平下显著。

(4) 过度在职消费分组描述性统计分析

为进一步展示薪酬外部优势与劣势不公平对高管过度在职消费 ($Expk$) 影响，此处按年份列示两组样本过度在职消费水平，如表 4 - 6 所示。2012 ~ 2016 年薪酬外部劣势与优势不公平样本组过度在职消费均呈逐年递减趋势，说明中国上市公司在职消费治理已初见成效。两组数据对比分析，发现薪酬外部劣势不公平样本组 $Expk$ 均值略高于薪酬外部优势不公平样本组，且数据分布更为集中，初步推测薪酬外部劣势不公平更易诱发高管过度在职消费行为。

表 4 - 6　　　　　　　　　过度在职消费分组描述性统计结果

年份	薪酬外部劣势不公平					薪酬外部优势不公平				
	观测值	最大值	最小值	均值	标准差	观测值	最大值	最小值	均值	标准差
2012	526	- 2.666	2.829	0.176	0.942	465	- 4.557	2.678	0.173	1.061
2013	517	- 2.472	2.735	0.148	0.950	474	- 4.927	2.574	0.146	1.071
2014	522	- 3.494	2.760	0.073	0.996	469	- 4.777	2.701	0.054	1.070
2015	520	- 3.531	3.567	- 0.130	0.885	471	- 4.852	2.249	- 0.140	0.939
2016	529	- 3.619	3.566	- 0.234	1.185	462	- 4.890	3.053	- 0.271	1.273
总体	2614	- 3.619	3.567	0.006	1.009	2341	- 4.927	3.053	- 0.007	1.100

4.5.2　相关性分析

为直观展示被解释变量、解释变量、调节变量及控制变量之间的内在联系，为回归分析奠定基础，首先对各变量相关性进行检验，结果如表 4 - 7 所示。

过度在职消费（$Expk$）与薪酬外部公平性（ED）相关系数（ - 0.005）通过 5% 显著性检验，初步证明薪酬外部不公平会诱发高管过度在职消费行为。$Expk$ 与薪酬内部公平性（Ig）不相关，扩大内部薪酬差距对高管过度在职消费无显著影响，在一定程度上支持了锦标赛理论。$Expk$ 与资产报酬率（Roa）在 10% 水平下显著负相关，即高管过度在职消费损害公司业绩。

资产报酬率（Roa）与在职消费（$perk$）及薪酬内部公平性（Ig）相关系数分别为 0.057 和 0.039，均通过 1% 显著性检验，初步显示中国上市公司在职消费整体上表现为"效率观"，扩大内部薪酬差距有助于改善公司业绩，支持了锦标赛理论。资产报酬率（Roa）与薪酬外部公平性（ED）在 1% 水平下显著负相关，表明薪酬外部不公平对高管具有负激励效应，损害公司业绩。

表4-7　　　　　　　　　　　　各变量相关性分析结果

变量	Expk	Perk	Roa	ED	Ig	Lev	Size	Fsh	Ish	Ddp	Comp
Expk	1.000										
Perk	0.293***	1.000									
Roa	-0.002*	0.057***	1.000								
ED	-0.005**	0.137***	-0.205***	1.000							
Ig	0.012	-0.019	0.039***	0.077***	1.000						
Lev	0.001	0.192***	-0.042***	0.069***	-0.060***	1.000					
Size	0.021	0.502***	-0.006	0.132***	-0.056***	0.375***	1.000				
Fsh	-0.017	0.044***	0.102***	-0.021	-0.113***	0.111***	0.191***	1.000			
Ish	-0.074***	0.089***	0.169***	0.007	-0.086***	0.488***	0.276***	0.328***	1.000		
Ddp	-0.005	-0.029	-0.026*	0.024*	0.044***	-0.004	0.005	0.007	-0.038***	1.000	
Comp	0.009	0.321***	0.159***	0.245***	0.165***	-0.007	0.418***	0.007	0.080***	0.010	1.000

注：①对角线下方为皮尔逊（Pearson）系数；②***、**和*分别代表在1%、5%和10%水平下显著，本章同。

在职消费（*perk*）与薪酬外部公平性（*ED*）在 1% 水平下显著正相关，与薪酬内部公平性（*Ig*）不相关，初步证明薪酬外部不公平会导致在职消费增长，而薪酬内部不公平对其无显著影响。

4.5.3　薪酬外部公平性对高管过度在职消费影响及内部公平性调节效应回归检验

为验证薪酬外部公平性对高管过度在职消费影响，并探索薪酬内部公平性调节作用，运用式（4-3）进行回归检验，结果如表 4-8 所示。薪酬外部劣势不公平样本组回归结果显示，薪酬外部公平性（*ED*）与过度在职消费（*Expk*）回归系数（0.701）通过 1% 显著性检验，二者存在显著正相关关系，即薪酬外部劣势不公平诱发高管过度在职消费行为。薪酬外部劣势不公平程度越大（*ED* 值越小），上述影响越小。行为经济学研究指出，薪酬外部比较结果带给高管的消极心理感知存在边际递减效应，随着薪酬外部劣势不公平程度的加剧，高管过度在职消费动机减弱。薪酬外部优势不公平样本组回归结果显示，*ED* 与 *Expk* 不存在显著相关性，证明薪酬外部优势不公平对高管过度在职消费行为无显著影响。至此假设 4-1 得证。

表 4-8　　外部公平性对过度在职消费影响及内部公平性调节作用

变量	薪酬外部劣势不公平		薪酬外部优势不公平	
	回归系数	T 值	回归系数	T 值
常数项	-1.093	-2.132	-1.283	-2.415
薪酬外部公平性（*ED*）	0.701 ***	3.337	0.032	1.028
薪酬内部公平性（*Ig*）	0.521 **	2.095	0.224	1.450
交乘项（*ED × Ig*）	-0.916 **	-2.388	-0.084 *	-1.750
资产负债率（*Lev*）	0.001	0.820	-0.002 **	-1.664
公司规模（*Size*）	0.050 **	2.170	0.057	2.300
第一大股东持股比例（*Fsh*）	0.000	0.216	0.002 ***	1.369

续表

变量	薪酬外部劣势不公平		薪酬外部优势不公平	
	回归系数	T 值	回归系数	T 值
机构投资者持股比例（Ish）	−0.005 ***	−4.745	−0.004	−3.243
独立董事比例（Ddp）	−0.008	−2.013	0.003 **	0.627
样本量（N）	2614		2341	
F 值	5.66		2.65	
调整 R²	0.014		0.006	

进一步观察薪酬外部劣势不公平样本组薪酬内部公平性（Ig）回归结果，发现 Ig 与 Expk 回归系数在 5% 水平下显著为正，表明薪酬外部劣势不公平条件下扩大内部薪酬差距亦会诱发高管过度在职消费行为，一定程度上支持了相对剥削理论。交乘项（ED × Ig）回归系数（−0.916）通过 5% 显著性检验，证明薪酬内部公平性对薪酬外部劣势不公平与高管过度在职消费关系具有调节作用，扩大内部薪酬差距可缓解薪酬外部劣势不公平导致的过度在职消费，假设 4−3b 得证。

4.5.4 薪酬外部公平性对在职消费经济效应影响及内部公平性调节效应回归检验

为进一步验证薪酬外部劣势不公平对在职消费经济效应影响以及薪酬内部公平性调节作用，运用式（4−4）回归模型进行实证检验，结果如表 4−9 所示。

表 4−9　劣势不公平对在职消费经济效应影响及内部公平性调节作用

变量	回归系数	T 值
常数项	−63.135 ***	−8.047
在职消费（Perk）	1.378 ***	3.020

续表

变量	回归系数	T 值
薪酬外部公平性（ED）	12.479	1.074
薪酬内部公平性（Ig）	30.827**	2.198
交乘项（Perk×ED）	−1.227*	−1.751
交乘项（Perk×Ig）	−1.741**	−2.054
交乘项（ED×Ig）	−39.801*	−1.897
交乘项（Perk×ED×Ig）	2.259*	1.787
高管货币薪酬（Comp）	4.235***	26.481
资产负债率（Lev）	−0.067***	−14.529
公司规模（Size）	−0.042	−0.422
第一大股东持股比例（Fsh）	0.028***	5.155
机构投资者持股比例（Ish）	0.021***	5.729
独立董事比例（Ddp）	0.001	0.128
样本量（N）	2614	
F 值	138.340	
调整 R^2	0.406	

在职消费（Perk）与公司业绩（Roa）回归系数通过 1% 显著性检验，中国公司在职消费整体表现符合"效率观"。交乘项（Perk×ED）回归系数（−1.227）通过 10% 显著性检验，说明薪酬外部劣势不公平削弱在职消费"效率观"表现，过度在职消费更多表现为代理成本，损害公司业绩。至此，假设 4-2 得证。交乘项（Perk×Ig）回归系数（−1.741）通过 5% 显著性检验，说明高管内部薪酬差距（Ig）会削弱在职消费正向经济效应。交叉项（Perk×ED×Ig）回归系数在 10% 水平下显著为正，证明扩大内部薪酬差距会缓解薪酬外部劣势不公平对在职消费"效率观"表现的负向影响，假设 4-4b 得证。

4.6 拓展性研究

4.6.1 高管持股对薪酬外部劣势不公平与过度在职消费关系影响

　　股权激励是协调高管与股东利益的重要手段。高管持股比例决定盈余分享额度，而在职消费是公司盈余的直接影响因素，由此推断高管持股与其在职消费行为选择可能存在关联性。詹森和麦克林（Jensen and Meckling，1976）[40]的研究指出，高管持股比例越大，需要承担的在职消费成本越高。薪酬外部劣势不公平诱发过度在职消费，高管自身也需要承担部分成本。高管持股比例越高，通过过度在职消费弥补薪酬损失的动机越弱。由此推测，高管持股比例较高时薪酬外部劣势不公平对过度在职消费影响不会很显著。高管持股比例较低时，选择过度在职消费为其带来的利益远远高于承担的成本，薪酬外部劣势不公平产生的损失厌恶心理将促使高管选择过度在职消费，扩大内部薪酬差距可能加剧或削弱薪酬外部劣势不公平对高管过度在职消费影响。由此推断，薪酬外部劣势不公平导致的过度在职消费以及薪酬内部公平性调节效应在高管持股比例较低时更凸显。为验证上述推测，以"高管持股比例"中位数为基准，将薪酬外部劣势不公平样本进一步细分为"高管高持股样本组"与"高管低持股样本组"，运用式（4-3）进行回归检验，结果如表4-10所示。

表4-10　　高管持股对薪酬内外部公平性与过度在职消费关系影响

变量	全样本		高管高持股样本组		高管低持股样本组	
	回归系数	T值	回归系数	T值	回归系数	T值
常数项	-1.093	-2.132	0.011	0.014	-1.852***	-2.656

变量	全样本		高管高持股样本组		高管低持股样本组	
	回归系数	T 值	回归系数	T 值	回归系数	T 值
薪酬外部公平性（ED）	0.701 ***	3.337	0.287	0.914	1.090 ***	3.700
薪酬内部公平性（Ig）	0.521 **	2.095	− 0.044	− 0.132	1.213 ***	3.093
交乘项（ED×Ig）	− 0.916 **	− 2.388	− 0.081	− 0.150	− 1.862 ***	− 3.227
资产负债率（Lev）	0.001	0.820	0.001	0.616	0.002	1.210
公司规模（Size）	0.050 **	2.170	0.009	0.248	0.068 **	2.219
第一大股东持股比例（Fsh）	0.000	0.216	− 0.001	− 0.671	0.002	1.044
机构投资者持股比例（Ish）	− 0.005 ***	− 4.745	− 0.003 ***	− 2.567	− 0.005 ***	− 2.922
独立董事比例（Ddp）	− 0.008	− 2.013	− 0.005	− 1.066	− 0.009	− 1.592
样本量（N）	2614		1423		1191	
F 值	5.66		1.83		4.73	
调整 R^2	0.014		0.005		0.026	

对比"高管高持股样本组"和"高管低持股样本组"回归结果，发现高持股样本组薪酬外部公平性（ED）、薪酬内部公平性（Ig）及其交乘项（ED×Ig）回归系数均未通过显著性检验，说明高管持股较高时薪酬内外部不公平均不会导致过度在职消费，股权激励产生良好激励效果。高管低持股样本组上述各主要变量回归系数均通过 1%显著性检验，证明薪酬外部劣势不公平和薪酬内部不公平均会诱发高管过度在职消费行为，且薪酬内部不公平可以有效抑制薪酬外部劣势不公平引发的高管过度在职消费，薪酬内部不公平程度越大，上述抑制作用越强。

4.6.2　董事会持股对薪酬外部劣势不公平与在职消费经济效应关系影响

薪酬外部劣势不公平引发的高管过度在职消费行为受公司治理约束。董事会是公司内部治理的重要机构，董事会持股比例决定其监管效力。董事会持股比例较高时，因其自身利益与公司利益高度一致而产生较强的监管动机，可以有效约束高管自利行为，此时在职消费经济效应更多符合"效率观"表现。高管薪酬内外部不公平滋生的消极心理感知可能诱发高管过度在职消费行为，并对在职消费经济效应产生负向影响。董事会持股比例较低时，监管宽松使高管拥有更大空间和更多途径将在职消费用于个人享受，导致在职消费正向经济效应微弱。由此推测，薪酬内外部公平性对在职消费"效率观"表现的负向影响在董事会持股比例较高时更凸显。为验证上述推测，以"董事会持股比例"中位数为基准，将薪酬外部劣势不公平样本进一步细分为"高董事会持股"和"低董事会持股"两组，运用式（4-4）进行回归检验，揭示董事会不同持股水平下薪酬内外部不公平对在职消费经济效应影响的差异性，结果如表4-11所示。

表4-11　　董事会持股对薪酬内外部公平性与在职消费经济效应关系影响

变量	全样本		高董事会持股组		低董事会持股组	
	回归系数	T值	回归系数	T值	回归系数	T值
常数	-63.135***	-8.047	-86.652***	-7.422	-42.327***	-3.853
在职消费（Perk）	1.378***	3.020	2.604***	3.868	0.232	0.360
薪酬外部公平性（ED）	12.479	1.074	33.424*	1.837	-8.483	-0.537
薪酬内部公平性（Ig）	30.827**	2.198	73.773***	3.806	-12.534	-0.591
交乘项（Perk×ED）	-1.227*	-1.751	-2.406**	-2.195	0.005	0.005
交乘项（Perk×Ig）	-1.741**	-2.054	-4.266***	-3.653	0.829	0.646
交乘项（ED×Ig）	-39.801*	-1.897	-92.718***	-3.022	14.842	0.485
交乘项（Perk×ED×Ig）	2.259*	1.787	5.277***	2.867	-0.928	-0.501
高管货币薪酬（Comp）	4.235***	26.481	4.231***	19.536	4.200***	17.274
资产负债率（Lev）	-0.067***	-14.529	-0.067***	-9.743	-0.073***	-10.676
公司规模（Size）	-0.042	-0.422	0.060	0.367	-0.050	-0.376
第一大股东持股比例（Fsh）	0.028***	5.155	0.035***	4.355	0.027***	3.105

变量	全样本		高董事会持股组		低董事会持股组	
	回归系数	T 值	回归系数	T 值	回归系数	T 值
机构投资者持股比例（Ish）	0.021 ***	5.729	0.024 ***	4.689	0.014 **	2.171
独立董事比例（Ddp）	0.001	0.128	0.009	0.439	−0.006	−0.259
样本量（N）	2614		1420		1191	
F 值	138.34		74.59		65.38	
调整 R^2	0.406		0.403		0.412	

对比"高董事会持股组"与"低董事会持股组"回归结果，发现只有董事会持股较高组各主要变量回归结果较为显著，在职消费（$Perk$）的"效率观"表现较为明显。交乘项（$Perk \times ED$）与交乘项（$Perk \times Ig$）回归系数均通过 1% 或 5% 显著性检验，表明薪酬外部劣势不公平（ED）与薪酬内部不公平（Ig）均会削弱在职消费正向经济效应。交乘项（$Perk \times ED \times Ig$）回归系数在 1% 水平下显著为正，薪酬内部不公平缓解了薪酬外部劣势不公平对在职消费正向经济效应的负向影响。由此可见，薪酬外部劣势不公平对在职消费"效率观"表现的负向影响以及薪酬内部公平性调节效应在董事会持股较高组凸显。

4.7　稳健性检验

薪酬外部公平性（ED）是本章实证研究的重要变量，薪酬外部公平性感知源于社会比较结果，但比较范围并不局限于同一行业。由于各区域发展不均衡，同地域上市公司高管薪酬也存在跨行业比较问题。为证实本章研究结论的稳健性，依据公司所处地理位置将样本公司划分为"环渤海和东北三省""长江三角洲""珠江三角洲及东南沿海""中部五省"以及"西部"五类，并按照地域薪酬标准重新计量薪酬外部公平性（ED）。稳健性检验结果如表 4 - 12 和表 4 - 13 所示，主要变量回归结果没有发生实质性改变，证明本章研究结论是稳健的。

表4-12　薪酬外部公平性对高管过度在职消费影响及内部公平性调节效应稳健性检验结果

变量	全样本		薪酬外部劣势不公平 高管持股高组		高管持股低组		薪酬外部优势不公平	
	回归系数	T值	回归系数	T值	回归系数	T值	回归系数	T值
常数项	-2.198***	-4.466	-2.573***	-3.331	-2.336***	-3.505	-1.413***	-2.719
薪酬外部公平性 (ED)	0.423**	2.001	0.177	0.572	0.599**	2.047	0.001	0.054
薪酬内部公平性 (Ig)	0.654***	2.738	0.045	0.133	1.109***	3.272	0.215	1.422
交乘项 (ED×Ig)	-0.672*	-1.801	-0.103	-0.195	-1.144**	-2.143	-0.018	-0.395
资产负债率 (Lev)	-0.001	-1.072	0.000	0.025	0.000	0.199	-0.000	-0.391
公司规模 (Size)	0.094***	4.268	0.121***	3.449	0.084***	2.826	0.073***	3.046
第一大股东持股比例 (Fsh)	0.003*	1.806	-0.001	-0.283	0.007***	3.256	-0.002	-1.376
机构投资者持股比例 (Ish)	-0.003***	-3.612	-0.003**	-2.513	-0.001	-0.750	-0.006***	-5.640
独立董事比例 (Ddp)	-0.004	-1.233	0.001	0.249	-0.011**	-2.007	0.001	0.267
样本量 (N)	2629		1448		1181		2326	
F值	5.20		2.64		5.31		6.51	
调整 R²	0.031		0.009		0.028		0.019	

表 4 - 13　薪酬外部劳势不公平对在职消费经济效应影响及内部公平性调节效应稳健性检验结果

变量	全样本		高董事会持股组		低董事会持股组	
	回归系数	T 值	回归系数	T 值	回归系数	T 值
常数	-65.893***	-5.416	-95.973***	-5.601	-46.398***	-2.638
在职消费（Perk）	2.106***	2.959	3.352***	3.378	1.282	1.242
薪酬外部公平性（ED）	42.278**	2.215	64.662**	2.472	29.765	1.058
薪酬内部公平性（Ig）	39.367*	1.930	64.124**	2.354	22.446	0.727
交乘项（Perk×ED）	-2.699**	-2.348	-3.839**	-2.440	-2.102	-1.240
交乘项（Perk×Ig）	-2.321*	-1.901	-3.628**	-2.226	-1.469	-0.796
交乘项（ED×Ig）	-69.290**	-2.099	-87.390**	-2.023	-57.159	-1.125
交乘项（Perk×ED×Ig）	4.146**	2.091	4.938*	1.906	3.633	1.190
高管货币薪酬（Comp）	2.876***	12.105	2.645***	8.978	2.563***	6.483
资产负债率（Lev）	-0.024***	-3.107	-0.022*	-1.988	-0.024*	-1.945
公司规模（Size）	0.081	0.476	0.550**	2.157	0.057	0.231
第一大股东持股比例（Fsh）	0.064***	6.596	0.070***	5.497	0.081***	5.200
机构投资者持股比例（Ish）	0.011*	1.723	0.022***	2.798	0.008	0.660
独立董事比例（Ddp）	0.008	0.334	0.008	0.267	-0.005	-0.133
样本量（N）	2629		1445		1184	
F 值	31.21		24.29		11.78	
调整 R²	0.130		0.173		0.106	

4.8 结论与启示

本章以中国沪深 A 股上市公司 2012～2016 年年报数据为样本，研究薪酬外部公平性对高管在职消费影响以及薪酬内部公平性调节效应，得出如下三点结论：①薪酬外部劣势不公平诱发高管过度在职消费行为，并削弱在职消费"效率观"表现；薪酬外部优势不公平对高管过度在职消费不具有显著影响。②扩大内部薪酬差距可抑制薪酬外部劣势不公平引发的高管过度在职消费行为，从而缓解薪酬外部劣势不公平对在职消费"效率观"表现的负向影响。③高管持股比例较低时，薪酬外部劣势不公平对过度在职消费的促进作用以及薪酬内部公平性调节效应更显著；董事会持股比例较高时，薪酬外部劣势不公平对在职消费"效率观"表现的负向影响以及薪酬内部公平性调节效应更凸显。上述结论可为高管激励实践及政府政策规范制定提供如下三点启示：

（1）合理利用在职消费发挥替代性激励作用

早期研究认为在职消费是高管利用职权而引发的代理问题，需要通过公司治理加以遏制。中国制度背景下上述结论未必正确。首先，薪酬管制使在职消费作为替代性激励机制而合理存在。薪酬管制是中国国有公司独有的制度特色，虽然对遏制高管"天价薪酬"发挥了重要作用，但亦导致高管货币薪酬激励不足，并引发新的薪酬分配不公平问题。在职消费就是这一制度背景下基于平衡契约结构而合理存在的产物，由于其隐蔽性和不易追踪性，且不受薪酬管制约束，可作为高管替代性激励手段。其次，中国公司在职消费对高管具有激励作用。Adithipyangkul（2011）[27]将在职消费区分为生产性消费和激励性消费，前者为高管履职必需的职务消费，后者为货币薪酬补充成分，证实中国公司在职消费具有激励效应。在职消费的"代理观"与"效率观"表现并非绝对的，取决于在职消费经济成分。孙世敏等（2016）[24]的研究表明，货币薪酬补充和正常职务消费是中国公司在职消费的主要成分，在职消费"效率观"表现比较突出。中国政府应合理管控在职消费规范，坚决遏制自娱性消费，严厉打击高管机会主义行为。在此基础上，确保高管合理的职务消费，满足替代性激励机制所需。

（2）高管薪酬契约应确保薪酬外部比较公平、内部差距合理

依据社会比较理论，高管倾向于将自身薪酬与同行业类似职位高管薪酬对比，若前者低于后者则会滋生消极心理感知，并通过过度在职消费加以补偿。为抑制高管机会主义行为，保证高管薪酬分配公平性是必要手段。首先，建立高管薪酬的市场化协同机制。董事会与监事会成员代表国有公司出资人，可以采用政府任命制，给予相应的行政级别并获得政府规定的报酬。专业性较强的高级职位，如首席财务官（CFO）、首席执行官等由董事会从外部市场选聘，并参照市场价格给予相应年薪待遇。由于专业技术岗位高管技能需求一致，高管薪酬体系比较成熟，同业参照效应较强。其次，建立竞争性与公平性兼具的高管薪酬体系。为提高关键岗位、关键人才市场竞争力，高管薪酬结构与薪酬水平必须与人力资本市场价格相适应，保证高管薪酬具有市场竞争性。在合理确定各层级高管基本年薪、绩效年薪和任期激励收入基础上，建立科学的绩效考核制度，明确岗位职责，实行定岗定责定薪制度，既体现层级差异，又体现"多劳多得，按劳分配"原则，使高管薪酬具有内部公平性。最后，兼顾高管薪酬内外部公平性，依据薪酬内外部公平状态灵活调整高管薪酬契约。若高管薪酬外部比较处于劣势地位，可适当扩大内部薪酬差距，通过锦标赛强化高管团队成员监督机制，约束高管非理性过度在职消费行为，抑制自利动机损伤在职消费"效率观"表现。

（3）在保持股权制衡基础上强化管理层股权激励

管理层权力对高管机会主义行为影响存在两种观点。依据管理防御假说，管理层持股比例较低时高管可能为追求自身利益最大化而选择过度在职消费行为，并损伤在职消费正向经济效应。利益趋同论则认为，管理层持股比例较高时高管剩余索取权提高导致机会主义成本增加，高管因与股东利益趋同更倾向于选择公司价值最大化决策行为，对薪酬外部劣势不公平导致的高管过度在职消费具有抑制作用。董事会是公司治理的重要组成部分，董事会持股比例较高时具有较强动机和能力去约束高管自利行为，董事长与总经理两职合一增强了董事会执行监管职能的权力。董事会权力与其监管效力存在紧密相关性，适当扩大董事会权力有助于提高监管力度，降低代理成本。当然，管理层持股比例提升并不意味着一股独大，维持应有的股权制衡与强化管理层股权激励并不冲突。股权制衡是公司治理的重要手段，股权过于分散会导致高管游离于各股东之间而享有更多权力，在职消费水平越高（Shleife and Vishny，1997）[41]；大股东股权制衡能力对高管滥用职权谋求过度在职消费行为具有明显抑制作用（徐静，2013）[42]。

本章研究存在两点不足：①薪酬外部公平性计量只将货币薪酬相对分位数与公司业绩相对分位数进行比较，忽略了股权激励对高管薪酬影响。随着中国上市公司股权激励实践的日益成熟，以显性薪酬总额（货币薪酬与股权等）衡量薪酬外部公平性可能更具现实意义。②在职消费计量存在误差。由于在职消费的隐蔽性，财务报告和现有数据库中均无专项信息披露，只能采用"八项费用"作为替代性指标，可能对实证结果产生一定影响。

本章参考文献

［1］王嘉琪.后金融危机时代中国政府的政策抉择——基于中美政府应对金融危机的比较［J］.山东行政学院学报，2011（1）：18－20.

［2］Adams J S. Towards an understanding of inequity［J］. Journal of Abnormal and Social Psychology，1963，67：422－436.

［3］Adams J S. Inequity in social exchange［J］. Advances in Experimental Social Psychology，1965，2（4）：267－299.

［4］祁怀锦，邹燕．高管薪酬外部公平性对代理人行为激励效应的实证研究［J］．会计研究，2014（3）：26－32.

［5］缪毅，胡奕明．内部收入差距、辩护动机与高管薪酬辩护［J］．南开管理评论，2016，19（2）：32－41.

［6］傅颀，汪祥耀．所有权性质、高管货币薪酬与在职消费［J］．中国工业经济，2013（12）：104－116.

［7］吴联生，李景艺，王亚平．薪酬外部公平性、股权性质与公司业绩［J］．管理世界，2010（3）：117－126.

［8］覃予，靳毓．经济波动、薪酬外部公平性与公司业绩［J］．中南财经政法大学学报，2015（3）：94－102.

［9］罗华伟，宋侃，干胜道．高管薪酬外部公平性与企业绩效关联性研究——来自中国 A 股上市房地产公司的证据［J］．软科学，2015，29（1）：6－10.

［10］常建．外部薪酬不公平性与公司绩效［J］．软科学，2016，30（6）：66－70.

［11］Hart O，Moore J. Contracts as reference points［J］. Quarterly Journal of Economics，2008，123（1）：1－48.

［12］徐细雄，谭瑾．高管薪酬契约、参照点效应及其治理效果：基于行为经济学的理论解释与经验证据［J］．南开管理评论，2014（4）：36－45.

［13］孙世敏，马智颖，陈怡秀，等．薪酬外部公平性对在职消费及其经济效应的影响［J］．南大商学评论，2017（4）：98－121.

［14］罗宏，曾永良，宛玲羽．薪酬攀比、盈余管理与高管薪酬操纵［J］．南开管理评论，2016，19（2）：19－31.

［15］罗宏，曾永良，刘宝华．企业扩张、激励不足与管理层在职消费［J］．会计与经济研究，2015，29（1）：24－40.

［16］Lim E. Social pay reference point，external environment，and risk taking：an integrated behavioral and social psychological view［J］.

Journal of Business Research, 2018, 82: 68 – 78.

[17] Elson C M, Ferrere C. Surplus, agency theory, and the hobbesian corporation [J]. Wake Forest Law Review, 2013, 48 (3): 721 – 744.

[18] Mathijs D V, Thomas A D. Impression management and the biasing of executive pay benchmarks: A Dynamic Analysis [R]. SSRN Working Papers, 2014: 1 – 27.

[19] Holly B E, Kevin B L. Addressing internal stakeholders' concerns: the interactive effect of perceived pay equity and diversity climate on turnover intentions [J]. Journal of Business Ethics, 2017, 143 (3): 621 – 633.

[20] 张蕊, 管考磊. 高管薪酬差距会诱发侵占型职务犯罪吗? [J]. 会计研究, 2016 (9): 47 – 54.

[21] 郭雪萌, 许婴鹏. 薪酬差距能否激励高管——基于高管交易行为的经验研究 [J]. 国际商务, 2016 (5): 150 – 160.

[22] 冯根福, 赵珏航. 管理者薪酬、在职消费与公司绩效——基于合作博弈的分析视角 [J]. 中国工业经济, 2012 (6): 147 – 158.

[23] Claessens S, Djankov S, Joseph F. Disentangling the incentive and entrenchment effects of large shareholding [J]. The Journal of Finance, 2002, 57 (6): 2741 – 2771.

[24] 孙世敏, 柳绿, 陈怡秀. 在职消费经济效应形成机理及公司治理对其产生的影响 [J]. 北京: 中国工业经济, 2016 (1): 37 – 51.

[25] 陈冬华, 梁上坤, 蒋德权. 不同市场化进程下高管激励契约的成本与选择: 货币薪酬与在职消费 [J]. 会计研究, 2010 (11): 56 – 64.

[26] Cai H B, Fang H M, Xu L C. Eat, drink, firms and government: an investigation of corruption from entertainment expenditures of chinese firms [R]. Working Paper, SSRN, 2005.

［27］Adithipyangkul P, Alon I, Zhang T. Executive perks: compensation and corporate performance in China ［J］. Asia Pacific Journal of Management, 2011, 28 (2): 401 – 425.

［28］Weinschenk P. Compensation, perks, and welfare ［J］. Economics Letters, 2013 (120): 67 – 70.

［29］徐静. 高管层权力强度、其他大股东制衡和在职消费 ［J］. 软科学, 2013, 27 (4): 65 – 70.

［30］牟韶红, 李启航, 陈汉文. 内部控制、产权性质与超额在职消费——基于 2007 – 2014 年非金融上市公司的经验研究 ［J］. 北京: 审计研究, 2016 (4): 90 – 98.

［31］贺京同, 那艺. 行为经济学: 选择、互动与宏观行为 ［M］. 北京: 中国人民大学出版社, 2015: 21 – 31.

［32］陈怡秀, 孙世敏, 屠立鹤. 在职消费经济效应的影响因素——基于高管异质性视角的研究 ［J］. 北京: 经济管理, 2017 (5): 85 – 100.

［33］马智颖, 孙世敏. 薪酬外部公平性与高管股票减持的影响——基于收益风险偏好视角 ［J］. 技术经济, 2019, 38 (11): 48 – 56.

［34］Brian L C, Tihanyi L, Crook T R, et al. Tournament theory: thirty years of contests and competitions ［J］. Journal of Management, 2014, 40 (1): 16 – 47.

［35］李玉霞. 高管薪酬差距、内部控制和盈余管理——基于公平感知度的经验证据 ［J］. 财会通讯, 2017 (3): 69 – 74.

［36］任广乾, 冯瑞瑞, 田野. 混合所有制、非效率投资抑制与国有企业价值 ［J］. 中国软科学, 2020 (4): 174 – 183.

［37］耿云江, 王明晓. 超额在职消费、货币薪酬业绩敏感性与媒体监督——基于中国上市公司的经验证据 ［J］. 会计研究, 2016 (9): 56 – 61.

［38］张春苗. 在职消费的计量及其对公司绩效影响的实证研究［D］. 大连：东北财经大学，2014.

［39］Allison P D. Measures of inequality［J］. American Sociological Review，1978，43（6）：865 – 880.

［40］Jensen M C，Meckling W H. Theory of the firm：managerial behavior，agency costs，and ownership structure［J］. Journal of Financial Economics，1976，3（4）：305 – 360.

［41］Shleifer A，Vishny R. A survey of corporate governance［J］. Journal of Finance，1997（52）：737 – 783.

［42］徐静. 高管层权力强度、其他大股东制衡和在职消费［J］. 软科学，2013，27（4）：65 – 70.

第5章

薪酬外部公平性对高管非效率投资影响

5.1 引　言

非效率投资是中国上市公司普遍存在的问题（张敏等，2010[1]；方红星和金玉娜，2013[2]），对公司价值和资本市场健康运行带来不利影响。理论界从股权激励、管理者行为及控制权配置等众多视角探索非效率投资影响因素及形成机制（陈效东等，2016[3]；侯巧铭等，2017[4]；窦炜等，2016[5]），虽取得诸多有价值的研究成果，但却无法根治非效率投资现象。非效率投资决策很大程度上受高管心理感知影响。高管可能对攫取私利心存侥幸而选择净现值为负的项目，导致投资过度；亦可能出于避险动机而放弃净现值为正的项目，造成投资不足。部分学者尝试从心理学和行为经济学视角寻找高管非效率投资动因，认为薪酬外部公平性是影响高管心理感知的重要因素，可能对非效率投资行为产生影响。依据社会比较理论，高管倾向于将个体薪酬与外部参照对象进行比较，若高管薪酬在社会比较中处于劣势地位，将会滋生自我利益被侵蚀的消极心理感知，并采取报复性行为恢复公平。非效率投资是高管寻求心理平衡的重要途径，从薪酬外部不公平视角研究高管非效率投资行为可能更具现实意义。

理论界从薪酬外部公平性视角研究高管非效率投资的文献甚少，

目前只查阅到王嘉歆和黄国良（2016）[6]以及王嘉歆等（2016）[7]两篇类似文献，初步证实薪酬外部不公平促进高管非效率投资，高管异质性、公司宏观环境及地理区域对其具有调节效应。公司管理实践中，董事网络是一种客观存在的事实，行业竞争度、行业景气度以及经济政策变动导致的外部环境不确定性是一种常态，它们均在不同程度上影响公司经营决策，可能对薪酬外部公平性与非效率投资关系产生调节作用。此外，非效率投资与高管风险偏好有关，薪酬外部公平性心理感知是否通过高管风险偏好传导路径影响非效率投资？迄今为止，薪酬外部公平性对非效率投资影响的内在机理混沌不清，调节机制与传导路径至今不明，上述问题均无答案，有待进一步探索。

本章学术贡献表现在如下三方面：①以外部薪酬差距作为薪酬外部公平性替代变量，发现扩大高管外部薪酬差距有助于抑制非效率投资，丰富了现有研究成果。②将董事网络中心度细分为程度中心度、接近中心度和中介中心度，将外部环境不确定性细分为行业竞争度、行业景气波动性和经济政策不确定性，探索二者对高管外部薪酬差距与非效率投资关系的调节机制。研究发现董事网络中心度越高，高管外部薪酬差距对非效率投资的抑制作用越弱；外部环境不确定性越大，高管外部薪酬差距对非效率投资的抑制作用越强。③探索高管外部薪酬差距对非效率投资影响的传导机制，发现高管风险偏好具有中介传导效应。本章研究结论为高管非效率投资影响因素研究提供了新证据。

5.2 相关研究回顾

5.2.1 高管非效率投资影响因素

（1）会计与财务特征

高管非效率投资影响因素理论界研究已久，研究视角众多。早期文献主要从会计与财务特征角度进行研究，认为自由现金流、债务融资与会计信息特征对高管非效率投资产生重要影响。公司自由现金流较为充沛时高管倾向于投资那些能为自身带来私利的项目，导致过度投资（Jensen，1986）[8]。现金股利具有调节自由现金流功效，可以有效抑制自由现金流充沛公司的过度投资行为，加剧自由现金流紧缺公司的投资不足现象（王茂林等，2014）[9]。母公司持有现金少于子公司时公司整体更倾向于过度投资（张会丽和陆正飞，2012）[10]。童盼和陆正飞（2005）[11]发现债务融资对非效率投资具有约束与抑制作用，而张跃龙等（2011）[12]得出相反结论，认为债务融资改善投资效率作用甚微，反而因放松资金约束而加剧过度投资。会计稳健性会抑制过度投资、加剧投资不足（Bushman et al.，2011）[13]，提高会计信息质量、会计信息透明度和会计信息可比性有助于缓解非效率投资（袁知柱等，2012[14]；袁振超和饶品贵，2018[15]）。

（2）高管股权激励

部分文献从高管股权激励角度研究非效率投资，得出颇具争议的研究结论。股权激励有助于抑制高管过度投资，并缓解投资不足（吕长江和张海平，2011）[16]，对不确定环境引起的高管非效率投资行为具有治理效应（徐倩，2014）[17]。汪健等（2013）[18]得出相反结论，认为股权激励更容易诱发高管过度投资行为。高管与股东关系的两种假说可能为上述结论分歧给出合理解释。"管理者防御假说"认为随着持股比例增加和控制权扩大，高管会基于自身利益最大化标准进行投资决策，导致非效率投资。"利益趋同假说"认为随着持股比例增加和剩余索取权提高，高管与公司利益趋于一致，会选择公司利益最大化投资决策。陈效东等（2016）[3]依据实施动机将股权激励细分为激励型与非激励型两类，发现激励型股权抑制非效率投资，非激励型股权加剧非效率投资。窦炜等（2016）[5]研究不同控制权配置模式下公司投资效率问题，发现中国上市公司普遍存在投资效率损失，现金流权和控制权分离是投资效率损失的内在动因，多个控制权持有主体间的相对持股比例对投资决定产生重要影响，且不同权力制衡特征和模式对投资效率影响存在显著差异。约翰森和庖睿特（Johnson and Porta，2000）[19]认为拥有控制权的大股东可能进行关联交易引发过度投资，也可能侵吞公司资金造成投资不足。潘越等（2020）[20]发现股东连锁产生竞争合谋效应，通过向公司委派董事以及减少股权激励方案导致投资不足。

（3）董事与高管特征

现有研究显示，董事独立性可以缓解大股东利益输送导致的投资不足，但无法抑制投资过度（刘慧龙等，2012）[21]。董事网络对非效率投资具有治理效应，网络位置越接近中心，对非效率投资抑制作用越强（陈运森和谢德仁，2011）[22]；董事网络结构洞越繁复，投资不足程度越低，投资效率越高（陈运森，2015）[23]。武立东等（2016）[24]发现董事会成员地位差异阻滞了成员间信息流动，使投资更趋不足。高管异质性是非效率投资的另一重要影响因素。高管团队平均年龄较高时公司投资效率得以改善（卢馨等，2017）[25]；高管海外经历能抑制投资过度，但对投资不足的缓解作用并不明显（代昀昊和孔东民，2017）[26]。有关高管过度自信对非效率投资影响，勾艾勒和塞科偌（Goel and Thakor，2008）[27]以及辄瓦艾斯等（Gervais et al.，2010）[28]给出截然相反的观点，前者发现过度自信使高管投资意愿不足，后者认为过度自信使高管风险容忍度提高，从而缓解了投资不足现象。侯巧铭等（2017）[4]从生命周期视角研究管理者行为对非效率投资影响，发现成长期公司非效率投资受管理者过度自信影响，成熟期公司非效率投资受管理者代理行为和过度自信共同影响，衰退期公司非效率投资受管理者代理行为影响。此外，姚立杰等（2020）[29]发现高能力管理层通过提升资金配置效率和信息透明度抑制非效率投资，而哈贝贝和汉森（Habib and Hasan，2017）[30]则认为高能力管理者更善于利用公司制度漏洞，避开监督和约束而进行自利性过度投资。

（4）外部环境不确定性

外部环境不确定性来自于经济政策变动和市场竞争态势变动等方面。中国政府为应对金融危机影响制定了一系列促进经济增长的政策指南，引发公司过度投资行为（孙晓华和李明珊，2016）[31]。产业扶持政策使公司更易取得银行贷款，产生更高投资效率（何熙琼等，2016）[32]。饶品贵等（2017）[33]发现随着经济政策不确定性程度提高，公司投资规模逐步萎缩，而投资效率却逐步提升。市场竞争使高管决策更具灵活性，并改善了投资效率（陈信元等，2014）[34]。市场竞争加剧促使高管必须及时把握投资机会，从而缓解了投资不足问题，同时强化了经济增加值（economic value added，EVA）考核对过度投资的抑制作用（刘凤委和李琦，2013）[35]。

5.2.2　薪酬外部公平性对高管行为影响

祁怀锦和邹燕（2014）[36]的研究发现中国公司高管薪酬存在不公平现象，且有逐年恶化趋势。部分学者尝试探索薪酬外部公平性对公司业绩影响，研究结论不一。部分研究认为薪酬外部不公平对高管具有负向激励效应，并降低公司业绩（祁怀锦和邹燕，2014）[36]，另有研究指出高管薪酬外部公平性与公司业绩并无显著相关性（罗华伟等，2015）[37]。覃予和靳毓（2015）[38]发现国有公司薪酬外部公平性与公司业绩并非线性关系，而是呈倒"U"形关系，2008 年金融危机爆发后倒"U"形更为陡峭。此外，部分学者将薪酬外部公平性细分为薪酬外部优势与劣势不公平，发现薪酬外部劣势不公平损伤公司未来业绩（Core et al.，1999）[39]，薪酬外部优势不公平对公司业绩的促进作用只局限于非国有公司（吴联生等，2010）[40]。

少数学者研究了薪酬外部公平性对高管其他行为影响。王嘉歆和黄国良（2016）[6]认为薪酬外部不公平使高管产生黑色妒忌心理，并产生报复行为而增加非效率投资。徐细雄和谭瑾（2014）[41]发现高管薪酬低于同行业同地区高管薪酬均值时，将会产生消极报复心理而增加在职消费，并提高主动离职率。孙世敏等（2017）[42]证实薪酬外部劣势不公平较薪酬外部优势不公平更易促进在职消费增长。此外，张兴亮和夏成才（2016）[43]研究薪酬外部公平性引发的高管"忧患"取向，发现薪酬外部公平时高管"患不均"，而薪酬外部不公平时高管"患寡"，且在愤懑与不满情绪驱动下可能通过盈余管理、在职消费、利益侵占等手段寻求替代性补偿。

5.2.3 现有研究局限

迄今为止，已有部分文献对非效率投资进行了深入研究，从多重视角揭示非效率投资影响因素及形成机理，并对其经济后果进行探索。但现有研究存在如下局限：

（1）薪酬外部公平性对非效率投资影响研究十分匮乏

现有文献虽然对非效率投资影响因素进行了诸多研究，但从薪酬外部公平性视角研究非效率投资文献非常匮乏。现有研究显示，薪酬激励有助于抑制高管过度投资，缓解投资不足，由此推断高管激励不足可能引起非效率投资。中国公司存在薪酬管制，同时也存在代理问题，可能导致高管薪酬激励不足或激励过度。薪酬社会比较结果影响高管心理感知，可能促进或削弱薪酬激励效果，基于薪酬外部公平性视角研究非效率投资具有现实意义。

（2）薪酬外部公平性对非效率投资影响调节机理知之甚少

王嘉歆和黄国良（2016）[6]证实薪酬外部不公平诱发高管非效率投资行为，但二者关系调节机制理论界知之甚少。现有研究仅从公司特征（如产权性质及公司所在地区）、公司治理（如股权制衡度、管理层持股比例等）和高管特征（如年龄、任期、性别等）方面探索薪酬外部公平性与非效率投资关系调节因素，缺乏高管关系资源与外部环境方面的经验证据。将董事网络和外部环境不确定性纳入薪酬外部公平性与非效率投资研究框架，有助于进一步揭示薪酬外部公平性对非效率投资影响机理。

（3）薪酬外部公平性对非效率投资影响传导路径尚未清晰

刘长进和杨汉明（2019）[44]观测到高管外部薪酬差距对投资效率激励具有门槛特性，但未能挖掘出其背后的影响机制。薪酬外部公平性对非效率投资影响的中介传导机制至今尚未清晰。高管风险偏好能否作为一条有效的作用路径有待进一步验证。

5.3　理论分析与研究假设

5.3.1　薪酬外部公平性对高管非效率投资影响

社会比较理论专注于个体主观感知，认为人们大都具有公平偏好倾向，通常选择与自身社会层次、境遇相当的群体作为外部参照对象，通过薪酬横向比较获得更为准确的自我定位（Pyszczynski et al.，1985）[45]。当高管薪酬外部比较处于劣势地位时，将会产生不公平心理感知并滋生报复性行动（Adams，1963）[46]。非效率投资是高管常见的机会主义行为表现，很可能成为高管谋取私利恢复心理平衡的手段。为降低风险承担水平，高管可能放弃收益大、风险高的投资项目，导致投资不足；亦可能为扩大控制权而盲目投资于净现值小于零的项目，导致投资过度。王嘉歆和黄国良（2016）[6]的研究指出，薪酬外部劣势不公平可能引发高管黑色妒忌心理，并通过非效率投资弥补正式契约遭受的损失。薪酬外部优势不公平时，高管通过正式契约获得了超过外部参照对象的额外薪酬，经济与心理的双重满足感使高管产生积极向上的动力。依据互惠偏好理论，公司给予高管超额薪酬是一项善意行为，高管为回报公司善意举措将会努力工作，选择股东利益最大化的决策（Fehr and Schmidt，1999）[47]，从而抑制非效率投资。高管外部薪酬差距指样本公司高管薪酬与同行业高管薪酬均值之比，一定程度上反映高管薪酬公平性。外部薪酬差距越大，高管薪酬社会比较的优势地位越明显，对机会主义行为的约束作用越强。

基于上述分析，提出假设 5-1：

假设 5-1：扩大高管外部薪酬差距可以有效抑制非效率投资行为。

5.3.2 董事网络中心度调节效应

现有研究显示，管理层权力对高管外部薪酬差距与非效率投资关系产生影响。依据管理防御假说，高管可能为追求自身利益最大化而进行非效率投资（Fama and Jensen，1983）[48]，由此缓解了高管外部薪酬差距对非效率投资的抑制作用。利益趋同假说提出相反观点，认为剩余索取权导致非效率投资成本增加，高管与股东利益趋同更倾向于选择公司利益最大化投资决策，从而加剧高管外部薪酬差距对非效率投资的抑制作用。朱甜（2019）[49]发现管理层权力强化了外部薪酬差距与非效率投资的负相关关系，支持了利益趋同假说。管理层权力理论认为，高管可能利用职权干预薪酬管理委员会，制定符合自身利益最大化的薪酬契约，进一步扩大外部薪酬差距（Core and Larcker，2002）[50]。此时高管薪酬无法真实客观地反映与其工作成果相匹配的应得补偿，高管薪酬契约反而成为代理问题结果，既失公平也缺乏效率。

董事会作为重要的公司治理机制，对管理层赋有监督管理职责，可在一定程度上约束高管滥用职权谋取私利行为。在董事会众多治理机制中声誉机制最为关键（黄海杰等，2016）[51]。董事越居于网络中心，越为同行所熟知和认同，并享有更高地位和声誉。为维护正面社会声誉，居于网络中心的董事不会允许其管理工作出现瑕疵，有强烈动机约束高管机会主义行为，从而抑制高管利用职权干涉薪酬契约制定行为，有助于缩小高管外部薪酬差距。居于网络中心的董事具备较强的独立监督能力和议价能力，有能力摆脱来自高管的对抗和胁迫，可遏制高管凌驾于股东利益之上的以权谋私行径。此外，居于网络中心的董事通常拥有更为丰富的经验和见识，可利用其所拥有的活络渠道和发达触角更为全面地了解行业高管薪酬水平及其与其他行业差距，能够合理选择高管薪酬契约设计的同业参照基准，使高管薪酬更接近公允合理水平，降低不合理的高管外部薪酬差距。由此推测，较高的董事网络中心度有助于董事依靠连锁网络对高管发挥监督治理作用，缩小不合理的外部薪酬差距，从而缓解高管外部薪酬差距对非效率投资的抑制效应。

基于上述分析，提出假设 5 - 2：

假设 5 - 2：董事网络中心度削弱了高管外部薪酬差距对非效率投资的抑制作用，董事网络中心度越高，高管外部薪酬差距对非效率投资的抑制作用越弱。

5.3.3　外部环境不确定性调节效应

公司投资政策和投资方案选择受外部环境影响（Shin and Stulz，1998[52]；徐倩，2014[53]），行业基本面特征属于中观层面的公司外部环境（陈武朝，2013）[54]，直接影响公司基本面特征（Brown and Ball，1967）[55]。行业竞争与行业景气波动越剧烈，公司外部环境不确定性越强（梁上坤等，2019）[56]。经济政策同样是影响公司投资决策的外部环境因素，经济政策变动越频繁，公司外部环境不确定性越强（饶品贵等，2017）[33]。詹森（Jensen，1993）[57]研究指出，信息不对称条件下高管为构筑商业帝国，会将现金投入到净现值为负的项目以攫取私利。行业竞争加剧、行业景气波动较强及经济政策频繁变动时，信息不对称问题愈加突出。高管可以名正言顺地用外部环境变化作为"挡箭牌"，解释投资收益下滑的合理性，为其过度投资行为进行辩护，因此外部环境不确定性将加剧高管过度投资行为。为避免外部环境变动引发更为严重的过度投资问题，股东将给予高管更高超额薪酬以提升激励强度，进一步扩大了高管外部薪酬差距。依据互惠偏好理论，股东通过超额激励向高管释放足够诚意，高管为回报股东奖赏和青睐，将以公司价值最大化为依据选择投资项目，使代理问题得到较大程度缓解。简言之，公司外部环境不确定性扩大了高管外部薪酬差距，更为有效地抑制高管过度投资行为。

阿美胡德和莱芜（Amihud and Lev，1981）[58]从收益和成本不对称角度解释非效率投资，认为高管投资成功创造的收益需要与股东共享，而投资失败产生的声誉损失和潜在成本需要高管独自承担。为避免蒙受潜在损失，高管将会选择更为保守的投资策略而造成投资不足（Bloom et al.，2007[59]；徐倩，2014[53]）。行业竞争程度越激烈、行业景气波动越强、经济政策变动越频繁，高管甄别投资项目优劣的难度和投资获利所需付出的代价越大，高管趋于风险规避心理投资意愿越发不足（Baum et al.，2006）[60]。为激励高管勇于承担风险、以提高公司价值为宗旨而积极投资风险大收益高的项目，股东势必要提升高管激励强度，进一步巩固高管薪酬优势地位，由此扩大高管外部薪酬差距，并缓解投资不足产生的代理问题。

基于上述分析，提出假设 5 - 3：

假设 5 - 3：外部环境不确定性强化了高管外部薪酬差距对非效率投资的抑制作用，外部环境不确定性较高时高管外部薪酬差距对非效率投资的抑制作用更强。

5.3.4 高管风险偏好中介传导效应

高管激励包括货币薪酬激励、股权激励与期权激励等多种形式，它们对高管投资风险偏好具有显著影响。寇勒等（Cole et al.，2011）[61]研究发现，将高管财富与资本市场紧密联系的薪酬方案会促使高管选择高风险投资活动。货币薪酬作为高管激励的主要方式，可以缓解代理冲突导致的高管风险回避问题（何威风等，2016）[62]。相比于股权激励，具有非对称特性的期权激励更能促使高管选择高风险投资活动（Hall and Murphy，2003）[63]。罗斯（Ross，2005）[64]认为引入期权激励可使高管薪酬契约具有凸性，财富随公司价值波动将降低高管风险厌恶程度。高管薪酬激励效应不仅取决于绝对薪酬水平，更多源于薪酬社会比较。高管外部薪酬差距一定程度上反映高管薪酬的行业地位，高管薪酬超过行业平均薪酬水平越多，高管薪酬社会比较优势越明显。高管享有超额薪酬意味着董事会对其能力与业绩的高度认可，同时向外界展示较高的人力资本价值。依据互惠偏好理论，公司给予高管足够的肯定与奖赏为其赚足面子，高管为报知遇之恩将会以公司价值最大化为决策目标，勇于承担风险而选择高收益高风险投资项目，提高投资效率。反之，若高管薪酬社会比较处于劣势地位，损失厌恶和能力未被认可的消极心理感知可能诱使高管为谋取私利而过度投资，或规避风险而导致投资不足。

依据行为经济学理论，高管风险偏好和容忍度影响高管投资项目选择、资金配置和投资规划（Kahneman and Tversky，1979）[65]。风险容忍度较低的高管宁愿损伤公司价值而选择净现值为负的低风险项目，也要回避净现值为正的高风险项目（Parrino et al.，2005）[66]。风险厌恶型高管会放弃部分有利可图的项目，尽可能削减资本投资而导致投资不足；风险偏好型高管具有积极的投资意愿，活跃的投资活动导致投资过度（Grenadier and Wang，2007[67]；Bo and Sterken，2007[68]）。可见，高管风险偏好决定投资态度，可能导致投资过度或投资不足。简言之，外部薪酬差距影响高管风险偏好，而高管风险偏好决定其投资态度和意愿，并对非效率投资产生影响。高管风险偏好可能是外部薪酬差距对非效率投资影响的中介渠道。

基于上述分析，提出假设 5 - 4：

假设 5 - 4：高管风险偏好在高管外部薪酬差距抑制非效率投资过程中具有中介传导效应。

5.4　研　究　设　计

5.4.1　样本选取与数据来源

本著作选取 2010～2019 年中国沪深 A 股上市公司为研究样本（其中解释变量区间为 2009～2018 年），并剔除如下四类公司：①保险与金融类公司，避免其经营方式和报表内容不同而干扰研究结论；②ST 和 PT 类公司，避免其经营和财务状况不良对研究结论影响；③数据存在缺失的公司；④数据存在异常的公司（如资产负债率非正、第一大股东零持股等）。经上述处理后，最终获得 17235 个有效观测值。

本著作研究数据来源如下："经济政策不确定性"来自"policyuncertainty. com/scmp_monthly. html"网站，其余数据来自国泰安（CSMAR）数据库和上市公司年报。采用 Pajek、txt2Pajek、Excel2019 计算董事网络中心度，采用 Stata16. 0 进行描述性与相关性分析及回归检验。为剔除异常值影响，对连续变量进行上下 1% 缩尾处理。

5.4.2　变量选择与定义

（1）被解释变量

本著作被解释变量为非效率投资（Inv）。借鉴潘越等（2020）[20] 研究思路，运用式（5 - 1）模型对样本数据进行回归，模型残差即为非效率投资。由于残差均值为 0，正负只具有统计学意义，不能严格区分投资不足还是投资过度，故此处取残差绝对值并放大 100 倍衡量非效率投资。

$$Inew_{i,t} = \alpha_0 + \alpha_1 Size_{i,t-1} + \alpha_2 Cash_{i,t-1} + \alpha_3 Lev_{i,t-1} + \alpha_4 Grow_{i,t-1}$$

$$+ \alpha_5 Age_{i,t-1} + \alpha_6 Ret_{i,t-1} + \alpha_7 Inew_{i,t-1} + \sum Ind$$

$$+ \sum Year + \varepsilon_{i,t} \tag{5-1}$$

其中，i、t 分别表示公司和年份；α_0 为常数项，$\alpha_k(k=1,2,\cdots,7)$ 为各变量回归系数；$\varepsilon_{i,t}$ 为随机扰动项。$Inew$ 指新增投资，用"资本与并购支出总额扣减处置收入和折旧后的余额与年初总资产比值"衡量，其中资本支出指构建长期资产支出，并购支出指为取得子公司等营业单位支付的现金净额，处置收入指处置长期资产收回的现金净额。$Size$ 指公司规模，以年末总资产自然对数衡量。$Cash$ 指现金持有量，以货币资金与总资产比值衡量。Lev 指财务杠杆，以总负债与总资产比值衡量。$Grow$ 指公司成长性，以营业收入增长率衡量。Age 指公司年龄，以上市年限自然对数衡量。Ret 指股票收益，以考虑现金股利再投资的年股票回报率衡量。$Year$ 和 Ind 分别代表年度和行业。

（2）解释变量

本章解释变量为高管薪酬外部公平性，以"高管外部薪酬差距（Epg）"作为替代变量。外部薪酬差距有绝对薪酬差距和相对薪酬差距两种形式，相比之下后者更易于数据处理，故本章采用相对比较法，详见式（5-2）。其中，样本公司高管薪酬指财务报告附注中披露的货币薪酬最高的前三名高管薪酬均值。Epg 值越大，高管外部薪酬差距越大。

$$Epg = \frac{样本公司高管薪酬}{同行业同年份高管薪酬均值} \tag{5-2}$$

（3）调节变量

①董事网络中心度（Ctr）。董事在多家公司任职，通过直接或间接方式与其他董事联结形成董事网络。高管越居于董事网络中心位置，其影响力越强。本章从程度中心度（Ctr_dgr）、接近中心度（Ctr_cls）和中介中心度（Ctr_btw）三方面衡量董事网络中心度。借

鉴谢德仁和陈运森（2012）[69]的做法，将"董事—公司"矩阵转换为"董事—董事"矩阵后，采用 Pajek 软件计算公司各个董事网络中心度，取其平均值汇结成公司层面的董事网络中心度。为完整反映董事网络全貌，董事网络中心度计算保留全部上市公司。

ⅰ. 程度中心度（Ctr_dgr）。表示某董事与其他董事直接联结的网络数量，计算原理如式（5-3）所示。其中，董事 n 指董事 m 以外的其他董事；L_{nm} 是一组网络联结关系，董事 m 与董事 n 至少共事于同一董事会时取 1，否则取 0；D 为董事数量。

$$Ctr\_dgr_m = \sum_n L_{nm}/(D-1) \tag{5-3}$$

ⅱ. 接近中心度（Ctr_cls）。表示某董事到达其他董事位置所需步数之和的倒数，计算原理如式（5-4）所示。其中，$R(m, n)$ 为董事 m 与董事 n 的测地线距离（即两结点间捷径长度），$\sum_{n=1}^{D} R(m, n)$ 表示董事与其他董事间距之和。

$$Ctr\_cls_m = \left[\sum_{n=1}^{D} R(m, n)/(D-1) \right]^{-1} \tag{5-4}$$

ⅲ. 中介中心度（Ctr_btw）。表示某董事控制其他董事联结路径的强度，计算原理如式（5-5）所示。其中，D_{nk} 是董事 n 与董事 k 相通必经的捷径数，$D_{nk(C_m)}$ 是董事 n 与董事 k 捷径中存在董事 m 的数量，$\sum_{n<k} D_{nk(C_m)}/D_{nk}$ 表示其他董事联结捷径中有董事 m 的程度。$(D-1)(D-2)$ 用于去规模化。

$$Ctr\_btw_m = \frac{\sum_{n<k} D_{nk(C_m)}/D_{nk}}{(D-1)(D-2)} \tag{5-5}$$

②外部环境不确定性。公司外部环境包括市场环境、行业环境和宏观经济政策等多个方面，它们均可能对高管投资行为产生影响。本章选择行业竞争度（$Cmpt$）、行业景气波动性（$Boom$）和经济政策不确定性（Epu）作为外部环境不确定性的替代变量。

ⅰ. 行业竞争度（*Cmpt*）。借鉴现有文献做法，以赫芬达尔指数（Herfindahl – Hirschman index，HHI）衡量行业竞争度，计量方法如式（5－6）所示。其中，$Sale_{i,t}$ 为公司 i 在时期 t 的销售额，$Sale_{j,t}$ 为行业 j 在时期 t 的销售额，$S_{i,t}$ 为公司 i 在时期 t 的市场份额。$HHI_{j,t}$ 值越小，行业竞争越激烈。

$$HHI_{j,t} = \sum_{i \in I_j} (Sale_{i,t}/Sale_{j,t})^2 = \sum_{i \in I_j} S_{i,t}^2 \tag{5－6}$$

ⅱ. 行业景气波动性（*Boom*）。行业景气度代表行业发展繁荣程度，一定程度上决定高管对行业前景的信心，其波动幅度体现公司外部经营环境的不确定性。借鉴梁上坤等（2019）[56] 的做法，以公司所属行业四个季度景气值标准差衡量行业景气波动性，该值越大表示波动越剧烈。

ⅲ. 经济政策不确定性（*Epu*）。借鉴李凤羽和史永东（2016）[70] 的做法，使用斯坦福大学和芝加哥大学联合发布的月度中国经济政策不确定性指数衡量经济政策不确定性。由于经济政策变更属于突发因素，各月情况不尽相同，故选取当年经济政策不确定性指数均值衡量。*Epu* 值越大，经济政策不确定性越强。

（4）中介变量

本章中介变量为高管风险偏好（*Prf*）。高管风险偏好直接影响投资项目选择、资金配置和投资规划，并通过投资决策最终体现在风险资产配比结构上。参考龚光明和曾照存（2014）[71] 研究思路，以公司长短期风险资产占比衡量高管风险偏好，计量方法如式（5－7）所示。*Prf* 值越高，高管风险偏好程度越大。

$$Prf = \frac{\text{应收账款 ＋ 交易性金融资产 ＋ 可供出售金融资产 ＋}\atop \text{投资性房地产 ＋ 持有至到期投资}}{\text{总资产}}$$

$$\tag{5－7}$$

（5）控制变量

为提高实证结论可信性，选取"公司规模（*Size*）""自由现金流

（*Fcf*）""财务杠杆（*Lev*）""公司年龄（*Age*）""净资产收益率
（*Roe*）""两职兼任（*Dual*）""管理层持股比例（*Msh*）""股权制衡
度（*Rst*）""代理成本（*Cst*）"及"董事会规模（*Brd*）"10个控制
变量，同时设置"行业（*Ind*）"和"年度（*Year*）"两个虚拟变量。

各变量名称、符号及计量方法如表5 - 1所示。

表5 - 1　　　　　　　　各变量名称、符号及计量方法

变量类型	变量名称		变量符号	变量计量方法
被解释变量	非效率投资		*Inv*	回归模型残差绝对值的100倍
解释变量	高管外部薪酬差距		*Epg*	计量方法见式（5 - 2）
调节变量	董事网络中心度	程度中心度	*Ctr_dgr*	见式（5 - 3），可从中国研究数据服务平台（CNRDS）获取
		接近中心度	*Ctr_cls*	见式（5 - 4），可从中国研究数据服务平台（CNRDS）获取
		中介中心度	*Ctr_btw*	见式（5 - 5），可从中国研究数据服务平台（CNRDS）获取
	外部环境不确定性	行业竞争度	*Cmpt*	赫芬达尔指数，见式（5 - 6）
		行业景气波动性	*Boom*	公司所属行业四个季度景气值标准差
		经济政策不确定性	*Epu*	EPU指数年均值
中介变量	高管风险偏好		*Prf*	见式（5 - 7）
控制变量	公司规模		*Size*	年末总资产的自然对数
	自由现金流		*Fcf*	（经营现金流量 - 折旧 - 摊销 - 期望投资额）/年初总资产
	公司年龄		*Age*	上市年限的自然对数
	财务杠杆		*Lev*	总负债/总资产
	净资产收益率		*Roe*	净利润/净资产
	两职兼任		*Dual*	董事长兼任总经理取值1，否则取值0

变量类型	变量名称	变量符号	变量计量方法
控制变量	管理层持股比例	Msh	管理层持股数/总股数
	股权制衡度	Rst	第一大股东持股比例/第二至第十大股东持股比例总数
	代理成本	Cst	管理费用/营业收入
	董事会规模	Brd	董事会人数加 1 的自然对数
	行业	Ind	虚拟变量，样本所在行业取值 1，否则取值 0
	年份	Year	虚拟变量，样本所在年份取值 1，否则取值 0

5.4.3　模型建立

（1）薪酬外部公平性对非效率投资影响回归模型

建立式（5-8）回归模型检验薪酬外部公平性对非效率投资影响。其中，$Inv_{i,t}$ 代表第 i 个样本公司第 t 年非效率投资，$Epg_{i,t-1}$ 代表第 i 个样本公司第 $t-1$ 年高管外部薪酬差距，α_0 为常数项，$\alpha_i (i=1,2,\cdots,11)$ 为各变量回归系数，$\varepsilon_{i,t}$ 为残差项。其他符号含义如表 5-1 所示。

$$
\begin{aligned}
Inv_{i,t} = {} & a_0 + a_1 Epg_{i,t-1} + a_2 Size_{i,t} + a_3 Fcf_{i,t} + a_4 Age_{i,t} + a_5 Lev_{i,t} \\
& + a_6 Roe_{i,t} + a_7 Dual_{i,t} + a_8 Msh_{i,t} + a_9 Rst_{i,t} + a_{10} Cst_{i,t} \\
& + a_{11} Brd_{i,t} + \sum Ind + \sum Year + \varepsilon_{i,t}
\end{aligned} \tag{5-8}
$$

（2）董事网络中心度调节效应回归模型

为进一步验证董事网络中心度（Ctr）对薪酬外部公平性与非效率投资关系调节作用，建立式（5-9）回归模型。若 a_3 回归系数通过显著性检验，则证明董事网络中心度（Ctr）对薪酬外部公平性与非效率投资关系具有调节作用。

$$Inv_{i,t} = a_0 + a_1 Epg_{i,t-1} + a_2 Ctr_{i,t-1} + a_3 Epg_{i,t-1} \times Ctr_{it-1} + a_4 Size_{i,t}$$
$$+ a_5 Fcf_{i,t} + a_6 Age_{i,t} + a_7 Lev_{i,t} + a_8 Roe_{i,t} + a_9 Dual_{i,t}$$
$$+ a_{10} Msh_{i,t} + a_{11} Rst_{i,t} + a_{12} Cst_{i,t} + a_{13} Brd_{i,t} + \sum Ind$$
$$+ \sum Year + \varepsilon_{i,t} \tag{5-9}$$

（3）高管风险偏好中介效应回归模型

按照温忠麟等（2004）[72]中介效应检验步骤，在模型（5-8）基础上构建模型（5-10）和模型（5-11），三式联合检验高管风险偏好（Prf）中介效应。首先，利用模型（5-8）检验高管外部薪酬差距（Epg）对非效率投资（Inv）影响；其次，利用模型（5-10）检验高管外部薪酬差距（Epg）对高管风险偏好（Prf）影响；最后，利用模型（5-11）检验高管外部薪酬差距（Epg）和高管风险偏好（Prf）对非效率投资（Inv）的共同影响。

$$Prf_{i,t} = a_0 + a_1 Epg_{i,t-1} + a_2 Size_{i,t} + a_3 Fcf_{i,t} + a_4 Age_{i,t} + a_5 Lev_{i,t}$$
$$+ a_6 Roe_{i,t} + a_7 Dual_{i,t} + a_8 Msh_{i,t} + a_9 Rst_{i,t} + a_{10} Cst_{i,t}$$
$$+ a_{11} Brd_{i,t} + \sum Ind + \sum Year + \varepsilon_{i,t} \tag{5-10}$$

$$Inv_{i,t} = a_0 + a_1 Epg_{i,t-1} + a_2 Prf_{i,t} + a_3 Size_{i,t} + a_4 Fcf_{i,t} + a_5 Age_{i,t}$$
$$+ a_6 Lev_{i,t} + a_7 Roe_{i,t} + a_8 Dual_{i,t} + a_9 Msh_{i,t} + a_{10} Rst_{i,t}$$
$$+ a_{11} Cst_{i,t} + a_{12} Brd_{i,t} + \sum Ind + \sum Year + \varepsilon_{i,t} \tag{5-11}$$

5.5 实证过程及结果分析

5.5.1 描述性统计分析

为清晰展示各主要变量整体水平和差异性，首先进行描述性统计分析，结果如表5-2所示。

表 5 - 2　　　　　　　　　　　**主要变量描述性统计结果**

变量		观测值	最小值	中位数	最大值	均值	标准差
非效率投资（Inv）		17235	0.001	4.606	97.247	7.752	9.836
高管外部薪酬差距（Epg）		17235	0.223	1.013	6.159	1.302	1.001
董事网络中心度	程度中心度（Ctr_dgr）	17235	0.000	0.002	0.016	0.002	0.001
	接近中心度（Ctr_cls）	17235	0.000	0.143	0.204	0.135	0.038
	中介中心度（Ctr_btw）	17235	0.000	0.001	0.062	0.002	0.004
外部环境不确定性	行业竞争度（Cmpt）	17235	0.031	0.129	1.000	0.196	0.187
	行业景气波动性（Boom）	17235	0.000	3.433	41.098	4.429	4.228
	经济政策不确定性（Epu）	17235	98.888	363.87	460.470	283.378	131.930
高管风险偏好（Prf）		17235	0.002	0.221	0.952	0.261	0.206
公司规模（Size）		17235	19.593	21.959	26.053	22.137	1.289
自由现金流（Fcf）		17235	-0.457	0.036	0.895	0.033	0.131
公司年龄（Age）		17235	0.497	2.231	4.788	2.060	0.843
财务杠杆（Lev）		17235	0.054	0.436	0.887	0.439	0.205
净资产收益率（Roe）		17235	-0.199	0.037	0.202	0.039	0.055
两职兼任（Dual）		17235	0.000	0.000	1.000	0.240	0.427
管理层持股比例（Msh）		17235	0.000	0.001	0.995	0.117	0.192
股权制衡度（Rst）		17235	0.176	1.047	23.626	2.542	3.918
代理成本（Cst）		17235	0.009	0.074	0.430	0.091	0.071
董事会规模（Brd）		17235	1.792	2.303	2.944	2.259	0.180

（1）被解释变量与解释变量描述性统计分析

①非效率投资（Inv）。均值为 7.752，中位数为 4.606，表明非效率投资是中国上市公司普遍存在的现象。最大值（97.247）与最小值（0.001）相差比较悬殊，标准差（9.836）较大，上市公司非效率投资程度不一。

②高管外部薪酬差距（Epg）。均值为 1.302，中位数为 1.013，薪酬外部公平性整体情况尚好，优势不公平略占上风。最小值为

0.223，最大值为6.159，部分公司存在严重薪酬分配不公平问题。

（2）调节变量与中介变量描述性统计分析

①董事网络中心度。程度中心度（Ctr_dgr）均值为0.002，中位数为0.002，最小值和最大值分别为0.000和0.016。接近中心度（Ctr_cls）均值为0.135，中位数为0.143，最小值和最大值分别为0.000和0.204。中介中心度（Ctr_btw）均值为0.002，中位数为0.001，最小值和最大值分别为0.000和0.062。总体上看，中国上市公司董事网络中心度存在一定差异。

②外部环境不确定性。行业竞争度（$Cmpt$）均值为0.196，中位数为0.129，最小值（0.031）和最大值（1.000）差异较大，表明中国上市公司存在不同程度的行业竞争。行业景气波动性（$Boom$）均值为4.429，中位数为3.433，最大值达到41.098，表明中国公司行业景气度波动是一种普遍存在的现象，个别行业波动程度较大。经济政策不确定性（Epu）最小值和最大值分别为98.888和460.470，标准差为131.930，表明中国上市公司经济政策变动比较频繁，且各年份差异较大。

③高管风险偏好（Prf）。均值为0.261，中位数为0.221，最小值和最大值分别为0.002和0.952，表明中国上市公司高管存在不同程度的风险偏好。

（3）控制变量描述性统计分析

①公司特征方面。公司规模（$Size$）均值为22.137，中位数为21.959，上市公司规模较为庞大。自由现金流（Fcf）最小值和最大值分别为-0.457和0.895，均值为0.033，上市公司面临的融资约束程度有所差异。公司年龄（Age）均值为2.060，总体上看，中国公司上市年限普遍较短。

②财务特征方面。财务杠杆（Lev）均值为0.439，中位数为0.436，中国上市公司财务风险适中。净资产收益率（Roe）均值为0.039，中位数为0.037，中国上市公司盈利能力有待改善。

③公司治理方面。两职兼任（*Dual*）均值为 0.240，近四分之一公司董事长与总经理合二为一。管理层持股比例（*Msh*）最小值为 0.000，均值为 0.117，管理层持股比例普遍较低，股权激励尚未全面实施。股权制衡度（*Rst*）最小值和最大值分别为 0.176 和 23.626，标准差达 3.918，不同公司间股权制衡颇为迥异。代理成本（*Cst*）最小值和最大值分别为 0.009 和 0.430，均值为 0.091，表明中国上市公司普遍存在代理问题，程度不一。董事会规模（*Brd*）最小值和最大值分别为 1.792（即 5 人）和 2.944（即 18 人），均值为 2.259（即 8.570 人），基本符合《公司法》相关规定。

5.5.2 相关性分析

变量相关性分析结果如表 5 - 3 所示。方差膨胀因子检验结果显示，VIF 最大值（2.140）和均值（1.420）均低于经验阈值 10，变量间不存在严重多重共线性。下面以皮尔逊（Pearson）相关系数为例，分析各变量之间的相关性。

（1）被解释变量与解释变量相关性分析

高管外部薪酬差距（*Epg*）与非效率投资（*Inv*）相关系数（-0.013）在 10% 水平下显著，初步证明扩大高管外部薪酬差距可以抑制非效率投资。

（2）被解释变量与调节变量和中介变量相关性分析

董事网络中心度与非效率投资相关性结果显示，程度中心度（*Ctr_dgr*）和接近中心度（*Ctr_cls*）与非效率投资（*Inv*）相关系数分别为 -0.022 和 -0.036，通过 1% 显著性检验，中介中心度（*Ctr_btw*）与非效率投资（*Inv*）相关系数（0.009）不显著，初步证实董事网络中心度对非效率投资具有一定影响。

表 5 - 3

变量相关性分析结果

变量	Inw	Epg	Cir_dgr	Cir_cls	Cir_btw	Cmpt	Boom	Epu	Prf	Size	Fcf	Age	Lev	Roe	Dual	Mch	Rst	Cst	Brd
Inw	1.000																		
Epg	-0.013*	1.000																	
Cir_dgr	-0.022***	0.120***	1.000																
Cir_cls	-0.036***	0.079***	0.331***	1.000															
Cir_btw	0.009	0.146***	0.790***	0.284***	1.000														
Cmpt	0.020***	-0.018***	0.005	-0.031***	-0.005	1.000													
Boom	0.031***	0.005	0.143***	-0.256***	0.086***	0.190***	1.000												
Epu	-0.096***	0.005	-0.223***	0.199***	-0.127***	-0.062***	-0.208***	1.000											
Prf	-0.041***	-0.040***	-0.082***	0.051***	-0.064***	-0.055***	-0.062***	0.153***	1.000										
Size	0.010	0.361***	0.100***	0.191***	0.147***	0.007	-0.016	0.146***	-0.175***	1.000									
Fcf	-0.040***	0.030***	0.005	-0.024***	0.000	0.044***	-0.037***	-0.074***	-0.052***	-0.228***	1.000								
Age	0.032***	0.086***	0.034***	0.104***	0.062***	-0.056***	-0.049***	0.078***	-0.052***	0.371***	-0.265***	1.000							
Lev	0.035***	0.071***	0.085***	0.008	0.071***	-0.001	0.071***	-0.045***	-0.169***	0.347***	-0.288***	0.290***	1.000						
Roe	-0.014*	0.161***	0.037***	0.001	0.035***	-0.002	-0.043***	-0.036***	-0.036***	-0.010	0.255***	-0.181***	-0.305***	1.000					
Dual	0.000	-0.005	-0.072***	0.007	-0.066***	-0.019***	-0.076***	0.077***	0.101***	-0.162***	0.088***	-0.221***	-0.110***	0.035***	1.000				
Mch	-0.008	-0.103***	-0.121***	0.001	-0.116***	-0.021***	-0.092***	0.098***	0.211***	-0.305***	0.183***	-0.564***	-0.266***	0.129***	0.260***	1.000			
Rst	0.001	-0.056***	0.017***	0.001	0.016***	0.007	0.004	-0.060***	-0.111***	0.158***	-0.087***	0.237***	0.132***	-0.085***	-0.117***	-0.258***	1.000		
Cst	0.047***	-0.091***	-0.054***	-0.007	-0.063***	-0.010	-0.074***	-0.078***	0.020***	-0.362***	0.161***	-0.092***	-0.301***	-0.125***	0.094***	0.132***	-0.096***	1.000	
Brd	-0.012*	0.130***	0.178***	0.015***	0.185***	0.029***	0.092***	-0.118***	-0.136***	0.243***	-0.051***	0.108***	0.104***	0.025***	-0.185***	-0.208***	0.034***	-0.120***	1.000

注：①对角线下方为 Pearson 系数；②***、**和*分别代表在1%、5%和10%水平下显著，本章同。

外部环境不确定性与非效率投资相关性结果显示，行业竞争度（$Cmpt$）及行业景气波动性（$Boom$）与非效率投资（Inv）相关系数（0.020 和 0.031）显著为正，经济政策不确定性（Epu）与非效率投资（Inv）相关系数（-0.096）显著为负，初步证实外部环境不确定性对非效率投资产生一定影响。

高管风险偏好（Prf）与非效率投资（Inv）相关系数（-0.041）显著为负，初步表明高管风险偏好程度越大，其非效率投资越低。

（3）被解释变量与控制变量相关性分析

非效率投资（Inv）与公司规模（$Size$）、两职兼任（$Dual$）、管理层持股比例（Msh）和股权制衡度（Rst）不相关；与自由现金流（Fcf）、净资产收益率（Roe）及董事会规模（Brd）显著负相关；与公司年龄（Age）、财务杠杆（Lev）及代理成本（Cst）显著正相关。

5.5.3　薪酬外部公平性对非效率投资影响回归检验

为验证薪酬外部公平性对高管非效率投资影响，运用式（5-8）进行回归检验，结果如表 5-4 所示。回归结果显示，高管外部薪酬差距（Epg）回归系数（-0.254）在 1% 水平下显著为负，表明扩大高管外部薪酬差距可以有效抑制高管非效率投资行为，假设 5-1 得证。

表 5-4　　薪酬外部公平性对非效率投资影响回归结果

变量	回归系数	T 值
高管外部薪酬差距（Epg）	-0.254***	-3.414
公司规模（$Size$）	0.422***	4.221
自由现金流（Fcf）	-3.350***	-5.961
公司年龄（Age）	-0.484***	-3.238
财务杠杆（Lev）	2.718***	2.979

续表

变量	回归系数	T 值
净资产收益率（Roe）	3.647 ***	2.891
两职兼任（Dual）	0.224	1.216
管理层持股比例（Msh）	0.985	1.580
股权制衡度（Rst）	− 0.044 ***	− 2.925
代理成本（Cst）	7.283 ***	3.823
董事会规模（Brd）	− 1.649 ***	− 3.312
常数项（Con）	− 1.565	− 0.712
行业（Ind）	控制	
年份（Year）	控制	
观测值（N）	17235	
R²	0.048	
调整 R²	0.045	
F 值	8.511 ***	

5.5.4　董事网络中心度调节效应回归检验

为验证董事网络中心度对薪酬外部公平性与高管非效率投资关系调节作用，引入程度中心度（Ctr_dgr）、接近中心度（Ctr_cls）和中介中心度（Ctr_btw）三个董事网络中心度替代变量，运用模型（5－9）进行回归检验，结果如表5－5所示。

表5－5　　　　　　董事网络中心度调节效应回归结果

变量	程度中心度 (Ctr_dgr)		接近中心度 (Ctr_cls)		中介中心度 (Ctr_btw)	
	回归系数	T 值	回归系数	T 值	回归系数	T 值
高管外部薪酬差距（Epg）	− 0.403 ***	− 4.509	− 0.544 ***	− 4.726	− 0.392 ***	− 4.408

变量	程度中心度（Ctr_dgr）		接近中心度（Ctr_cls）		中介中心度（Ctr_btw）	
	回归系数	T 值	回归系数	T 值	回归系数	T 值
董事网络中心度（Ctr）	-0.478 **	-2.320	-0.485 **	-1.993	-0.617 ***	-2.926
交乘项（Epg × Ctr）	0.322 ***	2.757	0.385 ***	3.056	0.353 ***	2.935
公司规模（Size）	0.421 ***	4.279	0.420 ***	4.225	0.425 ***	4.344
自由现金流（Fcf）	-3.343 ***	-5.959	-3.381 ***	-6.011	-3.325 ***	-5.930
公司年龄（Age）	-0.486 ***	-3.258	-0.488 ***	-3.257	-0.486 ***	-3.249
财务杠杆（Lev）	2.709 ***	2.976	2.706 ***	2.968	2.701 ***	2.971
净资产收益率（Roe）	3.681 ***	2.908	3.654 ***	2.893	3.685 ***	2.910
两职兼任（Dual）	0.222	1.200	0.218	1.177	0.222	1.208
管理层持股比例（Msh）	0.980	1.575	0.997	1.598	0.974	1.565
股权制衡度（Rst）	-0.044 ***	-2.915	-0.044 ***	-2.920	-0.044 ***	-2.947
代理成本（Cst）	7.201 ***	3.793	7.277 ***	3.820	7.211 ***	3.799
董事会规模（Brd）	-1.641 ***	-3.286	-1.642 ***	-3.306	-1.622 ***	-3.248
常数项（Con）	-1.356	-0.638	-1.169	-0.539	-1.467	-0.700
行业（Ind）	控制		控制		控制	
年份（Year）	控制		控制		控制	
观测值（N）	17235		17235		17235	
R^2	0.048		0.048		0.048	
调整 R^2	0.045		0.045		0.045	
F 值	7.491 ***		7.463 ***		7.453 ***	

表 5-5 回归结果显示，高管外部薪酬差距（Epg）回归系数均在 1% 水平下显著为负，表明扩大外部薪酬差距可以有效抑制高管非效率投资行为，结论同前。交乘项（Epg × Ctr_dgr）、交乘项（Epg × Ctr_cls）及交乘项（Epg × Ctr_btw）回归系数分别为 0.322、0.385 和 0.353，且均通过 1% 显著性检验，表明程度中心度（Ctr_dgr）、接近中心度（Ctr_cls）和中介中心度（Ctr_btw）对高管外部薪酬差

距与非效率投资关系具有调节作用，Ctr_dgr、Ctr_cls 和 Ctr_btw 越高，高管外部薪酬差距对非效率投资的抑制作用越弱。即董事网络中心度弱化了高管外部薪酬差距对非效率投资的抑制作用，假设 5－2 得证。

5.5.5 外部环境不确定性调节效应回归检验

为验证外部环境不确定性对高管外部薪酬差距与非效率投资关系调节作用，以行业竞争度（$Cmpt$）中位数、行业景气波动性（$Boom$）和经济政策不确定性（Epu）均值为标准，将样本公司细分为高低两组，利用模型（5－8）进行回归检验，结果如表 5－6 所示。

观察表 5－6 左侧栏回归结果，发现行业竞争度较高组高管外部薪酬差距（Epg）回归系数（－0.338）在 1% 水平下显著，而行业竞争度较低组 Epg 回归系数（－0.186）仅通过 10% 显著性检验，表明行业竞争度较高时高管外部薪酬差距对非效率投资的抑制作用更强。观察表 5－6 中间栏回归结果，行业景气波动较高组高管外部薪酬差距（Epg）回归系数（－0.374）在 1% 水平下显著，而行业景气波动较低组 Epg 回归系数（－0.116）不显著，表明行业景气波动较高时高管外部薪酬差距对非效率投资的抑制作用更强。观察表 5－6 右侧栏回归结果，经济政策不确定性较高组高管外部薪酬差距（Epg）回归系数（－0.255）在 1% 水平下显著，而经济政策不确定性较低组 Epg 回归系数（－0.247）仅通过 10% 显著性检验，表明经济政策不确定性较高时高管外部薪酬差距对非效率投资的抑制作用更强。综合上述分析，外部环境不确定性强化了高管外部薪酬差距对非效率投资的抑制作用，假设 5－3 得证。

表 5 - 6　外部环境不确定性调节效应回归结果

变量	行业竞争度 (Cmpt)				行业景气波动性 (Boom)				经济政策不确定性 (Epu)			
	高竞争度		低竞争度		高波动性		低波动性		高不确定性		低不确定性	
	回归系数	T 值	回归系数	T 值	回归系数	T 值	回归系数	T 值	回归系数	T 值	回归系数	T 值
高管外部薪酬差距 (Epg)	-0.338***	-3.487	-0.186*	-1.767	-0.374***	-3.843	-0.116	-1.123	-0.255***	-2.872	-0.247*	-1.941
公司规模 ($Size$)	0.309***	3.291	0.578***	3.075	0.504***	3.254	0.374***	3.040	-0.131	-1.506	1.055***	5.672
自由现金流 (Fcf)	-3.303***	-5.403	-3.266***	-3.617	-2.244***	-2.889	-4.546***	-6.087	-2.997***	-5.142	-4.000***	-3.525
公司年龄 (Age)	-0.503***	-2.734	-0.463**	-2.113	-0.805***	-3.944	-0.127	-0.569	-0.507***	-3.309	-0.550**	-2.227
财务杠杆 (Lev)	2.447**	2.562	2.966*	1.885	5.064***	3.484	-0.034	-0.036	2.044***	3.510	3.535*	1.808
净资产收益率 (Roe)	3.378**	2.152	3.788**	1.898	6.374***	3.223	1.153	0.763	4.104***	2.123	3.826**	2.096
两职兼任 ($Dual$)	0.285	1.077	0.120	0.443	0.238	0.854	0.220	1.103	0.155	0.820	0.231	0.717
管理层持股比例 (Msh)	0.924	0.966	0.984	1.329	0.171	0.231	2.142*	1.952	0.219	0.431	1.815	1.580
股权制衡度 (Rst)	-0.031*	-1.667	-0.059**	-2.522	-0.049**	-2.506	-0.033	-1.573	-0.016	-1.109	-0.084**	-2.414
代理成本 (Cst)	7.024***	4.789	7.794***	2.002	10.843***	3.142	3.524**	2.421	4.456***	3.636	10.576***	2.395
董事会规模 (Brd)	-1.198**	-2.228	-2.196**	-2.531	-1.001*	-1.748	-2.304***	-2.840	-0.807*	-1.731	-2.615**	-2.727
常数项 (Con)	0.209	0.098	-4.107	-1.043	-5.450	-1.483	1.628	0.717	10.381***	5.263	-15.543***	-3.621
行业 (Ind)	控制		控制		控制		控制		控制		控制	
年份 ($Year$)	控制		控制		控制		控制		控制		控制	
观测值 (N)	9243		7992		9556		7679		9809		7426	
R^2	0.056		0.047		0.047		0.060		0.055		0.038	
调整 R^2	0.050		0.041		0.042		0.055		0.050		0.032	
F 值	8.711***		3.255***		4.194***		7.529***		8.370***		6.404***	

5.5.6 高管风险偏好中介效应回归检验

以高管风险偏好（Prf）为中介变量，首先利用模型（5-8）检验高管外部薪酬差距（Epg）对非效率投资（Inv）的抑制作用，已于上文得证。其次，利用模型（5-10）检验高管外部薪酬差距（Epg）对高管风险偏好（Prf）影响。最后，利用模型（5-11）检验高管外部薪酬差距（Epg）和高管风险偏好（Prf）对非效率投资（Inv）的共同影响。回归结果如表5-7所示。

表5-7　　　　　　　　　高管风险偏好中介效应回归结果

变量	模型（5-8）非效率投资（Inv）		模型（5-10）高管风险偏好（Prf）		模型（5-11）非效率投资（Inv）	
	回归系数	T值	回归系数	T值	回归系数	T值
高管外部薪酬差距（Epg）	-0.254***	-3.414	0.008***	2.750	-0.237***	-3.171
高管风险偏好（Prf）	—	—	—	—	-2.389***	-3.958
公司规模（Size）	0.422***	4.221	-0.035***	-11.664	0.338***	3.531
自由现金流（Fcf）	-3.350***	-5.961	-0.267***	-13.666	-3.989***	-6.401
公司年龄（Age）	-0.484***	-3.238	-0.013***	-2.714	-0.514***	-3.360
财务杠杆（Lev）	2.718***	2.979	0.104***	5.723	2.968***	3.222
净资产收益率（Roe）	3.647***	2.891	0.116***	2.925	3.924***	3.100
两职兼任（Dual）	0.224	1.216	-0.002	-0.359	0.219	1.195
管理层持股比例（Msh）	0.985	1.580	0.048***	2.728	1.100*	1.789
股权制衡度（Rst）	-0.044***	-2.925	-0.001	-1.420	-0.046***	-3.060
代理成本（Cst）	7.283***	3.823	-0.343***	-7.897	6.464***	3.572
董事会规模（Brd）	-1.649***	-3.312	-0.019	-1.364	-1.694***	-3.416
常数项（Con）	-1.565	-0.712	1.128***	16.941	1.129	0.554
行业（Ind）	控制		控制		控制	
年份（Year）	控制		控制		控制	

续表

变量	模型 (5-8)		模型 (5-10)		模型 (5-11)	
	非效率投资 (*Inv*)		高管风险偏好 (*Prf*)		非效率投资 (*Inv*)	
	回归系数	T 值	回归系数	T 值	回归系数	T 值
观测值 (*N*)	17235		17235		17235	
R^2	0.048		0.349		0.050	
调整后 R^2	0.045		0.347		0.047	
F 值	7.491 ***		40.202 ***		8.451 ***	

　　模型（5-10）回归结果显示，高管外部薪酬差距（*Epg*）回归系数（0.008）在 1% 水平下显著为正，高管外部薪酬差距对高管风险偏好（*Prf*）具有显著影响，*Epg* 越大，高管风险偏好程度越高。观察模型（5-11）回归结果，加入 *Prf* 后 *Epg* 回归系数（-0.237）和 T 值（-3.171）较基准回归模型（5-8）回归系数（-0.254）和 T 值（-3.414）均有所下降，且通过 1% 显著性检验，*Prf* 回归系数（-2.389）亦在 1% 水平下显著为负。上述结果表明，高管外部薪酬差距对非效率投资的直接效应和间接效应均显著，中介效应占比为 7.044%。此外，采用 Sobel 检验和 Bootstrap 抽样检验 1000 次，结果均支持高管风险偏好的中介传导效应。即扩大外部薪酬差距能够通过提升高管风险偏好水平抑制非效率投资，高管风险偏好中介传导效应存在。至此，假设 5-4 得证。

5.6　内生性与稳健性检验

5.6.1　内生性检验

（1）赫克曼（Heckman）两阶段法

上述研究表明扩大高管外部薪酬差距可抑制非效率投资，该结论基于正常上市公司样本，数据缺失和异常的上市公司以及未上市公司样本并未纳入研究范畴，可能存在样本自选择（样本选择非随机）问题，因此采用 Heckman 两阶段法来克服样本选择偏误。Ⅰ阶段 Probit 模型（5-12）中，哑变量 Epg_dum 为被解释变量，若 $Epg \geqslant 1$ 取值1，否则取值0。将计算所得逆米尔斯比（IMR）纳入Ⅱ阶段并使用模型（5-13）拟合，回归结果如表5-8所示。回归结果显示，高管外部薪酬差距（Epg）回归系数（-0.248）依然在1%水平下显著，表明控制选择性偏差后高管外部薪酬差距抑制非效率投资的研究结论依然稳健。

$$Epg\_dum_{i,t+1} = \alpha_0 + \alpha_1 Size_{i,t} + \alpha_2 Fcf_{i,t} + \alpha_3 Age_{i,t} + \alpha_4 Lev_{i,t}$$
$$+ \alpha_5 Roe_{i,t} + \alpha_6 Dual_{i,t} + \alpha_7 Msh_{i,t} + \alpha_8 Rst_{i,t}$$
$$+ \alpha_9 Cst_{i,t} + \alpha_{10} Brd_{i,t} + \sum Ind + \sum Year + \varepsilon_{i,t}$$
$$(5-12)$$

$$Inv_{i,t} = \alpha_0 + \alpha_1 Epg_{i,t-1} + \alpha_2 IMR_{i,t} + \alpha_3 Size_{i,t} + \alpha_4 Fcf_{i,t} + \alpha_5 Age_{i,t}$$
$$+ \alpha_6 Lev_{i,t} + \alpha_7 Roe_{i,t} + \alpha_8 Dual_{i,t} + \alpha_9 Msh_{i,t} + \alpha_{10} Rst_{i,t}$$
$$+ \alpha_{11} Cst_{i,t} + \alpha_{12} Brd_{i,t} + \sum Ind + \sum Year + \varepsilon_{i,t}$$
$$(5-13)$$

表5-8　　　　　　赫克曼（Heckman）两阶段法回归结果

变量	模型（5-12）		模型（5-13）	
	回归系数	T值	回归系数	T值
高管外部薪酬差距（Epg）	—	—	-0.248 ***	-3.383
逆米尔斯比（IMR）	—	—	-0.493	-0.560
公司规模（$Size$）	0.463 ***	21.403	0.295	1.112
自由现金流（Fcf）	0.281 **	2.023	-3.417 ***	-6.153
公司年龄（Age）	-0.014	-0.539	-0.479 ***	-3.178
财务杠杆（Lev）	-0.065	-0.539	2.725 ***	2.994

续表

变量	模型（5-12）		模型（5-13）	
	回归系数	T 值	回归系数	T 值
净资产收益率（Roe）	5.098 ***	15.382	2.032	0.599
两职兼任（Dual）	0.088 **	2.254	0.200	1.144
管理层持股比例（Msh）	-0.406 ***	-3.470	1.105 *	1.678
股权制衡度（Rst）	-0.022 ***	-4.899	-0.037 *	-1.930
代理成本（Cst）	1.257 ***	4.260	6.955 ***	3.155
董事会规模（Brd）	0.371 ***	3.408	-1.765 ***	-3.111
常数项（Con）	-10.770 ***	-21.897	1.938	0.266
行业（Ind）	控制		控制	
年份（Year）	控制		控制	
观测值（N）	17935		17235	
Pseudo R^2/R^2	0.126		0.048	
调整 R^2	—		0.045	
Wald χ^2/F 值	1.0e+03 ***		7.813 ***	

（2）工具变量法

高管外部薪酬差距可抑制非效率投资，而非效率投资可通过降低公司业绩间接影响高管薪酬，从而扩大或缩小高管外部薪酬差距。为避免二者之间存在反向因果关系，前文实证研究已对高管外部薪酬差距采用滞后一期处理。在此基础上，采用两阶段最小二乘法（2SLS）估计面板工具变量以克服偏误。2015 年 1 月 1 日，《中央管理企业负责人薪酬制度改革方案》（简称"限薪令"）正式实施，降低了国有公司高管薪酬和行业高管平均薪酬，使高管外部薪酬差距发生变化。由于高管行业薪酬均值与外部薪酬差距呈负相关关系，而行业平均薪酬与公司未来非效率投资无直接关系，因此借鉴吴晓晖等（2019）[73] 以及郭晓冬等（2020）[74] 的做法，以"限薪令"政策交乘高管行业薪酬均值作为工具变量，既满足高管外部薪酬差距（Epg）

相关性要求，又兼具国家政策冲击的良好外生性。模型（5-14）中，*Law* 为"限薪令"政策，2010～2014 年样本取值 0，2015～2019 年样本取值 1，*Ind_avepay* 为行业高管薪酬均值（剔除本公司）。采用两阶段最小二乘法（2SLS）估计面板工具变量，利用模型（5-14）和模型（5-8）进行回归检验，结果如表 5-9 所示。

$$Epg_{i,t} = \alpha_0 + \alpha_1 Law_{i,t} \times Ind\_avepay_{i,t} + \alpha_2 Size_{i,t} + \alpha_3 Fcf_{i,t}$$
$$+ \alpha_4 Age_{i,t} + \alpha_5 Lev_{i,t} + \alpha_6 Roe_{i,t} + \alpha_7 Dual_{i,t} + \alpha_8 Msh_{i,t}$$
$$+ \alpha_9 Rst_{i,t} + \alpha_{10} Cst_{i,t} + \alpha_{11} Brd_{i,t} + \sum Ind + \sum Year + \varepsilon_{i,t}$$
$$(5-14)$$

表 5-9 工具变量法回归检验结果

变量	模型（5-14）		模型（5-8）	
	回归系数	T 值	回归系数	T 值
高管外部薪酬差距（*Epg*）	—	—	-4.677*	-1.866
工具变量（*Law × Ind_avepay*）	-0.000***	-3.811	—	—
公司规模（*Size*）	0.395***	19.149	2.164**	2.201
自由现金流（*Fcf*）	0.391***	3.530	-1.489	-1.085
公司年龄（*Age*）	0.000	0.007	-0.511***	-2.748
财务杠杆（*Lev*）	0.011	0.143	2.164**	2.164
净资产收益率（*Roe*）	3.630***	14.228	14.337**	2.240
两职兼任（*Dual*）	0.122***	4.236	0.705**	2.170
管理层持股比例（*Msh*）	-0.280***	-3.826	-0.301	-0.338
股权制衡度（*Rst*）	-0.018***	-6.101	-0.124**	-2.467
代理成本（*Cst*）	1.302***	6.694	12.373***	3.469
董事会规模（*Brd*）	0.244***	2.986	-0.589	-0.728
常数项（*Con*）	-8.169***	-17.303	-39.887**	-1.996
行业（*Ind*）	控制		控制	
年份（*Year*）	控制		控制	
观测值（*N*）	17976		17235	

续表

变量	模型 （5－14）		模型 （5－8）	
	回归系数	T 值	回归系数	T 值
DWH 内生性检验	—		3.716 *	
Kleibergen-Paap rk LM 统计量	—		15.374 ***	
Kleibergen-Paap Wald rk F 统计量	—		15.593 ***	
Anderson-Rubin Wald 检验 χ^2 统计量	—		4.170 **	
Stock-Wright LM S χ^2 统计量	—		9.700 ***	
F 值/Wald χ^2	54.254 ***		1.1e+03 ***	

为验证工具变量选取合理性，分别进行如下检验。①内生性检验。DWH 检验结果在 10% 水平拒绝高管外部薪酬差距内生性原假设，说明高管外部薪酬差距影响是外生的。②不可识别检验。Kleibergen-Paap rk LM 统计量在 1% 水平拒绝工具变量识别不足原假设；工具变量（$Law \times Ind\_avepay$）回归系数在 1% 水平下显著，Anderson-Rubin Wald 检验 χ^2 值和 Stock-Wright LM S 统计量 χ^2 值分别在 5% 和 1% 水平拒绝内生性原假设，工具变量与高管外部薪酬差距具有较强相关性。③弱工具变量检验。Kleibergen-Paap rk Wald F 统计量高于 Stock-Yogo 弱工具变量检验 15%，显著性水平临界值 8.960，拒绝工具变量弱识别原假设。基于此，本章工具变量选取较为合理。Ⅱ阶段回归结果显示，高管外部薪酬差距（Epg）回归系数（－4.677）在 10% 水平下显著，表明运用工具变量估计后高管外部薪酬差距抑制非效率投资的研究结论依然成立。

5.6.2　稳健性检验

（1）公司—年份双维聚类回归检验

考虑面板数据可能存在时间序列自相关问题，参考梁上坤等

(2020)[75]的做法，采用公司—年份双维聚类回归以同时缓解组间和组内相关性，主效应回归结果如表 5 – 10 所示。高管外部薪酬差距（Epg）回归系数（– 0.254）仍通过 1% 显著性检验，高管外部薪酬差距抑制非效率投资的研究结论稳健。董事网络中心度和外部环境不确定性调节效应以及高管风险偏好中介效应稳健性检验结果如表 5 – 11 至表 5 – 13 所示。

表 5 – 10　　　　高管外部薪酬差距对非效率投资影响稳健性检验结果

变量	公司—年份双维聚类回归检验		控制行业与年份交互影响的固定效应检验	
	回归系数	T 值	回归系数	T 值
高管外部薪酬差距（Epg）	– 0.254 ***	– 3.431	– 0.228 ***	– 3.036
公司规模（$Size$）	0.422	1.458	0.413 ***	4.068
自由现金流（Fcf）	– 3.350 ***	– 5.528	– 3.296 ***	– 6.081
公司年龄（Age）	– 0.484 ***	– 3.152	– 0.497 ***	– 3.357
财务杠杆（Lev）	2.718 ***	5.310	2.530 ***	2.841
净资产收益率（Roe）	3.647 ***	3.821	2.945 **	2.314
两职兼任（$Dual$）	0.224	1.096	0.209	1.127
管理层持股比例（Msh）	0.985	1.123	0.926	1.537
股权制衡度（Rst）	– 0.044 **	– 2.310	– 0.044 ***	– 2.994
代理成本（Cst）	7.283 ***	4.871	6.883 ***	3.652
董事会规模（Brd）	– 1.649 *	– 1.709	– 1.669 ***	– 3.378
常数项（Con）	– 0.383	– 0.076	– 1.194	– 0.531
行业（Ind）	控制		控制	
年份（$Year$）	控制		控制	
行业 × 年份（$Ind × Year$）	不控制		控制	
观测值（N）	17235		17235	
R^2	0.048		0.076	
调整 R^2	0.045		0.053	
F 值	36.851 ***		8.768 ***	

表 5 – 11　　董事网络中心度调节效应稳健性检验结果

变量	程度中心度（Ctr_dgr）		接近中心度（Ctr_cls）		中介中心度（Ctr_btw）	
	回归系数	T 值	回归系数	T 值	回归系数	T 值
高管外部薪酬差距（Epg）	− 0.403 ***	− 4.553	− 0.544 ***	− 3.234	− 0.392 ***	− 3.825
董事网络中心度（Ctr）	− 0.478 **	− 2.511	− 0.485 *	− 1.835	− 0.617 ***	− 4.135
交乘项（Epg × Ctr）	0.322 ***	3.570	0.385 **	2.081	0.353 ***	3.056
公司规模（Size）	0.421	1.471	0.420	1.457	0.425	1.485
自由现金流（Fcf）	− 3.343 ***	− 5.495	− 3.381 ***	− 5.480	− 3.325 ***	− 5.455
公司年龄（Age）	− 0.486 ***	− 3.163	− 0.488 ***	− 3.180	− 0.486 ***	− 3.171
财务杠杆（Lev）	2.709 ***	5.330	2.706 ***	5.336	2.701 ***	5.338
净资产收益率（Roe）	3.681 ***	3.862	3.654 ***	3.834	3.685 ***	3.850
两职兼任（Dual）	0.222	1.077	0.218	1.050	0.222	1.077
管理层持股比例（Msh）	0.980	1.104	0.997	1.131	0.974	1.101
股权制衡度（Rst）	− 0.044 **	− 2.314	− 0.044 **	− 2.302	− 0.044 **	− 2.333
代理成本（Cst）	7.201 ***	4.798	7.277 ***	4.886	7.211 ***	4.828
董事会规模（Brd）	− 1.641 *	− 1.662	− 1.642 *	− 1.710	− 1.622	− 1.639
常数项（Con）	− 0.195	− 0.040	0.005	0.001	− 0.327	− 0.067
行业（Ind）	控制		控制		控制	
年份（Year）	控制		控制		控制	
观测值（N）	17235		17235		17235	
R^2	0.048		0.048		0.048	
调整 R^2	0.045		0.045		0.045	
F 值	35.948 ***		36.120 ***		35.877 ***	

表5-12 外部环境不确定性调节效应稳健性检验结果

变量	行业竞争度 (Cmpt) 高竞争度		低竞争度		行业景气波动性 (Boom) 高波动性		低波动性		经济政策不确定性 (Epu) 高不确定性		低不确定性	
	回归系数	T值	回归系数	T值	回归系数	T值	回归系数	T值	回归系数	T值	回归系数	T值
高管外部薪酬差距 (Epg)	-0.338***	-3.556	-0.186	-1.394	-0.374***	-4.386	-0.116	-1.106	-0.255**	-2.506	-0.247**	-2.178
公司规模 ($Size$)	0.309*	1.848	0.578	1.152	0.504*	1.884	0.374	1.134	-0.131	-1.301	1.055**	2.060
自由现金流 (Fcf)	-3.303***	-4.368	-3.266***	-5.060	-2.244***	-4.017	-4.546***	-4.708	-2.997***	-3.164	-4.000***	-3.507
公司年龄 (Age)	-0.503***	-3.465	-0.463**	-2.388	-0.805***	-5.396	-0.127	-0.516	-0.507***	-3.223	-0.550*	-1.701
财务杠杆 (Lev)	2.447**	2.350	2.966***	3.087	5.064***	5.924	-0.034	-0.046	2.044**	2.714	3.535***	8.239
净资产收益率 (Roe)	3.378*	1.828	3.788***	3.238	6.374***	4.234	1.153	0.911	4.104**	2.066	3.826***	4.378
两职兼任 ($Dual$)	0.285	1.242	0.120	0.267	0.238	0.897	0.220	0.796	0.155	0.855	0.231	0.508
管理层持股比例 (Msh)	0.924	0.818	0.984	1.402	0.171	0.213	2.142	1.536	0.219	0.403	1.815	0.987
股权制衡度 (Rst)	-0.031	-1.489	-0.059*	-2.014	-0.049*	-1.876	-0.033**	-2.237	-0.016	-1.014	-0.084**	-2.525
代理成本 (Cst)	7.024***	5.459	7.794***	2.607	10.843***	4.071	3.524***	4.020	4.456***	4.428	10.576***	3.793
董事会规模 (Brd)	-1.198**	-2.088	-2.196*	-1.245	-1.001*	-1.806	-2.304	-1.363	-0.807**	-2.239	-2.615*	-1.163
常数项 (Con)	2.146	0.525	-3.760	-0.491	-1.234	-0.188	2.513	0.610	10.275***	3.918	-16.407***	-2.015
行业 (Ind)	控制		控制		控制		控制		控制		控制	
年份 ($Year$)	控制		控制		控制		控制		控制		控制	
观测值 (N)	9243		7992		9556		7679		9809		7426	
R^2	0.056		0.047		0.047		0.060		0.055		0.038	
调整 R^2	0.050		0.041		0.042		0.055		0.050		0.032	
F值	23.819***		23.130***		22.838***		290.026***		210.042***		21.361***	

表 5 – 13　　　　　高管风险偏好中介效应稳健性检验结果

变量	模型（5 – 8）		模型（5 – 10）		模型（5 – 11）	
	非效率投资（Inv）		高管风险偏好（Prf）		非效率投资（Inv）	
	回归系数	T 值	回归系数	T 值	回归系数	T 值
高管外部薪酬差距（Epg）	− 0.254 ***	− 3.431	0.008 ***	2.968	− 0.237 ***	− 3.205
高管风险偏好（Prf）	—	—	—	—	− 2.389 ***	− 5.604
公司规模（Size）	0.422	1.458	− 0.035 ***	− 11.475	0.338	1.131
自由现金流（Fcf）	− 3.350 ***	− 5.528	− 0.267 ***	− 11.171	− 3.989 ***	− 6.741
公司年龄（Age）	− 0.484 ***	− 3.152	− 0.013 **	− 2.396	− 0.514 ***	− 3.291
财务杠杆（Lev）	2.718 ***	5.310	0.104 ***	4.832	2.968 ***	6.029
净资产收益率（Roe）	3.647 ***	3.821	0.116	1.545	3.924 ***	4.089
两职兼任（Dual）	0.224	1.096	− 0.002	− 0.329	0.219	1.070
管理层持股比例（Msh）	0.985	1.123	0.048 ***	2.922	1.100	1.249
股权制衡度（Rst）	− 0.044 **	− 2.310	− 0.001	− 1.363	− 0.046 **	− 2.413
代理成本（Cst）	7.283 ***	4.871	− 0.343 ***	− 6.451	6.464 ***	4.074
董事会规模（Brd）	− 1.649 *	− 1.709	− 0.019	− 1.475	− 1.694 *	− 1.763
常数项（Con）	− 0.383	− 0.076	0.894 ***	13.381	1.753	0.332
行业（Ind）	控制		控制		控制	
年份（Year）	控制		控制		控制	
观测值（N）	17235		17235		17235	
R^2	0.048		0.349		0.050	
调整后 R^2	0.045		0.347		0.047	
F 值	36.851 ***		232.967		36.453	

注：公司—年份双维聚类回归只有 T 值发生变化，回归系数不变。

（2）控制行业与年份交互影响的固定效应回归检验

鉴于样本时间跨度较大，宏观经济政策频繁波动以及周期性行业轮动等因素可能对不同行业公司投资环境、高管薪酬产生差异化影响，因此有必要考虑行业的年度变化趋势以避免回归偏误。参考何瑛等（2019）[76]的研究思路，采用控制年份与行业交互影响后的固定效应模型进行回归检验，主效应检验结果如表 5 – 10 所示。高管外部薪酬差距（Epg）回归系数（− 0.228）仍在 1% 水平下显著，表明在控制宏观经济政策、行业周期等因素或有影响后，高管外部薪酬差距抑制非效率投资的研究结论依然稳健。董事网络中心度和外部环境不确定性调节效应以及高管风险偏好中介效应稳健性检验结果如表5-14至表5-16所示。

表5-14　　　　董事网络中心度调节效应稳健性检验结果

变量	程度中心度 (Ctr_dgr)		接近中心度 (Ctr_cls)		中介中心度 (Ctr_btw)	
	回归系数	T值	回归系数	T值	回归系数	T值
高管外部薪酬差距 (Epg)	-0.370 ***	-4.282	-0.486 ***	-4.509	-0.358 ***	-4.178
董事网络中心度 (Ctr)	-0.421 **	-2.048	-0.450 **	-2.011	-0.602 ***	-2.864
交乘项 (Epg × Ctr)	0.305 ***	2.640	0.343 ***	2.843	0.336 ***	2.837
公司规模 (Size)	0.412 ***	4.127	0.412 ***	4.081	0.417 ***	4.198
自由现金流 (Fcf)	-3.287 ***	-6.078	-3.322 ***	-6.112	-3.267 ***	-6.051
公司年龄 (Age)	-0.499 ***	-3.374	-0.500 ***	-3.371	-0.499 ***	-3.365
财务杠杆 (Lev)	2.521 ***	2.839	2.519 ***	2.830	2.514 ***	2.833
净资产收益率 (Roe)	2.986 **	2.341	2.945 **	2.313	2.981 **	2.334
两职兼任 (Dual)	0.206	1.111	0.203	1.092	0.207	1.118
管理层持股比例 (Msh)	0.922	1.533	0.937	1.554	0.914	1.520
股权制衡度 (Rst)	-0.044 ***	-2.987	-0.044 ***	-2.991	-0.044 ***	-3.030
代理成本 (Cst)	6.808 ***	3.622	6.869 ***	3.647	6.818 ***	3.628
董事会规模 (Brd)	-1.670 ***	-3.351	-1.660 ***	-3.366	-1.637 ***	-3.293
常数项 (Con)	-0.972	-0.448	-0.841	-0.381	-1.127	-0.526
行业 (Ind)	控制		控制		控制	
年份 (Year)	控制		控制		控制	
行业 × 年份 (Ind × Year)	控制		控制		控制	
观测值 (N)	17235		17235		17235	
R²	0.076		0.076		0.076	
调整 R²	0.053		0.053		0.053	
F值	7.655		7.503		7.714	

表 5 – 15　　　　　　　高管风险偏好中介效应稳健性检验结果

变量	模型（5 – 8）		模型（5 – 10）		模型（5 – 11）	
	非效率投资（Inv）		高管风险偏好（Prf）		非效率投资（Inv）	
	回归系数	T 值	回归系数	T 值	回归系数	T 值
高 管 外 部 薪 酬 差 距（Epg）	– 0. 228 ***	– 3. 036	0. 008 ***	2. 909	– 0. 209 ***	– 2. 768
高管风险偏好（Prf）	—	—	—	—	– 2. 365 ***	– 3. 905
公司规模（Size）	0. 413 ***	4. 068	– 0. 036 ***	– 11. 818	0. 328 ***	3. 337
自由现金流（Fcf）	– 3. 296 ***	– 6. 081	– 0. 271 ***	– 13. 483	– 3. 937 ***	– 6. 601
公司年龄（Age）	– 0. 497 ***	– 3. 357	– 0. 013 ***	– 2. 689	– 0. 527 ***	– 3. 479
财务杠杆（Lev）	2. 530 ***	2. 841	0. 107 ***	5. 771	2. 783 ***	3. 101
净资产收益率（Roe）	2. 945 **	2. 314	0. 126 ***	3. 057	3. 242 **	2. 553
两职兼任（Dual）	0. 209	1. 127	– 0. 003	– 0. 465	0. 202	1. 098
管理层持股比例（Msh）	0. 926	1. 537	0. 045 **	2. 520	1. 032 *	1. 736
股权制衡度（Rst）	– 0. 044 ***	– 2. 994	– 0. 001	– 1. 258	– 0. 046 ***	– 3. 124
代理成本（Cst）	6. 883 ***	3. 652	– 0. 336 ***	– 7. 515	6. 089 ***	3. 366
董事会规模（Brd）	– 1. 669 ***	– 3. 378	– 0. 018	– 1. 307	– 1. 712 ***	– 3. 484
常数项（Con）	– 1. 194	– 0. 531	1. 148 ***	16. 927	1. 522	0. 722
行业（Ind）	控制		控制		控制	
年份（Year）	控制		控制		控制	
行 业 × 年 份（Ind × Year）	控制		控制		控制	
观测值（N）	17235		17235		17235	
R^2	0. 076		0. 363		0. 077	
调整后 R^2	0. 053		0. 347		0. 054	
F 值	8. 768 ***		38. 856		9. 043	

表 5—16　外部环境不确定性调节效应回归结果

变量	行业竞争度（Cmpt） 高竞争度 回归系数	高竞争度 T值	低竞争度 回归系数	低竞争度 T值	行业景气波动性（Boom） 高波动性 回归系数	高波动性 T值	低波动性 回归系数	低波动性 T值	经济政策不确定性（Epu） 高不确定性 回归系数	高不确定性 T值	低不确定性 回归系数	低不确定性 T值
高管外部薪酬差距（Epg）	-0.334***	-3.408	-0.157	-1.501	-0.346***	-3.655	-0.117	-1.093	-0.244***	-2.689	-0.215*	-1.788
公司规模（Size）	0.288***	3.087	0.585***	3.089	0.505***	3.219	0.370***	2.956	-0.133	-1.531	1.081***	5.829
自由现金流（Fcf）	-3.183***	-5.011	-3.141***	-3.707	-2.273***	-3.264	-4.215***	-5.443	-2.716***	-4.722	-4.154***	-3.774
公司年龄（Age）	-0.488***	-2.715	-0.518**	-2.373	-0.823***	-4.116	-0.143	-0.640	-0.478***	-3.083	-0.623***	-2.583
财务杠杆（Lev）	2.490**	2.574	2.627*	1.727	4.861***	3.426	-0.095	-0.100	2.017**	3.418	3.156*	1.660
净资产收益率（Roe）	2.902**	1.727	2.713	1.445	5.457***	2.780	0.210	0.133	3.668*	1.874	2.674	1.485
两职兼任（Dual）	0.253	0.977	0.137	0.507	0.199	0.709	0.243	1.189	0.143	0.751	0.230	0.694
管理层持股比例（Msh）	1.062	1.144	0.681	1.002	0.205	0.311	1.955*	1.741	0.144	0.284	1.717	1.517
股权制衡度（Rst）	-0.032*	-1.791	-0.060***	-2.668	-0.050***	-2.593	-0.037*	-1.782	-0.017	-1.163	-0.079**	-2.452
代理成本（Cst）	6.565***	4.395	6.993***	1.853	10.494***	3.063	3.112***	2.105	3.998***	3.280	10.616**	2.485
董事会规模（Brd）	-1.054*	-1.957	-2.238***	-2.646	-0.940	-1.637	-2.321***	-2.880	-0.836*	-1.770	-2.552***	-2.761
常数项（Con）	0.308	0.139	-3.797	-0.947	-5.429	-1.438	1.854	0.796	10.438***	5.274	-15.934***	-3.731
行业（Ind）	控制		控制		控制		控制		控制		控制	
年份（Year）	控制		控制		控制		控制		控制		控制	
行业×年份（Ind×Year）	控制		控制		控制		控制		控制		控制	
观测值（N）	9243		7992		9556		7679		9809		7426	
R²	0.074		0.083		0.085		0.070		0.069		0.067	
调整 R²	0.046		0.057		0.059		0.045		0.042		0.048	
F值	8.545		3.482		4.626		6.750		7.698		7.219	

5.7　结论与启示

本章以 2010~2019 年中国沪深 A 股上市公司为研究样本，实证检验高管薪酬外部公平性对非效率投资影响，并探索其调节机理和传导路径，发现如下三点结论：①扩大高管外部薪酬差距有助于抑制非效率投资；②董事网络中心度越高，高管外部薪酬差距对非效率投资的抑制作用越弱；外部环境不确定性越大，高管外部薪酬差距对非效率投资的抑制作用越强；③薪酬外部公平性影响高管风险偏好，从而对非效率投资产生抑制效应，即高管风险偏好在外部薪酬差距抑制非效率投资过程中具有中介传导效应。本章研究结论为公司治理实践及政府政策制定提供如下三点启示：

（1）灵活选择高管薪酬契约设计的行业参照基准

高管薪酬同业参照是客观存在的事实，但同业参照对象选择标准并非唯一。职业经理人薪酬多以市场价格作为参照基准，部分学者提出运用倾向得分匹配法确定配对样本，依据行业、规模、地区、产权性质等特征选择同类公司作为参照群体。目前，中国上市公司并未要求强制披露高管薪酬契约设计所参照的同群公司，高管薪酬参照对象选择与参照信息使用更具隐蔽性（孙园园和马忠，2018）[77]。本章研究显示扩大高管外部薪酬差距有助于抑制非效率投资，因此在兼顾公平的前提下尽量选择对高管有利的参照基准，为高管设计具有竞争性的优势薪酬契约。同时，借鉴国外高管薪酬管理经验，完善高管薪酬同业参照群体薪酬信息披露制度，全面披露高管薪酬结构、薪酬水平及其参照公司信息。全面信息披露可以发挥两方面作用。首先，便于股东和利益相关者了解高管薪酬信息，并可对其合理性进行审查，防止高管自我交易和自我激励，确保高管薪酬公平性。其次，高管薪酬及其参照对象薪酬信息披露是一项良好的公司治理标准和间接程序规制，确保高管薪酬决策程序的公平性。

（2） 充分发挥连锁董事监督治理作用

公司治理实践中，董事网络无处不在。居于网络中心的董事具有较高的社会声誉和影响力，具备较强的监督和议价能力，有能力和意愿对高管实施有效监管以维护自身声誉。此外，居于网络中心的董事拥有更为丰富的阅历和较为发达的关系网络，能够依据公司实际情况灵活选择高管薪酬同业参照基准，确定适宜的高管外部薪酬差距，从而抑制高管机会主义行为。聘请社会资源较多的董事建立丰富的关系资源网络，有助于董事会更好地对高管发挥监督治理作用，有效降低过度投资、缓解投资不足。借助网络中心度高的董事力量抑制非效率投资是一种更为经济的公司治理方式。

（3） 依据外部环境不确定性灵活调整高管外部薪酬差距

当行业竞争激剧、行业景气剧烈波动、经济政策变更频繁时，高管倾向于为谋取私利而进行过度投资，亦可能为规避风险而引发投资不足。此时给予高管高于行业平均水平的超额薪酬，可以扩大高管外部薪酬差距，有助于抑制高管非效率投资行为。当行业竞争度较小、行业景气波动较轻、经济政策比较稳定时，公司可依据"按劳分配、兼具公平和效率"原则设计高管薪酬契约，适当降低高管外部薪酬差距。公司应因时制宜、因势利导，根据经济环境变化适时调整高管外部薪酬差距。

本章研究存在如下两点局限：①采用模型残差绝对值衡量非效率投资，存在一定计量误差。残差法过于依赖模型设计和变量选择，适用于公司不存在系统性非效率投资情形，否则易产生系统性偏差（吕长江和张海平，2011）[16]。此外，该模型忽视了适度投资情况（陈运森和谢德仁，2011）[78]。②高管外部薪酬差距计量存在一定偏差。首先，将高管定义为狭义高级管理人员，董事、监事等同样具备管理决策职能的高级管理人员并未考虑在内。其次，高管外部薪酬差距计量仅考虑货币薪酬，忽略了股票、期权等权益薪酬以及在职消费等隐性薪酬。

本章参考文献

［1］张敏，吴联生，王亚平. 国有股权、公司业绩与投资行为 ［J］. 金融研究，2010（12）：115 - 130.

［2］方红星，金玉娜. 公司治理、内部控制与非效率投资：理论分析与经验证据 ［J］. 会计研究，2013（7）：63 - 69，97.

［3］陈效东，周嘉南，黄登仕. 高管人员股权激励与公司非效率投资：抑制或者加剧？［J］. 会计研究，2016（7）：42 - 49.

［4］侯巧铭，宋力，蒋亚朋. 管理者行为、企业生命周期与非效率投资 ［J］. 会计研究，2017（3）：61 - 67.

［5］窦炜，马莉莉，刘星. 控制权配置、权力制衡与公司非效率投资行为 ［J］. 管理评论，2016，28（12）：101 - 115.

［6］王嘉歆，黄国良. 高管个性特征、薪酬外部不公平性与非效率投资——基于妒忌心理视角的研究 ［J］. 山西财经大学学报，2016，38（6）：75 - 87.

［7］王嘉歆，黄国良，高燕燕. 薪酬外部不公平性与非效率投资——基于社会比较理论的解释和经验证据 ［J］. 财经论丛，2016（2）：63 - 71.

［8］Jensen M C. Agency costs of free cash flow, corporate finance and takeovers ［J］. American Economic Review，1986（2）：323 - 329.

［9］王茂林，何玉润，林慧婷. 管理层权力、现金股利与企业投资效率 ［J］. 南开管理评论，2014，17（2）：13 - 22.

［10］张会丽，陆正飞. 现金分布、公司治理与过度投资——基于我国上市公司及其子公司的现金持有状况的考察 ［J］. 管理世界，2012（3）：141 - 150，188.

［11］童盼，陆正飞. 负债融资、负债来源与企业投资行为——来自中国上市公司的经验证据 ［J］. 经济研究，2005（5）：75 - 84.

［12］张跃龙，谭跃，夏芳. 投资效率是被"债务融资"束缚了手

脚吗？［J］. 经济与管理研究，2011（2）：46－55.

［13］Bushman R M, Piotroski J D, Smith A J. Capital allocation and timely accounting recognition of economic losses［J］. Journal of Business Finance & Accounting, 2011, 38: 1－33.

［14］袁知柱，王家强，李军强. 会计信息透明度对企业投资效率的影响［J］. 东北大学学报（自然科学版），2012，33（9）：1357－1360.

［15］袁振超，饶品贵. 会计信息可比性与投资效率［J］. 会计研究，2018（6）：39－46.

［16］吕长江，张海平. 股权激励计划对公司投资行为的影响［J］. 管理世界，2011（11）：118－126.

［17］徐倩. 不确定性、股权激励与非效率投资［J］. 会计研究，2014（3）：41－48.

［18］汪健，卢煜，朱兆珍. 股权激励导致过度投资吗？［J］. 审计与经济研究，2013（5）：70－79.

［19］Johnson S, Porta R L. Tunneling［J］. American Economic Review, 2000, 90（2）：22－27.

［20］潘越，汤旭东，宁博，等. 连锁股东与企业投资效率：治理协同还是竞争合谋［J］. 中国工业经济，2020（2）：136－164.

［21］刘慧龙，吴联生，王亚平. 国有企业改制、董事会独立性与投资效率［J］. 金融研究，2012（9）：127－140.

［22］陈运森，谢德仁. 网络位置、独立董事治理与投资效率［J］. 管理世界，2011（7）：113－127.

［23］陈运森. 社会网络与企业效率：基于结构洞位置的证据［J］. 会计研究，2015（1）：48－55，97.

［24］武立东，江津，王凯. 董事会成员地位差异、环境不确定性与企业投资行为［J］. 管理科学，2016，29（2）：52－65.

［25］卢馨，张乐乐，李慧敏，等. 高管团队背景特征与投资效

率——基于高管激励的调节效应研究 [J]. 审计与经济研究, 2017, 32 (2): 66 - 77.

[26] 代昀昊, 孔东民. 高管海外经历是否能提升企业投资效率 [J]. 世界经济, 2017, 40 (1): 168 - 192.

[27] Goel A M, Thakor A V. Overconfidence, CEO selection, and corporate governance [J]. The Journal of Finance, 2008, 63 (6): 2737 - 2784.

[28] Gervais S, Heaton J B, Odean T. Overconfidence, compensation contracts and capital budgeting [J]. Journal of Finance, 2010, 66 (5): 1735 - 1777.

[29] 姚立杰, 陈雪颖, 周颖, 等. 管理层能力与投资效率 [J]. 会计研究, 2020 (4): 100 - 118.

[30] Habib A, Hasan M M. Managerial ability, investment efficiency and stock price crash risk [J]. Research in International Business & Finance, 2017, 42: 262 - 274.

[31] 孙晓华, 李明珊. 国有企业的过度投资及其效率损失 [J]. 中国工业经济, 2016 (10): 109 - 125.

[32] 何熙琼, 尹长萍, 毛洪涛. 产业政策对企业投资效率的影响及其作用机制研究——基于银行信贷的中介作用与市场竞争的调节作用 [J]. 南开管理评论, 2016, 19 (5): 161 - 170.

[33] 饶品贵, 岳衡, 姜国华. 经济政策不确定性与企业投资行为研究 [J]. 世界经济, 2017, 40 (2): 27 - 51.

[34] 陈信元, 靳庆鲁, 肖土盛, 等. 行业竞争、管理层投资决策与公司增长/清算期权价值 [J]. 经济学 (季刊), 2014, 13 (1): 305 - 332.

[35] 刘凤委, 李琦. 市场竞争、EVA 评价与企业过度投资 [J]. 会计研究, 2013 (2): 54 - 62.

[36] 祁怀锦, 邹燕. 高管薪酬外部公平性对代理人行为激励效应

的实证研究 [J]. 会计研究, 2014 (3): 26 - 32.

[37] 罗华伟, 宋侃, 干胜道. 高管薪酬外部公平性与企业绩效关联性研究——来自中国 A 股上市房地产公司的证据 [J]. 软科学, 2015, 29 (1): 6 - 10.

[38] 覃予, 靳毓. 经济波动、薪酬外部公平性与公司业绩 [J]. 中南财经政法大学学报, 2015 (3): 94 - 102.

[39] Core J E, Holthausen R W, Larcker D F. Corporate governance, chief executive officer compensation and firm performance [J]. Journal of Financial Economics, 1999, 51 (3): 371 - 406.

[40] 吴联生, 李景艺, 王亚平. 薪酬外部公平性、股权性质与公司业绩 [J]. 管理世界, 2010 (3): 117 - 126.

[41] 徐细雄, 谭瑾. 高管薪酬契约、参照点效应及其治理效果 [J]. 南开管理评论, 2014, 17 (4): 36 - 45.

[42] 孙世敏, 马智颖, 陈怡秀, 等. 薪酬外部公平性对在职消费及其经济效应的影响 [J]. 南大商学评论, 2017 (4): 98 - 121.

[43] 张兴亮, 夏成. 非 CEO 高管患寡还是患不均 [J]. 中国工业经济, 2016 (9): 144 - 160.

[44] 刘长进, 杨汉明. 论高管外部薪酬差距与投资效率的非线性关系 [J]. 财会月刊, 2019 (6): 35 - 45.

[45] Pyszczynski T, Greenberg J, Laprelle J. Social comparison after success and failure: biased search for information consistent with a self-serving conclusion [J]. Journal of Experimental Social Psychology, 1985, 21 (2): 195 - 211.

[46] Adams J. Towards an understanding of inequity [J]. Journal of Abnormal and Social Psychology, 1963, 67: 422 - 436.

[47] Fehr E, Schmidt K M. A Theory of fairness, competition and cooperation [J]. Quarterly Journal of Economics, 1999, 114 (3): 817 - 868.

［48］Fama E F, Jensen M C. Separation of ownership and control ［J］. Journal of Law and Economics, 1983 (2)：301 – 326.

［49］朱甜. 高管权力、外部薪酬差距与非效率投资——基于沪深 A 股非国有上市公司面板数据 ［J］. 商场现代化, 2019 (5)：94 – 97.

［50］Core J E, Larcker D F. Performance consequences of mandatory increases in executive stock ownership ［J］. Journal of Financial Economics, 2002, 64 (3)：317 – 340.

［51］黄海杰, 吕长江, 丁慧. 独立董事声誉与盈余质量——会计专业独董的视角 ［J］. 管理世界, 2016 (3)：128 – 143, 188.

［52］Shin H H, Stulz R M. Are internal capital markets efficient? ［J］. Quarterly Journal of Economics, 1998 (2)：531 – 552.

［53］徐倩. 不确定性、股权激励与非效率投资 ［J］. 会计研究, 2014 (3)：41 – 48, 95.

［54］陈武朝. 经济周期、行业景气度与盈余管理——来自中国上市公司的经验证据 ［J］. 审计研究, 2013 (5)：96 – 105.

［55］Brown P, R Ball. Some preliminary findings on the association between the earnings of a firm, its industry, and the economy ［J］. Journal of Accounting Research, 1967, 5 (3)：55 – 80.

［56］梁上坤, 李炬博, 陈玥. 公司董事联结与薪酬契约参照——中国情境下的分析框架和经验证据 ［J］. 中国工业经济, 2019 (6)：154 – 172.

［57］Jensen M C. The modern industrial revolution, exit and the failure of internal control systems ［J］. Journal of Finance, 1993, 48 (3)：831 – 880.

［58］Amihud Y, Lev B. Risk reduction as a managerial motive for conglomerate mergers ［J］. The Bell Journal of Economics, 1981, 12 (2)：605 – 617.

［59］Bloom N, Bond S, Reenen J V. Uncertainty and investment dynamics [J]. Review of Economic Studies, 2007, 74 (2): 391 –415.

[60] Baum C F, Caglayan M, Ozkan N, et al. The impact of macroeconomic uncertainty on non-financial firms' demand for liquidity [J]. Review of Financial Economics, 2006, 15 (1): 289 –304.

[61] Cole C R, Macpherson D A, Maroney P F, et al. The use of postloss financing of catastrophic Risk [J]. Risk Management & Insurance Review, 2011, 14 (2): 265 –298.

[62] 何威风, 刘巍, 黄凯莉. 管理者能力与企业风险承担 [J]. 中国软科学, 2016 (5): 107 –118.

[63] Hall B J, Murphy K J. The trouble with stock options [J]. NBER Working Papers, 2003, 17 (3): 49 –70.

[64] Ross S A. Compensation, incentives, and the duality of risk aversion and riskiness [J]. The Journal of Finance, 2005, 59 (1): 207 –225.

[65] Kahneman D, Tversky A. Prospect theory: an analysis of decision under risk [J]. Econometrica, 1979, 47 (2): 263 –291.

[66] Parrino R, Poteshman A M, Weisbach M S. Measuring investment distortions when risk-averse managers decide whether to undertake risky projects [J]. Financial Management, 2005, 34 (1): 21 –60.

[67] Grenadier S R, Wang N. Investment under uncertainty and time-inconsistent preferences [J]. Journal of Financial Economics, 2007, 84 (1): 2 –39.

[68] Bo H, Sterken E. Attitude towards risk, uncertainty, and fixed investment [J]. The North American Journal of Economics and Finance, 2007, 18 (1): 59 –75.

[69] 谢德仁, 陈运森. 董事网络: 定义、特征和计量 [J]. 会计研究, 2012 (3): 44 –51.

[70] 李凤羽, 史永东. 经济政策不确定性与企业现金持有策

略——基于中国经济政策不确定指数的实证研究 ［J］. 管理科学学报，2016，19（6）：157 – 170.

［71］龚光明，曾照存. 产权性质、公司特有风险与企业投资行为 ［J］. 中南财经政法大学学报，2014（1）：137 – 144.

［72］温忠麟，张雷，侯杰泰，等. 中介效应检验程序及其应用 ［J］. 心理学报，2004，36（5）：614 – 620.

［73］吴晓晖，郭晓冬，乔政. 机构投资者抱团与股价崩盘风险 ［J］. 中国工业经济，2019（2）：119 – 137.

［74］郭晓冬，王攀，吴晓晖. 机构投资者网络团体与公司非效率投资 ［J］. 世界经济，2020，43（4）：169 – 192.

［75］梁上坤，徐灿宇，王瑞华. 董事会断裂带与公司股价崩盘风险 ［J］. 中国工业经济，2020（3）：157 – 175.

［76］何瑛，于文蕾，杨棉之. CEO 复合型职业经历、企业风险承担与企业价值 ［J］. 中国工业经济，2019（9）：157 – 175.

［77］孙园园，马忠. 上市公司高管薪酬契约的双重参照效应研究——基于系族集团的视角 ［J］. 贵州财经大学学报，2018（3）：72 – 83.

［78］陈运森，谢德仁. 网络位置、独立董事治理与投资效率 ［J］. 管理世界，2011（7）：113 – 127.

第6章

薪酬外部公平性对高管盈余管理影响[*]

6.1 引　言

　　盈余管理是会计理论研究的重要内容，早期研究多以高管机会主义盈余操纵为主，近期在业绩考核制度和行业竞争等诸多因素影响下，盈余管理形式更加多样化（何威风等，2019[1]；温日光和汪剑锋，2018[2]），盈余平滑逐渐进入研究范畴。盈余平滑要求高管具有较高能力和素质，能够准确估计公司未来现金流走势、精准预判盈余调增或调减（Peter et al.，2017）[3]，因此比简单的上行与下行盈余操纵更具独特性。现有研究指出，盈余平滑有助于改善收益信息，符合决策有用性要求（Tucker and Zarowin，2006）[4]。盈余平滑动机较为复杂，如改善长期股价、降低解雇风险以及保护私人利益等（Goel and Thakor，2003[5]；Fudenberg and Tirole，1995[6]；Leuz et al.，2003[7]）。迎合行为假说和才能信号假说针对盈余平滑动机给出了两种截然不同的解释。依据迎合行为假说，高管可能为迎合股东和投资者盈余稳定性需求，以损害公司长远利益为代价进行盈余平滑。才能

---

　　[*] 盈余平滑是盈余管理的一种形式，具有机会主义和非机会主义双重动机，无法分开研究，故将其归为第二篇"薪酬外部公平性对高管机会主义行为影响研究"。

信号假说则认为，公司应给予高素质管理者更强薪酬激励，以激发其努力工作（Marinovic and Povel，2017）[8]。在超额薪酬激励下，高管凭借自身过硬的能力和素质，以提高公司价值为目标而进行盈余平滑。中国上市公司高管盈余平滑究竟是才能信号体现还是迎合行为，有待进一步验证。

部分研究发现盈余平滑与激励机制有关，实行盈余平滑公司给予高管更多奖励薪酬（Das et al.，2012）[9]，这种激励导向可能对薪酬外部公平性与盈余平滑关系给出合理解释。依据才能信号假说，高素质管理者获得了超过行业平均水平的超额薪酬（薪酬外部优势不公平），高强度激励下高管倾向于为提高公司价值而进行盈余平滑；低才能管理者薪酬低于外部参照对象（薪酬外部劣势不公平），货币薪酬激励不足和损失厌恶心理作用下，高管可能为谋取私利而选择机会主义盈余操纵。由此推测，不同薪酬外部公平状态下高管盈余操纵方向和目的可能存在差异。此外，薪酬外部优势不公平对盈余平滑的促进效应具有持久性还是短暂性？盈余平滑对未来盈余有何影响？上述问题至今尚无答案，需要深入探索。

本章学术贡献体现在以下四方面：①运用迎合行为假说和才能信号假说诠释高管盈余平滑动机，并通过实证检验证实上述假说，为理论研究提供新证据。②验证薪酬外部公平性对盈余操纵方向影响，发现薪酬外部优势不公平通过上行与下行盈余操纵而促进盈余平滑，薪酬外部劣势不公平诱发高管上行盈余操纵并抑制盈余平滑。③通过调节效应和中介效应检验证实超额薪酬激励下高管盈余平滑动机，发现经济政策不确定性削弱了薪酬外部优势不公平对盈余平滑的促进作用，且缩减长期投资支出是实现薪酬外部优势不公平促进盈余平滑的手段。该结论喻示在超额薪酬激励下高管盈余平滑行为并非才能体现，而属迎合之举。④拓展性研究发现，盈余平滑对薪酬外部优势不公平逆转十分敏感，而对薪酬外部劣势不公平逆转具有迟滞性，表明薪酬外部优势不公平对盈余平滑的促进效应具有形成缓慢、消失迅速特征。低水平盈余平滑更有助于改善未来业绩，高水平盈余平滑对未来业绩的促进效应递减迅速。

6.2 相关研究回顾

6.2.1 盈余管理动机与影响因素

盈余管理包括上行盈余操纵、下行盈余操纵和盈余平滑三种具体形式。盈余管理动机较为复杂，可能是高管为谋取私利而进行的机会主义盈余操纵（周晓苏等，2016）[10]，亦可能是高管为满足公司分红、配股及避亏需求而实施的非机会主义盈余操纵（孙艳阳，2012）[11]，也不排除高管为迎合投资者和股东意愿而进行盈余平滑（Tucker and Zarowin，2006）[4]。盈余管理动机决定其影响因素，目前理论界已对其进行了诸多研究。基于高管薪酬契约视角的研究发现，较高货币薪酬可以强化公司内部治理和外部监管，抑制高管机会主义盈余操纵（周晓苏等，2016）[10]；薪酬业绩敏感性越强，高管通过盈余管理操纵薪酬的动机越强烈（Bergstresser and Philippon，2006）[12]。基于公司治理角度的研究指出，具有会计从业背景的独立董事声誉对高管盈余管理行为具有较好治理作用，可以显著提高公司盈余质量（黄海杰等，2016）[13]；董事会结构对高管盈余平滑行为产生影响，外部董事较多公司高管盈余平滑意愿较弱（Liona，2010）[14]；独立董事话语权越高，高管盈余平滑程度越低（胡奕明和唐松莲，2008）[15]；非执行董事比例越高，高管盈余管理行为越弱（陆正飞和胡诗阳，2015）[16]。此外，梅世强和位豪强（2014）[17]研究发现，因现行业绩评价存在棘轮效应，致使高管不愿创造过高业绩，倾向于选择盈余平滑为未来获得有利契约预留空间。

6.2.2　高管薪酬公平性对盈余管理影响

目前，理论界对高管薪酬内部公平性计量主要采用薪酬差距法。缪毅和胡奕明（2016）[18]发现内部薪酬差距较大时，高管为证明自身高额薪酬合理性倾向于通过盈余管理进行薪酬辩护。杨志强和王华（2014）[19]的研究显示，高管内部薪酬差距与盈余管理存在正相关关系，股权集中度较高公司更显著。内部薪酬差距与盈余管理相关性受产权性质影响，国有公司正相关性更强（郭玲，2016）[20]。部分学者认为盈余管理是高管合作行为，扩大内部薪酬差距会破坏高管之间的协作关系，抑制盈余管理（李玉霞，2017）[21]。欧门实和罗娅恩（Omesh and Ryan，2012）[22]从高管团队层级角度进行研究，得出相反结论，高管团队内部薪酬差距较大时低层级高管在不公平心理感知驱使下会加强团队合作，通过盈余操纵增加自身薪酬。高管内部薪酬差距加剧了公司业绩波动程度，提高公司经营风险，从而导致盈余质量降低。

薪酬外部公平性研究起步较晚，相关文献较少。有关薪酬外部公平性对盈余管理影响，除了少量硕士学位论文对其进行初步尝试探索外，期刊文献只有寥寥几篇。胡倩倩（2013）[23]的研究指出，外部薪酬差距会使高管产生团队价值不被认可的消极心理感知，并导致盈余管理行为。唐翌铭（2014）[24]证实外部薪酬差距过大会诱发高管盈余管理行为，支持了胡倩倩（2013）[23]的研究结论。薪酬外部不公平为高管盈余操纵提供了动机与借口，因高管薪酬与公司盈余存在依赖性，故遭受薪酬不公平待遇的高管会通过盈余管理调整会计信息（郭敏，2019）[25]。薪酬外部不公平时高管为提高自我评价、改善自身处境和弱化不公平感受，有动机进行盈余操纵（玄文琪，2012）[26]。罗宏等（2016）[27]的研究指出，高管薪酬社会比较的攀比动机可能导致盈余操纵行为，比较结果差距越大，高管通过盈余管理提高自身薪酬的欲望越强。此外，宣杰等（2019）[28]发现高管薪酬外部公平性对真实盈余管理具有抑制作用，薪酬外部不公平程度越高，真实盈余管理程度越弱。

6.2.3 现有研究局限

现有文献针对薪酬公平性对盈余管理影响进行了部分研究，得出部分有价值的研究成果，可为后续研究提供借鉴和思考。但由于薪酬外部公平性研究刚刚起步，现有研究无论从深度还是广度上均存在诸多局限。

（1）盈余管理研究多集中于高管机会主义盈余操纵

盈余管理从具体形式上看包括上行盈余管理、下行盈余管理和盈余平滑，从行为动机上看包括机会主义盈余管理和非机会主义盈余管理。现有研究多从公司治理和薪酬契约视角研究高管机会主义盈余操纵，对盈余平滑研究不足。才能信号假说和迎合行为假说对高管盈余平滑行为给出了不同的理论解释，但缺乏经验证据支持。

（2）薪酬外部公平性对盈余管理影响研究十分薄弱

目前，理论界从薪酬契约、公司治理等诸多视角研究盈余管理影响因素，但有关薪酬外部公平性对盈余管理影响的文献非常有限，能够搜集到的少量文献大部分为硕士学位论文。从研究内容上看，现有研究侧重于薪酬外部公平性对盈余管理影响结果，对中间影响因素及传导机制缺乏深层次探索。除公司治理因素外，宏观经济环境、政策稳定性及中国制度性因素可能对薪酬外部公平性与盈余管理关系产生重要影响，这些调节因素对公司管理实践意义更加重大。此外，薪酬外部公平性对盈余管理影响是通过什么途径实现的，这是分辨盈余管理"才能信号"与"迎合动机"的关键所在。迄今为止，这些中介传导机制尚未清晰，需要深入探索。

6.3 理论分析与研究假设

6.3.1 薪酬外部公平性对盈余平滑影响

高管作为公司实际经营决策者，其能力直接影响公司经营成果和发展前景（Bonsall et al.，2017）[29]。依据才能信号假说，股东应为高素质管理者设计激励性更强的薪酬契约，以激发其潜能提升管理效率（Marinovic and Povel，2017）[8]。薪酬外部优势不公平时高管享有超过外部参照对象的额外薪酬，可将其视为股东对高管才能的认可与奖励。依据互惠偏好理论，公司给予高管超额薪酬是一种善意行为，高管为回报公司善意举措将努力经营为公司创造更多价值。盈余平滑是高管善意回报的举措之一，为维护公司近期和远期利益向投资者和其他利益相关者传递稳定经营信息。盈余平滑不仅可以吸引投资者、降低信贷风险（Jung et al.，2013）[30]，而且有助于提升收益预测精确度、维持长期供求关系（Graham et al.，2005[31]；Dou et al.，2013[32]），但要求高管具有较强的经营事项掌控能力、未来收益精确预测能力和环境突变应对能力（Demerjian et al.，2014）[33]，这些要求正是高管高素质的体现。

信息有限条件下投资者需要依赖收益稳定性判别公司盈利和发展前景，收益平稳向投资者传递的信号优于收益波动情况。格瑞汉姆等（Graham et al.，2005）[31]的调查显示，即使现金流稳定，依然有96.9%的 CFO 偏好收益平稳，因其不仅可以降低资本成本，还可吸引分析师进行收益预测。分析师预测结果具有权威性，更容易对投资者、债权人及其他利益相关者的决策产生影响（冉明东等，2016）[34]。依据迎合行为假说，高管具有较强盈余平滑动机迎合股东和财务报表使用者，吸引投资者支付更高股票溢价，同时也为自身优势薪酬寻找合理解释。此外，现有研究证明高管盈余平滑受薪酬激励导向影响，盈余平滑公司向高管分配更高奖金（Das et al.，2012）[9]，形成高管超额薪酬的一部分。当货币薪酬激励充分、组织认同感较强时，高管机会主义盈余操纵被抑制（张娟和黄志忠，2014[35]；周美华等，2018[36]），盈余平滑动机增强。

薪酬外部劣势不公平时高管遭受薪酬损失，从才能信号假说角度可以理解为董事会对其才能质疑而给予低水平激励。从互惠偏好角度分析，高管可能将公司给予的低报酬视为不善之举，作为回报高管会通过上行盈余操纵提升公司业绩以弥补正式合约遭受的损失。依据公平偏好理论，高管具有损失厌恶特征（贺京同和那艺，2015）[37]，薪酬外部劣势不公平可能诱发高管"报复性"行为，为恢复公平而采取机会主义上行盈余操纵。罗宏等（2016）[38]的研究表明，高管薪酬低于同行业可比公司高管薪酬越多，高管攀比动机越强，未来盈余操纵程度越大。薪酬外部劣势不公平导致的上行盈余操纵是高管机会主义行为表现，其后果必然破坏盈余平滑。

基于上述分析，提出假设6-1：

假设6-1：薪酬外部优势不公平促进盈余平滑；薪酬外部劣势不公平诱发上行盈余操纵抑制盈余平滑。

6.3.2 经济政策不确定性对薪酬外部优势不公平与盈余平滑关系调节效应

公司收益稳定性不仅取决于自身经营状况，还受宏观经济环境影响。2008年全球金融危机爆发后，各国政府为稳定经济发展颁布了多项宏观调控政策，对经济和市场进行多方面干预。经济政策频繁变动使经济主体难以准确预知政府决策动向，提高了上市公司外部环境风险（Grant et al.，2009）[39]。中国公司对政府政策敏感度较高，经济政策不确定性通过资金成本和资本边际收益率中介传导机制抑制上市公司投资行为（陈国进和王少谦，2016）[40]，冲击短期业绩并强化长期业绩（邓美薇，2019）[41]，即经济政策不确定性增加了公司收益波动风险。

　　依据才能信号假说，高管具有较高素质和盈余平滑技能，可能在高强度激励下为促进公司价值增长，以吸引投资者、降低信贷风险为目标而进行盈余平滑（Jung et al.，2013）[30]。经济政策不确定性导致公司收益波动性增大，为向利益相关者传递公司稳定经营信息，高管必须利用自身经验和技能估计市场动向、对公司盈余进行准确预判、并采取上行或下行业绩操纵稳定盈余，尽可能抑制经济政策不确定性对盈余平滑产生的冲击。由此推断，经济政策不确定性强化了薪酬外部优势不公平对盈余平滑的促进作用。

　　依据迎合行为假说，高管盈余平滑动机仅仅是为了迎合股东和财务报告使用者意愿（Tucker and Zarowin，2006）[4]，并非公司价值最大化。营造收益稳定假象只为博得董事会认可，为自身高额薪酬辩护。经济政策不确定环境下，盈余平滑对存有迎合动机的高管而言不再是一个最佳选择。首先，经济政策不确定性提高了公司收益波动性（邓美薇，2019）[41]，盈余平滑难度增加。其次，新政频繁施行需要高管和工作人员不断学习，利用会计政策选择和会计估计变更等手续实现盈余平滑的操纵成本更高。最后，经济政策不确定性为公司收益波动和高管高额薪酬合理性提供了辩护。由此推断，经济政策不确定性可能削弱薪酬外部优势不公平对盈余平滑的促进作用。

　　基于上述分析，依据才能信号假说和迎合行为假说提出假设 6 - 2a 和假设 6 - 2b：

　　假设 6 - 2a：薪酬外部优势不公平对盈余平滑的促进作用随着经济政策不确定性提高而增强。

　　假设 6 - 2b：薪酬外部优势不公平对盈余平滑的促进作用随着经济政策不确定性提高而减弱。

6.3.3 长期投资支出在薪酬外部优势不公平加剧盈余平滑过程中的中介传导效应

会计收益包括已实现经营现金流量的真实利润和未实现经营现金流量的应计利润。由于后者会计确认时间具有不确定性，公司经营现金流量波动较大时高管常常通过调整应计项目实现盈余平滑。基于才能信号假说，高管因具有较高素质和技能而享有超过行业参照基准的超额薪酬，并在高激励强度下为实现公司价值最大化而努力工作（Marinovic and Povel，2017）[8]。长期投资是公司未来价值的重要来源，高管为培育长久竞争力更倾向于增加长期投资（谢佩洪和汪春霞，2017）[42]。有效的长期投资决策会给公司带来盈利机会，有助于实现公司价值最大化，但同时也会增加公司未来收益的不确定性，提高盈余平滑难度。为了向投资者和财务报告使用者提供公司稳定经营信息，高管会利用各种手段进行盈余平滑。高管凭借自身敏锐洞察力对未来收益进行精准预判，在此基础上进行的盈余平滑将改善公司股价信息含量（Das et al.，2012）[9]，有助于吸引投资者，对公司长期投资支出具有显著促进作用（Pastor and Veronesi，2013）[43]。简言之，在超额薪酬激励下高管为实现公司价值最大化而进行长期投资，为削弱长期投资收益不确定性对盈余平滑的影响，高管会加大盈余平滑力度，即才能信号假说下薪酬外部优势不公平对盈余平滑的影响是一种积极影响，长期投资支出在薪酬外部优势不公平加剧盈余平滑过程中具有中介传导效应。

基于迎合行为假说，高管盈余平滑动机只是为了迎合股东和其他利益相关性需求，为其享有的高额薪酬进行辩护（Tucker and Zarowin，2006）[4]，未必真正实现价值增长。长期投资收益是一种预计收益，具有不确定性，会增加盈余平滑成本和难度。具有迎合动机的高管为降低盈余平滑难度，可能削减长期投资支出导致投资不足（Chen et al.，2007）[44]。此外，处置固定资产和长期投资可增加公司收益，有助于收益下滑时实现盈余平滑。简言之，迎合行为假说下高管盈余平滑是一种消极被动的迎合行为，薪酬外部优势不公平对盈余平滑的促进效应是通过缩减长期投资实现的，即长期投资支出在薪酬外部优势不公平加剧盈余平滑过程中具有中介遮掩效应。

基于上述分析，依据才能信号假说和迎合行为假说提出假设 6 - 3a 和假设 6 - 3b：

假设 6 - 3a：薪酬外部优势不公平对盈余平滑的促进效应是通过增加长期投资实现的。

假设 6 - 3b：薪酬外部优势不公平对盈余平滑的促进效应是通过缩减长期投资实现的。

6.4　研究设计

6.4.1　样本选取与数据来源

本章以 2010～2018 年中国沪深 A 股上市公司为研究对象，并对样本进行如下筛选（顾群等，2020）[45]：①剔除金融和保险类上市公司；②剔除 ST、＊ST、SST 和 PT 类公司；③剔除管理层薪酬为零的公司；④剔除观测数据缺失的公司；⑤剔除净利润为负值的公司。考虑薪酬外部公平性对高管行为决策影响的滞后性，回归模型中"薪酬外部优势（劣势）不公平"使用前一期数据。由于"盈余平滑"计量需使用未来三期数据，因此本章实证研究数据观测期间实为 2011～2016 年，最终得到 12440 个有效观测值。

本章实证研究数据来源如下："经济政策不确定性"数据来自芝加哥大学和斯坦福大学联合创建的网站（http：//www. policyuncertainty. com/china_monthly. html），其他数据全部来源于国泰安（CSMAR）数据库。为控制极端值影响，对所有连续变量进行前后 1% 的缩尾处理（林钟高等，2014）[46]。

6.4.2　变量选择与定义

（1）被解释变量

①盈余管理（*DA*）。借鉴大多数文献对盈余管理的计量方法，利用修正的琼斯（Jones）模型进行分行业分年度回归，得出可操控性应计利润（残差 ε），以其作为盈余管理替代变量。其中，*DA* > 0 代表上行盈余操纵，*DA* < 0 代表下行盈余操纵。

②盈余平滑（*Es*）。依据会计准则，收益确认以权责发生制为基础，盈余平滑必将导致净利润波动与经营现金流波动出现明显差异，即应计利润变化与经营现金流变化相关性降低。由于中国公司高管任期业绩考核多以三年为一个周期，故借鉴丹斯等（Das et al.，2012）[9] 的做法，用第 *t* 期至第 *t* + 2 期三期滚动计算的经营现金流标准差与净收益标准差的比率衡量盈余平滑程度。

（2）解释变量

本章解释变量为薪酬外部公平性（*ED*）。基于亚当斯公平理论，将样本公司高管薪酬和付出与同群公司进行比较以判断薪酬外部公平性。使用聚类（cluster）分析法，分年份将样本公司按照行业、地区、规模、产权性质和业绩进行聚类，得到特征相似的同群公司。以同群公司高管薪酬均值和公司业绩均值作为外部参照标准，按照式（6-1）计算薪酬外部公平性（*ED*）。以标准"1"作为公平分界点，将 *ED* > 1 界定为薪酬外部优势不公平，记为 *Eu*；*ED* < 1 界定为薪酬外部劣势不公平，记为 *Ed*；用 |*ED* - 1| 代表薪酬外部优势与劣势不公平程度。

$$\text{薪酬外部公平性（}ED\text{）} = \frac{\text{样本公司高管薪酬} \div \text{同群公司高管薪酬均值}}{\text{样本公司业绩} \div \text{同群公司业绩均值}}$$

$$(6-1)$$

（3）调节变量与中介变量

本章调节变量为经济政策不确定性（*Pu*）。借鉴李凤羽和史永东

（2016）[47]的做法，使用斯坦福大学和芝加哥大学联合发布的月度中国经济政策不确定性指数衡量经济政策不确定性。由于经济政策变更属于突发的外生因素，各月情况不尽相同，故选取当年经济政策不确定性指数最大值作为调节变量指标值。

本章中介变量为长期投资支出（Capx）。借鉴吴虹雁和奚婧（2020）[48]的做法，用现金流量表上"构建固定资产、无形资产和其他长期资产所支付的现金"与"处置固定资产、无形资产和其他长期资产而收回的现金"两个项目的差额衡量长期投资支出。考虑公司规模影响，用期初总资产对长期投资支出进行单位化处理。

（4）控制变量

为避免遗漏变量导致内生性，本章选取"资产负债率（Lev）""公司规模（Size）""账面市值比（Bm）""销售增长率（Sale）""股权集中度（Fsh）""董事会规模（Bod）""独立董事比例（Ddp）""产权性质（Soe）""两职兼任（Dual）""审计机构（Big4）""总资产回报率（Roa）""盈余管理柔性（Rec）""再融资行为（Ei）""避亏动机（Avl）"14 个控制变量，同时设置"行业（Ind）"和"年度（Year）"两个虚拟变量。

各变量名称、符号及计量方法如表 6 - 1 所示。

表 6 - 1　　　　　　　　变量名称、符号及计量方法

变量类型	变量名称	符号	变量计量方法
被解释变量	盈余平滑	Es	t 至 $t+2$ 期经营现金流标准差与净收益标准差的比值
	盈余管理	DA	利用修正 Jones 模型计算出的可操控性应计利润
解释变量	薪酬外部劣势不公平	Ed	$|ED-1|$（$ED<1$），ED 计算方法见式（6 - 1）
	薪酬外部优势不公平	Eu	$|ED-1|$（$ED>1$），ED 计算方法见式（6 - 1）

变量类型	变量名称	符号	变量计量方法
调节变量	经济政策不确定性	Pu	当年经济政策不确定性指数最大值
中介变量	长期投资支出	$Capx$	"构建固定资产、无形资产和其他长期资产支付的现金"与"处置固定资产、无形资产和其他长期资产收回的现金"差额/期初总资产
控制变量	资产负债率	Lev	期末负债总额占期末资产总额的比例
	公司规模	$Size$	期末资产总额的自然对数
	账面市值比	Bm	公司年末账面值与市值的比率
	销售增长率	$Sale$	(本期销售收入 – 上期销售收入)/上期销售收入
	股权集中度	Fsh	第一大股东持股数量占公司对外发行股份总量的比例
	董事会规模	Bod	董事会成员总人数
	独立董事比例	Ddp	独立董事人数占董事会总人数比例
	产权性质	Soe	国有公司取值1,非国有公司取值0
	两职兼任	$Dual$	董事长兼任总经理取值1,否则取值0
	审计机构	$Big4$	四大会计师事务所出具审计报告取值1,否则取值0
	总资产报酬率	Roa	净利润与期末总资产的比值
	盈余管理柔性	Rec	(存货 + 应收账款)/总资产
	再融资行为	Ei	当年有增资配股行为取值1,否则取值0
	避亏动机	Avl	净资产收益率(Roe)位于0~1%取值1,否则取值0
	行业	Ind	虚拟变量,样本所在行业取值1,否则取值0
	年度	$Year$	虚拟变量,样本所在年度取值1,否则取值0

6.4.3　模型建立

（1）薪酬外部公平性对盈余平滑影响回归模型

首先，为检验薪酬外部公平性对盈余管理方向（上行与下行）影响，借鉴陈德球和陈运森（2018）[49]以及陈国辉等（2018）[50]研究思路，构建式（6-2）回归模型。其中，$|DA|_{i,t}$代表第i个样本公司第t年盈余管理程度，$Ed_{i,t-1}/Eu_{i,t-1}$代表第i个样本公司第$t-1$年薪酬外部劣势/优势不公平，α_0为常数项；α_i（$i=1$，2，…，11）为各变量回归系数；$\varepsilon_{i,t}$为残差项。其他符号含义如表6-1所示。

$$
\begin{aligned}
|DA|_{i,t} = {}& \alpha_0 + \alpha_1 Ed_{i,t-1}/Eu_{i,t-1} + \alpha_2 Lev_{i,t} + \alpha_3 Size_{i,t} + \alpha_4 Bm_{i,t} \\
& + \alpha_5 Roa_{i,t} + \alpha_6 Rec_{i,t} + \alpha_7 Ei_{i,t} + \alpha_8 Avl_{i,t} + \alpha_9 Fsh_{i,t} \\
& + \alpha_{10} Soe_{i,t} + \alpha_{11} Big4_{i,t} + \sum Ind + \sum Year + \varepsilon_{i,t}
\end{aligned}
$$

$$(6-2)$$

其次，为进一步验证薪酬外部公平性对盈余平滑影响，建立式（6-3）回归模型。若α_1回归系数通过显著性检验，则证明薪酬外部优势（劣势）不公平会加剧或削弱盈余平滑行为。

$$
\begin{aligned}
Es_{i,t} = {}& \alpha_0 + \alpha_1 Ed_{i,t-1}/Eu_{i,t-1} + \alpha_2 Lev_{i,t} + \alpha_3 Size_{i,t} + \alpha_4 Bm_{i,t} \\
& + \alpha_5 Sale_{i,t} + \alpha_6 Fsh_{i,t} + \alpha_7 Bod_{i,t} + \alpha_8 Ddp_{i,t} + \alpha_9 Soe_{i,t} \\
& + \alpha_{10} Dual_{i,t} + \alpha_{11} Big4_{i,t} + \sum Ind + \sum Year + \varepsilon_{i,t}
\end{aligned}
$$

$$(6-3)$$

（2）经济政策不确定性调节效应回归模型

为验证经济政策不确定性是否会加剧或缓解薪酬外部优势不公平对盈余平滑影响，在模型（6-3）基础上引入"经济政策不确定性（Pu）"调节变量，建立式（6-4）回归模型。若α_3回归系数显著为正，则证明薪酬外部优势不公平加剧了盈余平滑行为，反之相反。

$$Es_{i,t} = \alpha_0 + \alpha_1 Eu_{i,t-1} + \alpha_2 Pu_{i,t} + \alpha_3 Eu_{i,t-1} \times Pu_{i,t} + \alpha_4 Lev_{i,t}$$
$$+ \alpha_5 Size_{i,t} + \alpha_6 Bm_{i,t} + \alpha_7 Sale_{i,t} + \alpha_8 Fsh_{i,t} + \alpha_9 Bod_{i,t}$$
$$+ \alpha_{10} Ddp_{i,t} + \alpha_{11} Soe_{i,t} + \alpha_{12} Dual_{i,t} + \alpha_{13} Big4_{i,t} + \sum Ind$$
$$+ \sum Year + \varepsilon_{i,t} \qquad (6-4)$$

（3） 长期投资支出中介传导效应回归模型

为检验长期投资支出（$Capx$）是否在薪酬外部优势不公平加剧盈余平滑过程中具有中介传导效应，在式（6-3）基础上再构建式（6-5）和式（6-6）回归模型，运用三式联合进行回归检验。

$$Capx_{i,t} = \alpha_0 + \alpha_1 Eu_{i,t-1} + \alpha_2 Lev_{i,t} + \alpha_3 Size_{i,t} + \alpha_4 Bm_{i,t}$$
$$+ \alpha_5 Sale_{i,t} + \alpha_6 Fsh_{i,t} + \alpha_7 Bod_{i,t} + \alpha_8 Ddp_{i,t}$$
$$+ \alpha_9 Soe_{i,t} + \alpha_{10} Dual_{i,t} + \alpha_{11} Big4_{i,t} + \sum Ind$$
$$+ \sum Year + \varepsilon_{i,t} \qquad (6-5)$$

$$Es_{i,t} = \alpha_0 + \alpha_1 Eu_{i,t-1} + \alpha_2 Capx_{i,t} + \alpha_3 Lev_{i,t} + \alpha_4 Size_{i,t} + \alpha_5 Bm_{i,t}$$
$$+ \alpha_6 Sale_{i,t} + \alpha_7 Fsh_{i,t} + \alpha_8 Bod_{i,t} + \alpha_9 Ddp_{i,t} + \alpha_{10} Soe_{i,t}$$
$$+ \alpha_{11} Dual_{i,t} + \alpha_{12} Big4_{i,t} + \sum Ind + \sum Year + \varepsilon_{i,t}$$
$$\qquad (6-6)$$

6.5 实证过程及结果分析

6.5.1 描述性统计分析

为展示各变量整体水平以及不同薪酬外部公平状态下差异性，此处区分全样本、薪酬外部优势不公平样本和薪酬外部劣势不公平样本，分别进行描述性统计，结果如表6-2所示。

表 6-2　各变量描述性统计结果

变量	全样本 (N=12440)				薪酬外部优势不公平 (N=6332)		薪酬外部劣势不公平 (N=6108)	
	最大值	最小值	均值	标准差	均值	标准差	均值	标准差
盈余平滑 (Es)	72.625	0.151	5.413	9.870	5.930	10.833	4.877	8.729
盈余管理 (DA)	0.524	-0.260	0.000	0.114	-0.022	0.113	0.036	0.114
薪酬外部劣势不公平 (Ed)	23.330	0.000	1.302	3.114	—	—	0.366	0.230
薪酬外部优势不公平 (Eu)	—	—	—	—	2.205	4.165	—	—
经济政策不确定性 (Pu)	165.238	129.546	147.776	13.607	147.638	13.672	147.919	13.539
长期投资支出 ($Capx$)	0.238	-0.032	0.051	0.051	0.048	0.049	0.055	0.052
资产负债率 (Lev)	0.937	0.044	0.422	0.211	0.457	0.214	0.386	0.202
公司规模 ($Size$)	27.191	19.420	22.096	1.291	22.112	1.296	22.080	1.286
账面市值比 (Bm)	1.090	0.112	0.589	0.240	0.601	0.242	0.577	0.239
销售增长率 ($Sale$)	4.310	-0.494	0.222	0.573	0.233	0.601	0.211	0.541
股权集中度 (Fsh)	0.751	0.086	0.356	0.151	0.342	0.149	0.371	0.152
董事会规模 (Bod)/人	15.000	5.000	8.785	1.726	8.870	1.797	8.698	1.645
独立董事比例 (Ddp)	0.571	0.313	0.372	0.053	0.371	0.053	0.372	0.053
产权性质 (Soe)	1.000	0.000	0.391	0.488	0.403	0.491	0.378	0.485
两职兼任 ($Dual$)	1.000	0.000	0.257	0.437	0.249	0.432	0.265	0.441
审计机构 ($Big4$)	1.000	0.000	0.056	0.231	0.059	0.235	0.054	0.225
总资产报酬率 (Roa)	0.206	0.001	0.048	0.039	0.052	0.032	0.060	0.041
盈余管理柔性 (Rec)	0.767	0.004	0.270	0.175	0.277	0.179	0.263	0.170
再融资行为 (Ei)	1.000	0.000	0.006	0.079	0.006	0.075	0.007	0.083
避亏动机 (Avl)	1.000	0.000	0.002	0.040	0.002	0.047	0.001	0.031

观察表 6 – 2 全样本统计结果，盈余平滑（Es）均值为 5.413，说明中国上市公司经营现金流波动程度高于净收益波动程度；最大值（72.625）与最小值（0.151）差距悬殊，标准差（9.870）较大，说明各公司盈余平滑程度存在差异，薪酬外部优势不公平样本组盈余平滑程度更高。薪酬外部优势不公平样本组盈余管理（DA）均值和中位数分别为 – 0.022 和 0.011，上行与下行盈余操纵并存，可能存在盈余平滑行为；薪酬外部劣势不公平样本组均值和中位数分别为 0.036 和 0.023，侧重上行盈余操纵。薪酬外部优势不公平（Eu）和薪酬外部劣势不公平（Ed）均值分别为 2.205 和 0.366，高管薪酬分配不公平现象普遍存在。经济政策不确定性（Pu）均值超过 147.000，政策稳定性亟待改善。长期投资支出（Cpax）最大值（0.238）和最小值（ – 0.032）相距悬殊，部分公司可能存在投资过度或投资不足问题；单位资产长期投资支出均值为 0.051，整体发展态势尚好。

6.5.2 相关性分析

各变量相关性分析结果如表 6 – 3 所示。盈余平滑（Es）是盈余管理（DA）的一种具体形式，二者相关系数 0.029 在 1% 水平下显著正相关。盈余平滑（Es）与薪酬外部公平性（ED）相关系数（0.053）通过 1% 显著性检验，表明高管盈余平滑行为受薪酬外部公平性影响。盈余平滑（Es）与经济政策不确定性（Pu）以及长期投资支出（Cpax）相关系数在 10% 和 1% 水平下显著为负，表明随着经济政策不确定性加剧及长期投资支出增加，高管盈余平滑行为减弱。

盈余管理（DA）与薪酬外部公平性（ED）相关系数为 0.068，且通过 1% 显著性检验，表明高管盈余管理行为受薪酬外部公平性影响，薪酬外部不公平程度越大，高管盈余操纵行为越甚。盈余管理（DA）与经济政策不确定性（Pu）在 1% 水平下显著负相关，高管盈余操纵行为随经济政策不确定性程度提升而减弱。

表 6-3

各变量相关性分析结果

变量	Es	DA	ED	Pu	Capx	Lev	Size	Sale	Fsh	Bod	Ddp	Soe	Dual	Roa	Rec	Ei	Ard	Bm	Big4
Es	1.000																		
DA	0.029***	1.000																	
ED	0.053***	0.068***	1.000																
Pu	-0.012*	-0.040*	-0.003	1.000															
Capx	-0.104***	0.008	-0.080***	0.029***	1.000														
Lev	0.185***	0.050***	0.150***	-0.010	-0.116***	1.000													
Size	0.073***	0.008	0.003	0.010	-0.056***	0.535***	1.000												
Sale	-0.031***	0.187***	0.047***	0.056***	0.011	0.055***	0.027**	1.000											
Fsh	0.035***	0.013	-0.086***	-0.006	0.022*	0.082***	0.244***	-0.012	1.000										
Bod	0.007	0.016*	0.020**	-0.002	0.053***	0.171***	0.290***	-0.052***	0.030***	1.000									
Ddp	0.007	-0.016*	0.007	-0.001	-0.022**	-0.015	0.026**	0.008	0.050***	-0.438***	1.000								
Soe	0.112***	0.003	0.026***	0.011	-0.100***	0.319***	0.370***	-0.077***	0.214***	0.273***	-0.057***	1.000							
Dual	-0.034***	-0.003	-0.023**	-0.006	0.087***	-0.168***	-0.193***	0.021*	-0.055***	-0.173***	0.098***	-0.291***	1.000						
Roa	-0.184***	0.141***	-0.250***	0.021*	0.107***	-0.383***	-0.123***	0.119***	0.065***	-0.034***	-0.009	-0.141***	0.058***	1.000					
Rec	0.182***	0.160***	-0.005	-0.026***	-0.276***	0.298***	0.022	0.047***	0.006	-0.088***	0.025**	-0.077***	0.033***	-0.130***	1.000				
Ei	-0.007	0.027***	-0.019**	0.011	0.027**	0.019**	0.035***	-0.009	0.008	0.025**	-0.014	0.030***	-0.007	-0.015*	0.005	1.000			
Ard	-0.006	-0.028***	0.016*	0.043***	-0.031***	0.053***	-0.022**	-0.012	-0.025**	-0.002	0.002	0.001	-0.010	0.002	-0.006	-0.003	1.000		
Bm	0.127***	0.090***	0.010	0.106***	0.068***	0.388***	0.548***	-0.012	0.206***	0.207***	-0.023**	0.243***	-0.116***	-0.312***	0.049***	0.017*	-0.030***	1.000	
Big4	-0.009	-0.040***	-0.017*	0.002	0.013	0.124***	0.386***	-0.033**	0.148***	0.120***	0.035***	0.154***	-0.079***	0.016*	-0.058***	-0.011	-0.010	0.185***	1.000

注：①对角线下方为 Pearson 系数；②***、** 和 * 分别代表在 1%、5% 和 10% 水平下显著，本章同。

长期投资支出（$Cpax$）与薪酬外部公平性（ED）相关系数（-0.080）通过1%显著性检验，薪酬外部不公平程度越大，长期投资支出越低。此外，长期投资支出（$Cpax$）与经济政策不确定性（Pu）在1%水平下显著正相关，表明随着经济政策不确定性加剧，长期投资支出增加。

上述结论初步证明高管盈余操纵（盈余平滑）行为与薪酬外部公平性（ED）及经济政策不确定性（Pu）有关，盈余平滑可能通过增加或缩减长期投资支出实现的。

6.5.3 薪酬外部公平性对盈余管理影响实证检验

（1）薪酬外部公平性对盈余管理方向性影响

盈余管理包括上行盈余操纵、下行盈余操纵和盈余平滑三种形式。为验证薪酬外部公平性对盈余管理方向性影响，将全样本按照盈余管理（DA）正负细分为上行盈余操纵（$DA > 0$）和下行盈余操纵（$DA < 0$）两组，并区分薪酬外部优势与劣势不公平两种情况，运用式（6 - 2）回归模型分别进行实证检验，结果如表6 - 4所示。左侧栏回归结果显示，上行盈余操纵（$DA > 0$）和下行盈余操纵（$DA < 0$）样本组薪酬外部优势不公平（Eu）回归系数分别为0.016和0.005，均通过1%或5%显著性检验，证明薪酬外部优势不公平既加剧上行盈余操纵，也促进下行盈余操纵，即薪酬外部优势不公平时高管可能通过上行和下行盈余操纵实现盈余平滑。右侧栏回归结果显示，薪酬外部劣势不公平（Ed）回归系数只有$DA > 0$样本组通过显著性检验，表明薪酬外部劣势不公平时高管倾向于通过上行盈余操纵提升公司业绩，以弥补正式契约遭受的损失。

表6-4 薪酬外部公平性对盈余管理方向性影响回归结果

变量	薪酬外部优势不公平 DA>0		薪酬外部优势不公平 DA<0		薪酬外部劣势不公平 DA>0		薪酬外部劣势不公平 DA<0	
	回归系数	T值	回归系数	T值	回归系数	T值	回归系数	T值
常数项	0.170***	4.198	0.237***	8.129	0.247***	6.738	0.274***	9.090
薪酬外部优势不公平（Eu）	0.016***	3.898	0.005**	2.038	—	—	—	—
薪酬外部劣势不公平（Ed）	—	—	—	—	0.024***	3.687	0.052	1.046
资产负债率（Lev）	0.008***	8.037	0.007***	9.767	0.001***	10.825	0.007***	9.344
公司规模（$Size$）	-0.065***	-3.186	-0.098***	-6.566	-0.009***	-5.058	-0.112***	-7.608
账面市值比（Bm）	0.467***	4.638	-0.116	-1.598	0.032***	3.435	0.032	0.437
股权集中度（Fsh）	0.000	0.545	0.003***	4.268	0.000***	-2.649	0.000	-0.619
总资产报酬率（Roa）	0.076***	14.775	0.007*	1.804	0.005***	10.444	0.007**	2.144
盈余管理柔性（Rec）	0.397***	3.867	-0.549***	-6.788	0.045***	4.298	-0.495***	-5.438
再融资行为（Ei）	0.299*	1.778	0.097	0.504	0.016	0.958	0.101	0.676
避亏动机（Avl）	0.790	1.246	0.255	1.613	0.118	1.318	0.148	0.628
产权性质（Soe）	-0.108***	-3.115	-0.042*	-1.696	-0.013***	-3.658	0.002	0.065
审计机构（$Big4$）	-0.149***	-2.065	0.094**	2.016	-0.019***	-2.544	0.139***	2.745
年份（$Year$）和行业（Ind）	控制		控制		控制		控制	
样本量	3532		2800		3829		2279	
R^2	0.181		0.154		0.172		0.157	
F值	24.659		15.983		25.118		13.458	

注：回归结果已剔除异方差影响，本章同。

179

（2） 薪酬外部公平性对盈余平滑影响

为进一步验证薪酬外部公平性对盈余平滑影响，区分薪酬外部优势与劣势不公平样本组，运用式（6-3）分别进行回归检验，结果如表6-5左侧两栏所示。薪酬外部优势不公平（Eu）回归系数（0.086）通过1%显著性检验，证明薪酬外部优势不公平促进高管盈余平滑行为。薪酬外部劣势不公平（Ed）与盈余平滑（Es）在1%水平下显著负相关，表明薪酬外部劣势不公平抑制高管盈余平滑行为。表6-4研究显示薪酬外部劣势不公平诱发高管上行盈余操纵，单纯上行盈余操纵必然破坏盈余平滑，与该结论吻合。

综合上述（1）和（2）研究结论，薪酬外部优势不公平促进盈余平滑，薪酬外部劣势不公平加剧高管机会主义上行盈余操纵，并对盈余平滑产生抑制作用，假设6-1得证。薪酬外部优势不公平对盈余平滑的促进作用不论从才能信号角度还是迎合行为角度，均得到合理解释和验证。至于高管盈余平滑动机究竟是高激励导向下的才能体现还是自利动机下的迎合行为，尚需进一步验证。

6.5.4 经济政策不确定性调节效应实证检验

为验证经济政策不确定性（Pu）对薪酬外部优势不公平与盈余平滑关系调节作用，运用式（6-4）进行回归检验。考虑经济政策不确定性影响的时滞性，此处将第t期和第$t+1$期经济政策不确定性均代入回归模型进行检验，并比较二期调节效应差异性。结果如表6-5右侧两栏所示。

表 6-5　薪酬外部公平性对盈余平滑影响及经济政策不确定性调节效应回归结果

变量	薪酬外部劣势不公平 式(6-3)		薪酬外部公平 式(6-3)		薪酬外部优势不公平 式(6-4)：经济政策不确定性调节作用			
					t 期		$t+1$ 期	
	回归系数	T 值	回归系数	T 值	回归系数	T 值	回归系数	T 值
常数项	16.690***	5.922	15.077***	4.121	15.011***	4.167	14.872***	4.119
薪酬外部劣势不公平 (Ed)	-1.390***	-2.964	—	—	—	—	—	—
薪酬外部优势不公平 (Eu)	—	—	0.086***	2.667	0.258***	3.352	0.289***	4.107
经济政策不确定性 (Pu)	—	—	—	—	0.001	-0.052	0.001	0.088
交乘项 ($Eu \times Pu$)	—	—	—	—	-0.001**	-2.460	-0.001***	-3.244
资产负债率 (Lev)	0.052***	7.639	0.056***	6.924	0.056***	6.838	0.055***	6.76
公司规模 ($Size$)	-0.685***	-5.144	-0.756***	-4.158	-0.755***	-4.155	-0.753***	-4.145
账面市值比 (Bm)	4.531***	7.212	3.802***	4.431	3.823***	4.457	3.840***	4.478
销售增长率 ($Sale$)	-0.007***	-3.525	-0.006***	-2.694	-0.006***	-2.756	-0.006***	-2.770
股权集中度 (Fsh)	0.001	0.153	0.017*	1.851	0.018*	1.898	0.018*	1.907
董事会规模 (Bod)	-0.077	-0.971	-0.100	-1.117	-0.098	-1.098	-0.097	-1.089
独立董事比例 (Ddp)	-0.013	-0.548	0.022	0.781	0.022	0.779	0.023	0.804
产权性质 (Soe)	1.268***	4.783	2.275***	7.166	2.271***	7.159	2.275***	7.171
两职兼任 ($Dual$)	-0.027	-0.105	0.440	1.375	0.425	1.329	0.433	1.352
审计机构 ($Big4$)	-0.67	-1.277	-1.121*	-1.811	-1.148*	-1.854	-1.177*	-1.902
年份($Year$)与行业(Ind)	控制		控制		控制		控制	
样本量	6108		6332		6332		6332	
R^2	0.099		0.074		0.075		0.076	
F 值	19.620		14.800		14.562		14.700	

第 t 期和第 $t+1$ 期薪酬外部优势不公平（Eu）回归系数均在 1% 水平下显著为正，说明薪酬外部优势不公平促进盈余平滑，结论同前。第 t 期和 $t+1$ 期交乘项（$EuPu$）回归系数均为 -0.001，分别通过 5% 和 1% 显著性检验，说明经济政策不确定性削弱了薪酬外部优势不公平对盈余平滑的促进作用，经济政策不确定性程度越高，薪酬外部优势不公平对盈余平滑的促进作用越弱。上述结论拒绝假设 6-2a，支持假设 6-2b，证明薪酬外部优势不公平对盈余平滑的促进效应不是高管才能体现，而是源于迎合心理，支持了迎合行为假说。相比之下，第 $t+1$ 期经济政策不确定性（Pu）对薪酬外部优势不公平与盈余平滑正相关关系的抑制作用更强，表明经济政策不确定性调节效应对后期影响更大。因盈余平滑仅是高管基于当前信息做出的迎合行为，其自身缺乏足够能力及时应对外部经济环境变化带来的经营风险，因此随着收益平滑难度增大，高管迎合动机减弱。

6.5.5 长期投资支出中介传导效应实证检验

为进一步验证薪酬外部优势不公平时高管盈余平滑动机，引进"长期投资支出"中介变量，运用式（6-3）、式（6-5）和式（6-6）进行回归检验。若盈余平滑是在增加长期投资支出前提下实现的，则证明超额薪酬激励下高管盈余平滑动机基于公司价值增长，是高管才能信号体现。反之，若盈余平滑是依赖缩减长期投资支出实现的，则盈余平滑只是一种迎合行为。实证检验结果如表 6-6 所示。

观察表 6-6 实证结果，式（6-3）中盈余平滑（Es）与薪酬外部优势不公平（Eu）在 1% 水平下显著正相关，证明薪酬外部优势不公平促进高管盈余平滑行为。式（6-5）回归结果显示，薪酬外部优势不公平（Eu）回归系数（-0.001）通过 1% 显著性检验，说明随着薪酬外部优势不公平程度提升，公司长期投资支出下降，即薪酬

表 6 - 6 长期投资支出中介效应检验回归结果

变量	式 (6-3) (因变量：Es)		式 (6-5) (因变量：Capx)		式 (6-6) (因变量：Es)	
	回归系数	T值	回归系数	T值	回归系数	T值
常数项	15.077***	4.121	0.004	0.264	15.133***	4.143
薪酬外部优势不公平 (Eu)	0.086***	2.667	-0.001***	-5.087	0.077**	2.374
长期投资支出 (Capx)	—	—			-13.202***	-4.575
资产负债率 (Lev)	0.056***	6.924	-0.001***	-3.471	0.055***	6.728
公司规模 (Size)	-0.756***	-4.158	0.002***	3.050	-0.724***	-3.985
账面市值比 (Bm)	3.802***	4.431	0.009**	2.289	3.915***	4.568
销售增长率 (Sale)	-0.006***	-2.694	0.002	1.574	-0.006***	-2.607
股权集中度 (Fsh)	0.017*	1.851	0.002	0.604	0.018*	1.889
董事会规模 (Bod)	-0.100	-1.117	0.002***	4.980	-0.074	-0.830
独立董事比例 (Ddp)	0.022	0.781	0.008	0.681	0.023	0.821
产权性质 (Soe)	2.275***	7.166	-0.011***	-8.156	2.126***	6.672
两职兼任 (Dual)	0.440	1.375	0.007***	5.148	0.535*	1.670
审计机构 (Big4)	-1.121*	-1.811	0.003	0.927	-1.088*	-1.760
年份 (Year) 和行业 (Ind)	控制		控制		控制	
样本量	6332		6332		6332	
R²	0.074		0.140		0.077	
F值	14.800		30.214		15.021	

外部优势不公平削弱了公司长期投资支出（*Capx*）。式（6-6）回归结果表明，盈余平滑（*Es*）与薪酬外部优势不公平（*Eu*）存在显著正相关关系，与长期投资支出（*Capx*）显著负相关。综合上述分析，薪酬外部优势不公平导致公司长期投资缩减，而长期投资支出降低有助于提高盈余平滑水平，即长期投资支出在薪酬外部优势不公平促进盈余平滑过程中具有中介遮掩效应，表明薪酬外部优势不公平对盈余平滑的促进效应是通过缩减长期投资支出实现的。上述结论拒绝假设6-3a，支持假设6-3b，证明薪酬外部优势不公平时高管盈余平滑具有迎合动机，验证了迎合行为假说。

6.6 拓展性研究

6.6.1 薪酬外部公平性逆转对盈余平滑影响

薪酬外部公平性源自社会比较，每个会计期间各公司高管薪酬与外部参照对象信息均有可能发生变化，薪酬外部公平性随时可能发生逆转。为考察薪酬外部公平性对盈余平滑影响是否具有持续稳定性，此处依据第 *t* 期薪酬外部公平状态存续与否，将第 *t*-1 期薪酬外部优势与劣势不公平样本细分为"不公平状态存续"和"不公平状态逆转"两组，并将第 *t* 期"薪酬外部优势（劣势）不公平"作为自变量代入式（6-3），回归结果如表6-7所示。

观察表6-7左侧栏薪酬外部优势不公平样本组回归结果，"不公平状态持续"样本组薪酬外部公平性回归系数（0.151）通过1%显著性检验，表明薪酬外部优势不公平促进盈余平滑研究结论稳定。"不公平状态逆转"样本组薪酬外部公平性回归系数（-3.161）在1%水平下显著，表明薪酬外部劣势不公平抑制盈余平滑。对比"不公平状态持续"与"不公平状态逆转"两组样本研究结论，发现盈

表6-7　薪酬外部公平性逆转对盈余平滑影响回归结果

变量	薪酬外部优势不公平				薪酬外部劣势不公平			
	薪酬外部状态持续		不公平状态逆转		薪酬外部状态持续		不公平状态逆转	
	回归系数	T值	回归系数	T值	回归系数	T值	回归系数	T值
常数项	14.062***	3.234	19.979***	2.989	16.128***	5.177	11.806*	1.921
薪酬外部公平性 (Eu/Ed)	0.151***	4.555	-3.161***	-2.855	-1.435***	-2.710	0.064	0.915
资产负债率 (Lev)	0.063***	6.484	0.031**	2.164	0.054***	6.689	0.040***	2.931
公司规模 (Size)	-0.717***	-3.290	-0.878***	-2.713	-0.679***	-4.654	-0.398	-1.334
账面市值比 (Bm)	2.186**	2.100	7.242***	4.870	5.054***	7.278	2.006	1.466
销售增长率 (Sale)	-0.005	-1.512	-0.002	-0.754	-0.005**	-2.335	-0.010**	-2.004
股权集中度 (Fsh)	0.023**	2.015	0.005	0.306	-0.008	-0.957	0.022	1.368
董事会规模 (Bod)	-0.062	-0.582	-0.271*	-1.680	-0.073	-0.808	-0.08	-0.502
独立董事比例 (Ddp)	0.032	0.950	-0.006	-0.130	-0.007	-0.258	-0.018	-0.372
产权性质 (Soe)	2.476***	6.528	1.585***	2.793	1.263***	4.269	1.471***	2.716
两职兼任 (Dual)	0.536	1.404	-0.023	-0.040	-0.175	-0.605	0.267	0.508
审计机构 (Big4)	-1.797**	-2.471	1.456	1.240	-0.948*	-1.668	-0.09	-0.079
年份 (Year)	控制		控制		控制		控制	
行业 (Ind)	控制		控制		控制		控制	
样本量	4677		1655		4189		1919	
R^2	0.084		0.086		0.117		0.084	
F值	12.448		4.497		16.237		5.226	

余平滑对薪酬外部公平状态十分敏感。薪酬外部优势不公平状态一旦逆转，盈余平滑随即消失。

观察表6-7右侧栏薪酬外部劣势不公平样本组回归结果，"不公平状态持续"样本组薪酬外部公平性回归系数（-1.435）通过1%显著性检验，薪酬外部劣势不公平抑制盈余平滑，结论同前。"不公平状态逆转"样本组薪酬外部公平性回归系数（0.064）没有通过显著性检验，表明薪酬外部劣势不公平逆转对盈余平滑无明显促进作用。该结论表明薪酬外部优势不公平对盈余平滑的促进作用不是一蹴而就的，有一个由量变到质变的发展过程。

综合上述分析，盈余平滑对薪酬外部优势不公平逆转十分敏感，而对薪酬外部劣势不公平逆转具有迟滞性，表明薪酬外部优势不公平对盈余平滑的促进效应具有形成缓慢、消失迅速的特征。该结论从另一侧面反映高管盈余平滑的迎合动机，一旦失去薪酬优势地位，迎合行为便失去意义。

6.6.2 薪酬外部公平性对盈余平滑影响的经济后果

薪酬外部优势不公平促进盈余平滑，虽然有助于吸引投资者、降低高管薪酬风险，但盈余平滑会导致公司盈余中包含更多操纵成分，可能提高未来收益风险。为考察薪酬外部优势不公平对盈余平滑影响的经济后果，此处引入"未来盈余（Pro）"虚拟变量（Roa为正取值1，否则取值0），建立式（6-7）回归模型，依据盈余平滑中位数将其细分为"高盈余平滑组"和"低盈余平滑组"，分别进行实证检验，结果如表6-8所示。

$$
\begin{aligned}
Pro_{i,t} = {}& \alpha_0 + \alpha_1 Es_{i,t-1}/Es_{i,t-2} + \alpha_2 Lev_{i,t} + \alpha_3 Size_{i,t} + \alpha_4 Bm_{i,t} \\
& + \alpha_5 Sale_{i,t} + \alpha_6 Fsh_{i,t} + \alpha_7 Bod_{i,t} + \alpha_8 Ddp_{i,t} + \alpha_9 Soe_{i,t} \\
& + \alpha_{10} Dual_{i,t} + \alpha_{11} Big4_{i,t} + \sum Ind + \sum Year + \varepsilon_{i,t}
\end{aligned}
$$

$$(6-7)$$

表 6 - 8　薪酬外部优势不公平对盈余平滑影响的经济后果检验结果

变量	第 t - 1 期盈余平滑对第 t 期盈余影响				第 t - 2 期盈余平滑对第 t 期盈余影响			
	Es 低组		Es 高组		Es 低组		Es 高组	
	回归系数	Z 值	回归系数	Z 值	回归系数	Z 值	回归系数	Z 值
常数项	-7.967***	-8.635	-4.064***	-3.369	-8.317***	-8.283	-5.235***	-3.961
盈余平滑（Es）	0.425***	7.432	0.021***	4.264	0.491***	8.019	0.007*	1.939
资产负债率（Lev）	-0.026***	-14.206	-0.019***	-7.274	-0.028***	-14.234	-0.018***	-6.535
公司规模（Size）	0.434***	9.424	0.340***	5.508	0.538***	10.590	0.404***	5.971
账面市值比（Bm）	-0.953***	-4.506	-0.501*	-1.720	-1.302***	-5.547	-0.529*	-1.687
销售增长率（Sale）	1.106***	10.273	0.105	1.020	0.718***	8.091	-0.006	-0.069
股权集中度（Fsh）	0.007***	2.905	-0.001	-0.172	-0.001	-0.205	-0.002	-0.592
董事会规模（Bod）	0.027	1.285	-0.028	-0.953	-0.034	-1.488	-0.052*	-1.814
独立董事比例（Ddp）	-0.009	-1.405	-0.006	-0.741	-0.022***	-3.039	-0.012	-1.306
产权性质（Soe）	-0.217***	-2.904	-0.142	-1.487	-0.079	-0.978	-0.067	-0.668
两职兼任（Dual）	0.093	1.196	0.022	0.214	0.073	0.863	0.151	1.339
审计机构（Big4）	-0.328**	-2.307	-0.116	-0.585	-0.149	-1.013	0.018	0.073
年份（Year）	控制		控制		控制		控制	
行业（Ind）	控制		控制		控制		控制	
样本量	2520		2658		2053		2044	
Pseudo R²	0.238		0.105		0.230		0.104	
LR chi2	659.311		128.030		546.114		113.617	
Es 系数组间差异检验	chi2 = 45.260，P 值 = 0.000				chi2 = 64.291，P 值 = 0.000			

注：表中数据为 Probit 回归结果。

表 6 - 8 结果显示，四组样本盈余平滑（Es）与未来盈余（Pro）均存在显著正相关关系，说明盈余平滑有助于提高未来盈余，符合盈余平滑行为的内在逻辑。相比之下，盈余平滑较高组 Es 回归系数显著低于盈余平滑较低组，且组间差异通过显著性检验，证明较低水平盈余平滑更有利于未来业绩提升。对比第 $t-1$ 期和第 $t-2$ 期盈余平滑对第 t 期盈余影响，发现盈余平滑较低组两组样本 Es 回归系数没有明显差异，而盈余平滑较高组第 $t-2$ 期盈余平滑对第 t 期盈余影响（Es 回归系数显著性）明显减弱。该结论表明低水平盈余平滑更有助于稳定提升未来业绩，高水平盈余平滑对未来业绩提升的促进效应快速递减。

6.7 稳健性检验

稳健性检验结果如表 6 - 9 所示。

本章从如下三方面进行稳健性检验：①增加对被解释变量可能产生影响的控制变量。薪酬外部不公平可能改变高管工作效率，影响其对公司业绩走向的准确判断并对盈余平滑产生影响。为剔除上述因素干扰，在回归模型中增加"业绩预测能力（Aby）"控制变量，将公司实际净利润增长率与业绩预告比对，结果符合取值 1，否则取值 0。表 6 - 9 Panel A 结果显示，控制高管业绩预测能力后，关键变量回归结果并未发生显著变化。②改变薪酬外部公平性计量方法。借鉴吴联生等（2010）[51] 的研究思路，用残差法计量薪酬外部公平性，重新进行实证检验，结果如表 6 - 9 中 Panel B 所示，关键变量回归系数符号和显著性未发生明显变化。③更换样本公司。盈余平滑需要前期财务基础，由于新上市公司薪酬制度和经营管理模式尚未成熟，故剔除上市年限不足 3 年的公司样本，重新检验后关键变量回归结果依然显著，详情如表 6 - 9 中 Panel C 所示。

表 6 - 9　　稳健性检验结果

Panel A: 增加控制变量

变量	薪酬外部优势不公平				薪酬外部劣势不公平			
	式 (6 - 3)		式 (6 - 4)		式 (6 - 6)		式 (6 - 3)	
	回归系数	T 值	回归系数	T 值	回归系数	T 值	回归系数	T 值
薪酬外部公平性（Eu/Ed）	0.057**	1.965	0.066**	2.230	0.050*	1.727	-0.904*	-1.881
经济政策不确定性（Pu）			-0.007***	-2.870				
交乘项（Eu×Pu）			-0.001*	-1.690				
长期投资支出（Capx）					-13.536***	-4.486		
业绩预测能力（Aby）	0.144	0.503	0.148	0.526	0.224	0.793	-0.008**	-0.035
样本量	5362		5362		5362		4593	
R²	0.054		0.054		0.057		0.052	
F 值	10.236		10.012		10.567		8.934	

Panel B: 改变薪酬外部公平性计量方法

变量	薪酬外部优势不公平				薪酬外部劣势不公平			
	式 (6 - 3)		式 (6 - 4)		式 (6 - 6)		式 (6 - 3)	
	回归系数	T 值	回归系数	T 值	回归系数	T 值	回归系数	T 值
薪酬外部公平性（Eu/Ed）	0.884***	2.603	0.905***	2.660	0.833**	2.450	-0.983***	-2.994
经济政策不确定性（Pu）			-0.003	-1.450				
交乘项（Eu×Pu）			-0.009**	-2.330				

续表

Panel B: 改变薪酬外部公平性计量方法

变量	薪酬外部优势不公平				薪酬外部劣势不公平			
	式(6-3)		式(6-4)		式(6-6)		式(6-3)	
	回归系数	T值	回归系数	T值	回归系数	T值	回归系数	T值
长期投资支出($Capx$)					-9.212***	-3.470		-1.970
样本量	6238		6238		6238		6468	
R^2	0.071		0.072		0.073		0.082	
F值	15.967		15.653		15.879		18.956	

Panel C: 更换样本公司

变量	薪酬外部优势不公平				薪酬外部劣势不公平			
	式(6-3)		式(6-4)		式(6-6)		式(6-3)	
	回归系数	T值	回归系数	T值	回归系数	T值	回归系数	T值
薪酬外部公平性(Eu/Ed)	0.108***	2.680	0.105***	2.620	0.101**	2.520	-1.347**	-1.970
经济政策不确定性(Pu)			-0.006*	-1.910				
交乘项($Eu \times Pu$)			-0.001**	-2.460				
长期投资支出($Capx$)					-18.040***	-4.190		
样本量	4024		4024		4024		3339	
R^2	0.060		0.615		0.064		0.102	
F值	9.072		8.996		0.064		12.819	

6.8　结论与启示

本章以 2010~2018 年中国沪深 A 股上市公司为研究对象,基于才能信号假说和迎合行为假说诠释薪酬外部公平性对盈余平滑影响、经济政策不确定性调节效应以及长期投资中介传导效应,并加以验证。研究发现如下三点结论:①薪酬外部优势不公平促进盈余平滑,薪酬外部劣势不公平诱发高管上行盈余操纵并抑制盈余平滑。②经济政策不确定性抑制薪酬外部优势不公平对盈余平滑的促进作用,且薪酬外部优势不公平对盈余平滑的促进作用是通过缩减长期投资实现的,喻示超额薪酬激励下高管盈余平滑行为并非才能体现,而属迎合之举。③薪酬外部优势不公平对盈余平滑的促进效用具有形成缓慢、消失迅速的特征,低水平盈余平滑更有助于稳定提升未来业绩,高水平盈余平滑改善未来业绩的效用快速递减。本章研究结论对投资者和公司管理实践具有如下几点启示:

(1) 避免出现高管过度激励现象

最优薪酬契约是对高管激励效应最强的薪酬契约,而不是薪酬最高的薪酬契约。中国公司高管薪酬管理实践中,“天价薪酬”现象时有发生,薪酬激励不足与薪酬激励过度并存。依据才能信号假说,公司应给予高素质管理者较强薪酬激励以激发其努力工作 (Marinovic and Povel,2017)[8]。该假说实质上是鼓励公司对高管实施过度激励政策,认为超额薪酬激励会促进高管发挥自身过硬的能力和素质、通过正确决策提高公司价值。现实工作中,高管过度激励能否带来应有效果是值得商榷的,现有研究结论大多持否定意见。本章研究结论显示,高管薪酬外部优势不公平虽然促进盈余平滑,但经济政策不确定性削弱上述促进效应,且缩减长期投资支出是实现上述促进效应的手段,表明超额薪酬激励下高管盈余平滑属于迎合行为。高管过度激励未必产生效应,保持薪酬公平性可能更具现实意义。高管薪酬契约设计应注重市场化导向，保持高管薪酬与人力资本价值一致性。过度激励未必实现经营高效率，较高薪酬满意度反而容易滋生懈怠情绪。

（2）盈余平滑程度不宜过高

盈余平滑是公司常用的业绩操控手段，虽然可以满足股东和投资者期望、提高财务信息决策有用性，但盈余平滑毕竟是通过上行与下行双重盈余操纵实现的，可能增加未来收益风险。若未来亏损打破公司现有的盈余平滑模式，很可能导致投资者信任危机，使公司面临更大风险。此外，低水平盈余平滑更有助于稳定未来业绩，高水平盈余平滑对未来业绩的改善效用快速递减。公司应将盈余平滑控制在可控范围内。

（3）加强高管心理导向和行为动机疏导

现有研究显示，超额薪酬激励下高管盈余平滑动机更多基于自身收益稳定性，并非公司价值最大化。薪酬外部优势不公平对盈余平滑的促进效用以缩减长期投资支出为代价，可能给公司未来发展带来严重损伤。董事会在关注盈余稳定性的同时，更应重视高管盈余平滑动机疏导，倡导以公司价值最大化为目标的盈余平滑，抑制迎合动机盈余平滑。

（4）谨慎看待财务报告盈余信息

投资者应审慎看待财务报告披露的盈余信息，持久平稳未必是好事，平滑处理后的盈余所能代表的未来收益信息极其有限。简单依据盈余推断公司发展前景是片面的，只有综合考虑各层面财务与非财务信息才能更好地分析公司价值。

本章参考文献

［1］何威风，陈莉萍，刘巍．业绩考核制度会影响企业盈余管理行为吗［J］．南开管理评论，2019，22（1）：17-30.

［2］温日光，汪剑锋．上市公司会因行业竞争压力上调公司盈余吗［J］．南开管理评论，2018，21（1）：182-190，215.

［3］ Peter D, Melissa L W, Sarah M. How does intentional earnings smoothing vary with managerial ability? ［J］. Journal of Accounting, Auditing & Finance, 2017: 0148558X1774840.

［4］ Tucker J, Zarowin P. Does income smoothing improve earnings informativeness? ［J］. The Accounting Review, 2006, 81 (1): 251 – 270.

［5］ Goel A M, Thakor A V. Why do firms smooth earnings? ［J］. Journal of Business 2003, 76 (1): 151 – 192.

［6］ Fudenberg D, Tirole J. A theory of income and dividend smoothing based on incum bency rents ［J］. Journal of Political Economy, 1995, 103 (1): 75 – 93.

［7］ Leuz C, Nanda D, Wysocki P D. Earnings management and investor protection: An international comparison ［J］. Journal of Financial Economics, 2003, 69 (3): 505 – 527.

［8］ Marinovic I, Povel P. Competition for talent under performance manipulation ［J］. Journal of Accounting and Economics, 2017, 64 (1): 1 – 14.

［9］ Das S, Hong K P, Kim K. Earnings smoothing, cash flow volatility and CEO cash bonus ［J］. SSRN Electronic Journal, 2012.

［10］ 周晓苏, 陈沉, 王磊. 高管薪酬激励与机会主义效应的盈余管理——基于会计稳健性视角的经验证据 ［J］. 山西财经大学学报, 2016, 38 (2): 88 – 99.

［11］ 孙艳阳. 上市公司盈余管理: 动机·手段·对策 ［J］. 财会通讯, 2012 (23): 26 – 28.

［12］ Bergstresser D, Philippon T. CEO incentives and earnings management ［J］. Social Science Electronic Publishing, 2006, 80 (3): 511 – 529.

［13］ 黄海杰, 吕长江, 丁慧. 独立董事声誉与盈余质量——会计专业独董的视角 ［J］. 管理世界, 2016 (3): 128 – 143.

［14］Liona L. Corporate governance and income smoothing propensity ［J］. Quantitative Analysis of Finance and Accounting，2010，8：251 – 288.

［15］胡奕明，唐松莲. 独立董事与上市公司盈余信息质量［J］. 管理世界，2008（9）：149 – 160.

［16］陆正飞，胡诗阳. 股东—经理代理冲突与非执行董事的治理作用［J］. 管理世界，2015（1）：129 – 138.

［17］梅世强，位豪强. 棘轮效应与盈余管理关系研究［J］. 科研管理，2014，35（8）：101 – 109.

［18］缪毅，胡奕明. 内部收入差距、辩护动机与高管薪酬辩护［J］. 南开管理评论，2016（2）：32 – 41.

［19］杨志强，王华. 公司内部薪酬差距、股权集中度与盈余管理行为——基于高管团队内和高管与员工之间薪酬的比较分析［J］. 会计研究，2014（6）：57 – 65，97.

［20］郭玲. 高管内部薪酬差距与盈余管理的实证研究［D］. 北京：首都经济贸易大学，2016.

［21］李玉霞. 高管薪酬差距、内部控制和盈余管理——基于公平感知度的经验证据［J］. 财会通讯，2017（3）：69 – 74.

［22］Omesh K，Ryan W. Tournament incentives，firm risk and corporate policies ［J］. Journal of Financial Economics，2012，103（2）：350 – 376.

［23］胡倩倩. 盈余管理行为研究的新视角：基于高管薪酬公平性角度［J］. 商业会计，2013（15）：98 – 100.

［24］唐翌铭. 我国上市公司高管薪酬差距对盈余管理影响研究［D］. 成都：西南财经大学，2014.

［25］郭敏. 高管薪酬外部不公平性对企业盈余管理的影响研究［D］. 济南：山东大学，2019.

［26］玄文琪. 薪酬公平性视角下的公司治理研究——以盈余管理

行为为例 [J]. 财政监督, 2012 (23): 23 –24.

[27] 罗宏, 曾永良, 宛玲羽. 薪酬攀比、盈余管理与高管薪酬操纵 [J]. 南开管理评论, 2016, 19 (2): 19 –31, 74.

[28] 宣杰, 甘海维, 尹思源, 等. 高管薪酬外部公平性对真实盈余管理的影响研究 [J]. 财会通讯, 2019 (2): 9 –12.

[29] Bonsall S B, Holzman E, Miller B P. Managerial ability and credit risk assessment [J]. Management Science, 2017, 63 (5): 1425 –1449.

[30] Jung B, Soderstrom N, Yang Y S. Earnings smoothing activities of firms to manage credit ratings [J]. Contemporary Accounting Research, 2013, 30 (2): 645 –676.

[31] Graham J R, Harvey C R, Rajgopal S. The economic implications of corporate financial reporting [J]. Journal of Accounting and Economics, 2005, 40 (3): 3 –73.

[32] Dou Y W, Hope O K, Thomas W B. Relationship-specificity, contract enforceability and income smoothing [J]. The Accounting Review, 2013, 88 (5): 1629 –1656.

[33] Demerjian P R, Lewiswestern M F, Mcvay S E. Earnings smoothing: For good or evil? [J]. Social Science Electronic Publishing, 2014: 0148558X1774840.

[34] 冉明东, 王成龙, 贺跃. 审计质量、会计准则变更与管理层迎合分析师预测 [J]. 审计研究, 2016 (5): 63 –72, 112.

[35] 张娟, 黄志忠. 高管报酬、机会主义盈余管理和审计费用——基于盈余管理异质性的视角 [J]. 南开管理评论, 2014, 17 (3): 74 –83, 93.

[36] 周美华, 林斌, 罗劲博, 等. CEO 组织认同能抑制盈余管理吗——来自中国上市公司调查问卷的证据 [J]. 南开管理评论, 2018, 21 (4): 93 –108.

［37］贺京同，那艺. 行为经济学：选择、互动与宏观行为［M］. 北京：中国人民大学出版社，2015.

［38］罗宏，曾永良，宛玲羽. 薪酬攀比、盈余管理与高管薪酬操纵［J］. 南开管理评论，2016，19（2）：19 - 31，74.

［39］Grant J，Markarian G，Parbonetti A. CEO risk-related incentives and earnings smoothing［J］. Contemporary Accounting Research，2009，26：1029 - 1065.

［40］陈国进，王少谦. 经济政策不确定性如何影响企业投资行为［J］. 财贸经济，2016（5）：5 - 21.

［41］邓美薇. 经济政策不确定性对企业绩效的影响——来自中国非金融类上市公司的经验证据［J］. 工业技术经济，2019（2）：97 - 106.

［42］谢佩洪，汪春霞. 管理层权力、企业生命周期与投资效率——基于中国制造业上市公司的经验研究［J］. 南开管理评论，2017，20（1）：57 - 66.

［43］Pastor L，Veronesi P. Political uncertainty and risk premia［J］. Journal of Financial Economics，2013，110（3）：520 - 545.

［44］Chen Q，Goldstein I，Jiang W. Price informativeness and investment sensitivity to stock price［J］. The Review of Financial Studies，2007，20（3）：619 - 650.

［45］顾群，王文文，李敏. 经济政策不确定性、机构投资者持股和企业研发投入——基于研发异质性视角［J］. 软科学，2020，34（2）：21 - 26.

［46］林钟高，郑军，彭琳. 关系型交易、盈余管理与盈余反应——基于主要供应商和客户视角的经验证据［J］. 审计与经济研究，2014（2）：47 - 57.

［47］李凤羽，史永东. 经济政策不确定性与企业现金持有策略——基于中国经济政策不确定指数的实证研究［J］. 管理科学学报，

2016，19（6）：157－170.

[48] 吴虹雁，奚婧. 高管薪酬激励、在职消费与企业过度投资——基于不同市场环境的分析视角 [J]. 财会通讯，2020（14）：33－37.

[49] 陈德球，陈运森. 政策不确定性与上市公司盈余管理 [J]. 经济研究，2018，53（6）：97－111.

[50] 陈国辉，关旭，王军法. 企业社会责任能抑制盈余管理吗？——基于应规披露与自愿披露的经验研究 [J]. 会计研究，2018（3）：19－26.

[51] 吴联生，林景艺，王亚平. 薪酬外部公平性、股权性质与公司业绩 [J]. 管理世界，2010（3）：117－126，188.

第三篇
薪酬外部公平性对高管薪酬契约影响研究

第7章

薪酬外部公平性对高管薪酬粘性影响

7.1 引　　言

委托代理理论认为高管薪酬应与公司业绩保持高度相关性，但现实工作中高管薪酬业绩敏感性并非很强，薪酬粘性现象普遍存在。目前，理论界对高管薪酬粘性进行了部分研究，主要着眼于薪酬粘性存在性及其影响因素，大多数文献认为薪酬粘性是公司治理不善引起的代理问题，需要通过内外部监管加以遏制。中国制度背景下上述结论未必正确，薪酬管制导致高管货币薪酬激励不足，可能引发新的薪酬分配不公平问题。依据社会比较理论，高管薪酬社会比较处于劣势地位时将会产生不满情绪，并引发消极怠工和其他机会主义行为。为提高薪酬激励效应，抑制高管权力寻租或吸引和保留优质高管，公司很可能实施高管薪酬保护政策，业绩下滑时削弱薪酬业绩敏感性以免高管薪酬再遭削减，从而加剧薪酬粘性特征。薪酬外部优势不公平时高管享有较高超额薪酬，处于过度激励状态，公司很可能为恢复公平而在业绩下滑时保持较高薪酬业绩敏感度，从而缓解了薪酬粘性特征。由此推测，高管薪酬粘性并非单纯管理漏洞，很可能是公司为调节薪酬分配公平性及薪酬管制影响而给予的替代性补偿激励机制。

高管薪酬是一种不可完全替代的重要激励机制，也是高管受聘于公司的重要考量因素。高管薪酬包括显性薪酬和隐性薪酬，二者具有一定替代性。在职消费由于其隐蔽性和不易追踪性，常常成为显性货币薪酬激励不足的替代性补偿手段。薪酬外部劣势不公平会导致高管薪酬结构发生变化，隐性薪酬比例适度提升可在一定程度上缓解薪酬外部劣势不公平状况，从而对薪酬粘性产生抑制作用。有关高管薪酬粘性形成与传导机制目前尚不明确，理论界对其研究近乎空白，需要深入探索。

本章学术贡献表现在如下四方面：①从薪酬外部公平性视角研究高管薪酬粘性形成机制，发现薪酬外部劣势不公平加剧高管薪酬粘性，薪酬外部优势不公平缓解高管薪酬粘性，证明薪酬粘性并非都是代理问题，一定程度上是公司为缓解薪酬外部劣势不公平而给予高管的替代性补偿激励机制。②引进"薪酬管制强度"调节变量，发现薪酬管制较强时薪酬外部劣势不公平对高管薪酬粘性影响更显著，证明薪酬管制是高管薪酬粘性产生的重要推手。③以薪酬外部劣势不公平补偿途径为突破口，研究高管薪酬粘性传导路径，发现薪酬外部劣势不公平引发隐性薪酬比例提升，从而缓解高管薪酬粘性，即隐性薪酬在薪酬外部劣势不公平加剧高管薪酬粘性过程中具有中介遮掩效应。④改进薪酬外部公平性计量方法，引进公司业绩及公司规模考量因素，用高管货币薪酬与预期薪酬比值判别薪酬公平性，并进行同向化处理，使其更加科学合理。本章研究内容拓宽了高管薪酬粘性研究视野，便于理论界进行更深层次探索，其结论可为高管激励实践提供有益借鉴。

7.2　相关研究回顾

7.2.1　高管薪酬粘性及其影响因素

高管薪酬契约有效性长期以来备受社会各界广泛关注，近些年人们观察到业绩上升和下降时高管薪酬业绩敏感性存在严重不对称现象，业绩上升时高管薪酬增长幅度远远高于业绩下滑时薪酬降低幅度，理论界将其称为"薪酬粘性"。高管薪酬粘性研究始于西方，詹克森等（Jackson et al.，2008）[1]对高管薪酬与公司业绩不对称现象给出了具体描述和解释，指出高管货币薪酬与会计收益存在正相关关系，但这种正相关性在业绩下滑时随即消失。沙无和张（Shaw and Zhang，2010）[2]研究发现公司业绩较好时高管薪酬业绩敏感性较强，业绩较差时高管薪酬业绩敏感性减弱，高管不会因公司业绩下滑而遭受降薪惩罚。继上述研究之后，莫瑞思（Morse，2011）[3]再次证实高管薪酬存在粘性特征。林等（Lin et al.，2013）[4]将业绩下滑但CEO 薪酬畸高的公司定义为"肥猫公司"，认为该类公司高管薪酬的决定因素是公司规模，与业绩缺乏相关性，薪酬契约有效性需要重新审视。近些年，高管薪酬粘性引起国内部分学者关注，并对此展开研究。方军雄（2009）[5]发现中国上市公司高管薪酬业绩敏感性存在不对称现象；陈修德等（2014）[6]证实中国上市公司高管薪酬在亏损严重时存在明显粘性特征，但随着业绩好转高管薪酬粘性逐渐消失。之后，罗正英等（2016）[7]、张路和张瀚文（2017）[8]以及张秀敏和高云霞（2017）[9]对此进行了深入探索，经验证据表明中国上市公司高管薪酬存在粘性特征。

多年来，理论界一直认为公司治理结构与治理效率是高管薪酬粘性产生的根源。詹克森等（2008）[1]的研究指出，高管薪酬粘性源于薪酬契约设计不完善，致使公司无力因业绩不佳而惩罚高管。莫瑞思（2011）[3]以及格勒威睿和米勒波恩（Garvey and Milbourn，2006）[10]研究公司治理对高管薪酬粘性影响，发现管理层权力、公司治理水平、董事会规模以及外部董事数量都会影响高管薪酬水平和粘性程度。国内学者大都认为薪酬粘性是制度缺陷和管理漏洞，属于代理问题。从产权性质角度看，民营公司和中央控股公司高管薪酬粘性较低，地方控股公司高管薪酬粘性特征较为明显（方军雄，2009[5]；

步丹璐和张晨宇，2012[11]）。从公司治理角度看，管理层权力越大公司高管薪酬粘性特征越明显（高文亮等，2011）[12]，董事会独立性增强有助于降低高管薪酬粘性（方军雄，2009）[5]，高质量内部控制对高管薪酬粘性具有抑制作用（罗正英等，2016[7]；罗莉和胡耀丹，2015[13]）。从行业差异性和时变趋势上看，保护性行业高管薪酬粘性更强，且随着时间推移愈演愈烈（陈修德等，2014）[6]。此外，张秀敏和高云霞（2017）[9]从社会责任信息披露质量角度研究高管薪酬粘性，发现改善社会责任信息披露质量、提高高管与利益相关者之间的信息透明度可以有效抑制高管薪酬粘性。

7.2.2 薪酬公平性对公司业绩影响

美国心理学家亚当斯（Adams）于 20 世纪 60 年代提出公平理论（聂常虹和武香婷，2017）[14]，认为不公平心理感知会影响高管行为选择，并对公司业绩产生负面影响。依据公平理论，人们都希望自身价值能够得到公允评价，在缺乏直接、明确衡量标准时往往通过与外界比较进行自我评价，在社会比较中形成公平感知（吴联生等，2010）[15]。祁怀锦和邹燕（2014）[16]发现中国公司高管薪酬分配存在不公平现象，且有愈演愈烈之势，薪酬外部不公平对公司业绩的负向影响具有区间效应。吴联生等（2010）[15]将薪酬外部公平性区分为正向不公平与负向不公平，研究显示正向额外薪酬仅对非国有公司高管具有激励作用，有助于提升公司业绩，负向额外薪酬与公司业绩不存在显著相关性。张敦力和江新峰（2015）[17]以信息技术产业公司为样本，发现高管能力对公司投资的"羊群行为"有显著抑制作用，而薪酬外部不公平加剧了这种抑制效应。黄辉（2012）[18]实证检验薪酬外部不公平对公司业绩的影响，证实薪酬外部优势不公平与公司业绩负相关，而薪酬外部劣势不公平结论刚好相反。宿玉海和刘璐（2016）[19]从行业公平性视角研究高管薪酬激励效应，发现高管薪酬与公司业绩存在倒"U"形关系，超过临界值高管薪酬增长产生的激励作用减弱，而高管薪酬高于行业均值时倒"U"形拐点明显延后，薪酬对公司业绩激励作用的持续性增强。

7.2.3　现有研究局限

高管薪酬粘性和高管薪酬公平性研究已取得少量颇具创新性成果，对薪酬粘性存在性及影响因素已有部分探索，为后续研究提供了可供借鉴的思路与方法。但目前该领域研究十分薄弱，存在如下三方面不足。

（1）高管薪酬粘性形成机制研究十分薄弱

目前，理论界对高管薪酬粘性研究主要集中于薪酬粘性存在性及其影响因素，大多数文献认为高管薪酬粘性是公司治理不善引发的代理问题，应通过改善治理结构与治理效率加以抑制。中国制度背景下上述结论未必正确。从制度层面上看，薪酬管制可能导致高管薪酬外部劣势不公平，高管薪酬粘性很可能是公司为弥补高管货币薪酬激励不足而给予的替代性补偿激励机制，这是高管薪酬粘性产生的重要根源。从薪酬契约设计层面上看，高管薪酬粘性很可能是股东为降低代理成本而给予高管的利益保护机制。有关高管薪酬粘性形成机制，理论界研究甚少，需要深入探索。

（2）影响高管薪酬粘性的制度性因素及其传导路径尚未清晰

薪酬管制是中国国有公司独有的制度特色，在规范高管天价薪酬的同时也可能引发薪酬外部劣势不公平，这是高管薪酬粘性形成的重要制度根源。现有高管薪酬公平性研究集中于对公司业绩影响，着眼于探究两者之间相关性，有关薪酬外部公平性对高管薪酬粘性影响研究较少。从制度层面上看，薪酬管制强度影响高管薪酬外部不公平程度，可能对薪酬外部公平性与高管薪酬粘性关系具有调节作用。现有研究显示，高管货币薪酬激励不足将通过在职消费进行补偿，隐性薪酬比例提升可能缓解薪酬外部公平性对高管薪酬粘性影响。目前，有关高管薪酬粘性传导路径以及制度性影响因素尚未清晰，至今未见相关研究报道，需要深入探索。

（3）薪酬外部公平性计量方法存在弊端

现有薪酬外部公平性计量主要采用额外薪酬法（残差法）和薪酬分位数法。前者过于依赖高管薪酬确定模型，主观性较强；后者大多以高管薪酬与行业最高薪酬或平均薪酬比值计量薪酬外部公平性，没有考虑公司业绩及公司规模等差异对高管薪酬影响。个别文献虽然引进业绩考量因素，但计量方法设计稍显粗糙。

7.3 理论分析与研究假设

本章从薪酬外部公平性视角研究高管薪酬粘性形成机制与传导路径。首先，区分薪酬外部劣势与优势不公平样本组，分别检验薪酬外部公平性对高管薪酬粘性影响，通过两组样本实证结果差异性对比分析，证实高管薪酬粘性是公司弥补薪酬外部劣势不公平而设置的替代性补偿机制。其次，以薪酬外部劣势不公平样本组为研究对象，进一步验证隐性薪酬在薪酬外部劣势不公平对高管薪酬粘性影响中的中介传导效应以及薪酬管制调节效应，探索高管薪酬粘性形成的制度性根源及传导路径。依据上述研究思路构建本章研究框架，如图 7-1 所示，并在理论分析与模型推理基础上提出研究假设。

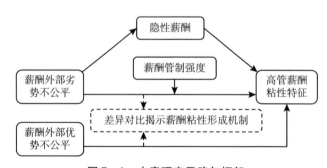

图 7-1 本章研究思路与框架

7.3.1　薪酬外部公平性对高管薪酬粘性影响

设 a 为高管努力水平，ε 为外生随机变量，且 $\varepsilon \sim N(0, \sigma^2)$。假定 π 为公司业绩产出，由高管努力水平和外生随机变量决定，可以表示为 $\pi = ka + \varepsilon$，其中 k 为高管努力的产出系数。

高管薪酬包括显性薪酬与隐性薪酬，其中显性薪酬按照双因素理论分为保健性质的固定基础薪酬与激励性质的浮动业绩薪酬两部分（Hur，2018）[20]。设 C 为高管固定基础薪酬，由薪酬管理委员会依据高管履职经历、声誉、经理人市场价格及公司规模等因素综合确定，短期内不变。假设 β 为高管业绩分享比例，且 $\beta \in (0, 1)$，则高管浮动业绩薪酬为 $C_1 = \beta(ka + \varepsilon)$。假设高管薪酬结构中隐性薪酬所占比例为 γ[①]，则高管隐性薪酬可表达为：

$$P = \frac{\gamma}{1-\gamma}(C + C_1) = \frac{\gamma}{1-\gamma}[C + \beta(ka + \varepsilon)] \qquad (7-1)$$

高管薪酬总额由固定基础薪酬、浮动业绩薪酬和隐性薪酬构成，可表达为：

$$S(x) = C + C_1 + P = C + \beta(ka + \varepsilon) + \frac{\gamma}{1-\gamma}[C + \beta(ka + \varepsilon)]$$

$$(7-2)$$

假设薪酬外部劣势不公平程度为 m，薪酬管制影响为 g，且 m，$g \in (0, 1)$。不考虑业绩下滑影响，高管浮动业绩薪酬为 $(1 - gm)\beta(ka + \varepsilon)$。依据社会比较理论，高管薪酬低于外部参照标准时（薪酬外部劣势不公平状态）会产生自我利益被侵蚀的消极心理并降低努力水平，导致公司业绩下滑。假定业绩下降幅度为 n，则公司实际业绩产出为 $(1 - n)(ka + \varepsilon)$。

---

①　从理论上讲，不同激励强度对隐性薪酬具有差异化影响，隐性薪酬比例（γ）与业绩分享比例（β）存在函数关系，即 $\gamma = f(\beta)$。本章在 β 既定情况下讨论隐性薪酬比例（γ）与薪酬外部劣势不公平程度（m）之间关系，γ 不受 β 变化影响，因此将其视为一个独立变量。

假定高管因业绩下降而遭受的降薪惩罚比例为 λ，$\lambda \in (0, 1)$ 且 $\lambda < \beta$，则高管降薪损失为 $\lambda n(ka + \varepsilon)$。薪酬管制背景下，高管薪酬外部劣势不公平可能导致业绩下降，此时高管显性薪酬由基础薪酬、浮动业绩薪酬和降薪惩罚三部分构成，高管薪酬总额如式（7-3）所示。

$$S(x') = C + (1 - gm)\beta(ka + \varepsilon) - \lambda n(ka + \varepsilon)$$

$$+ \frac{\gamma}{1 - \gamma}[C + (1 - gm)\beta(ka + \varepsilon) - \lambda n(ka + \varepsilon)]$$

$$= \frac{1}{1 - \gamma}[C + (1 - gm)\beta(ka + \varepsilon) - \lambda n(ka + \varepsilon)] \qquad (7-3)$$

又设高管努力成本为 $ba^2/2$（其中 b 为高管努力成本系数），则高管实际收益 UR 为：

$$UR = \frac{1}{1 - \gamma}[C + (1 - gm)\beta(ka + \varepsilon) - \lambda n(ka + \varepsilon)] - \frac{1}{2}ba^2$$

$$(7-4)$$

高管期望收益为：

$$E(UR) = \frac{1}{1 - \gamma}[C + (1 - gm)\beta ka - \lambda nka] - \frac{1}{2}ba^2 \qquad (7-5)$$

假定高管效用函数具有不变绝对风险规避特征，ρ 为风险规避度，则：

$$CE(UR) = \frac{1}{1 - \gamma}[C + (1 - gm)\beta ka - \lambda nka] - \frac{1}{2}ba^2$$

$$- \frac{1}{2}\rho \frac{1}{(1 - \gamma)^2}[(1 - gm)\beta - \lambda n]^2 \sigma^2 \qquad (7-6)$$

令 $$\frac{\partial CE(UR)}{\partial a} = \frac{1}{1 - \gamma}[(1 - gm)\beta k - \lambda nk] - ba = 0 \qquad (7-7)$$

得 $$a = \frac{k[(1 - gm)\beta - \lambda n]}{b(1 - \gamma)} \qquad (7-8)$$

公司期望收益为：

$$E(V) = E\{(1-n)(ka+\varepsilon) - \frac{1}{1-\gamma}[C + (1-gm)\beta(ka+\varepsilon)$$
$$- \lambda n(ka+\varepsilon)]\}$$
$$= (1-n)ka - \frac{1}{1-\gamma}[C + (1-gm)\beta ka - \lambda nka] \qquad (7-9)$$

高管最优激励模型可表达为：

$$\begin{cases} \mathrm{Max}E(V) = (1-n)ka - \frac{1}{1-\gamma}[C + (1-gm)\beta ka - \lambda nka] \\ \\ \mathrm{s.t.} \quad (IR)\, CE(UR) = \frac{1}{1-\gamma}[C + (1-gm)\beta ka - \lambda nka] \\ \qquad\qquad - \frac{1}{2}ba^2 - \frac{1}{2}\rho \frac{1}{(1-\gamma)^2}[(1-gm)\beta \\ \qquad\qquad - \lambda n]^2 \sigma^2 \geqslant \overline{W} \\ \\ \qquad (IC)\, a = \frac{k[(1-gm)\beta - \lambda n]}{b(1-\gamma)} \end{cases}$$
$$(7-10)$$

对式（7-10）求解，可得：

$$\lambda^* = \frac{(1-gm)\beta(k^2 + b\rho\sigma^2) - (1-n)k^2(1-\gamma)}{(k^2 + b\rho\sigma^2)n} \qquad (7-11)$$

由式（7-11）可知，其他条件一定情况下薪酬外部劣势不公平程度 m 越大，业绩下降时高管降薪惩罚力度 λ 越小。依据行为经济学理论，薪酬外部劣势不公平使高管自我利益受损，可能诱发消极怠工甚至寻租行为。若因业绩下滑再次面临较大幅度降薪惩罚，高管可能会滋生更强报复心理。泰勒（Taylor）混合损失实验表明，当个体面对单一损失 z 和等量混合损失 $x+y$（即 $x+y=z$）时，效用 $u(w-z)$ 要大于 $u(w-x-y)$（w 为初始收益），显示高管损失厌恶偏好，即高管厌恶损失，但更厌恶接二连三的损失（贺京同和那艺，2015）[21]。由此推测，薪酬外部劣势不公平情况下为避免高管怠工和寻租带来高昂代理成本，公司极有可能在业绩下滑时削弱薪酬业绩敏感性，降低降薪惩罚力度以补偿薪酬外部劣势不公平给高管带来的损失，由此加剧高管薪酬粘性特征。

高管薪酬外部优势不公平状态下，假设薪酬外部优势不公平程度为 h，则不考虑业绩下滑时高管浮动业绩薪酬为 $(1 + gh)\beta(ka + \varepsilon)$。依据上述建模与推理过程，可得 λ 与 h 之间关系，如式（7 - 12）所示。

$$\lambda^* = \frac{(1 + gh)\beta(k^2 + b\rho\sigma^2) - (1 - n)k^2(1 - \gamma)}{(k^2 + b\rho\sigma^2)n} \quad (7 - 12)$$

式（7 - 12）结果显示，其他条件一定情况下薪酬外部优势不公平程度（h）与业绩下降时高管降薪惩罚力度（λ）同向变化，h 越大，λ 越大，即薪酬外部优势不公平状态下高管因拥有较高超额薪酬而在业绩下滑时遭受较大幅度降薪惩罚。

综合上述分析，薪酬外部劣势不公平状态下，公司业绩下滑时高管降薪惩罚力度随薪酬外部不公平程度加剧而降低，薪酬粘性特征凸显；薪酬外部优势不公平状态下，公司业绩下滑时高管降薪惩罚力度随薪酬外部不公平程度加剧而提高，薪酬粘性特征削弱。该结论表明高管薪酬粘性并非纯粹代理问题，一定程度上是公司为缓解薪酬外部劣势不公平而给予高管的替代性补偿激励机制。

基于上述分析，提出假设 7 - 1：

假设 7 - 1：薪酬外部劣势不公平加剧高管薪酬粘性特征，薪酬外部优势不公平削弱高管薪酬粘性特征，即高管薪酬粘性一定程度上是公司为缓解薪酬外部劣势不公平而给予高管的替代性补偿激励机制。

7.3.2 隐性薪酬中介遮掩效应

将式（7 - 11）转换后可推导出隐性薪酬比例（γ）表达式，如式（7 - 13）所示。

$$\gamma = \frac{(1 - n)k^2 + \lambda(k^2 + b\rho\sigma^2)n - (1 - gm)\beta(k^2 + b\rho\sigma^2)}{(1 - n)k^2}$$

$$(7 - 13)$$

以薪酬外部劣势不公平程度（m）为自变量，对式（7 - 13）求导，可得：

$$\frac{\partial \gamma}{\partial m} = \frac{g\beta(k^2 + b\rho\sigma^2)}{(1-n)k^2} > 0 \qquad (7-14)$$

由式（7 - 14）可知，γ 对 m 的一阶偏导为正，说明薪酬外部劣势不公平程度（m）与隐性薪酬比例（γ）存在正相关关系，薪酬外部劣势不公平程度越高，高管隐性薪酬比例越高，这意味着薪酬外部劣势不公平给高管带来的损失可通过调整薪酬结构来弥补。薪酬外部劣势不公平情况下高管显性薪酬偏低，货币薪酬激励不足，需要通过隐性薪酬发挥补充激励作用，现有研究已经对此做出了证明。陈冬华等（2005）[22]研究表明，薪酬管制使在职消费成为国有公司高管的替代性选择，是不完备契约条件下的产物；刘银国等（2009）[23]认为在职消费作为高管激励契约的一部分是必须且必要的，它具有补充和替代货币薪酬而存在的价值；徐细雄和刘星（2013）[24]发现货币薪酬受到管制时会被迫出现不直接以货币薪酬体现的多元化替代性激励形式，包括在职消费等隐性薪酬。上述观点虽然是基于薪酬管制背景提出的，但对薪酬外部劣势不公平照样适用。可见，隐性薪酬是高管薪酬外部劣势不公平与薪酬管制环境下的一种替代性补偿手段。

由式（7 - 11）可知，其他条件一定情况下隐性薪酬比例（γ）越大，业绩下降时高管降薪惩罚力度（λ）越大，高管薪酬粘性越小。综合式（7 - 11）、式（7 - 14）及假设 7 - 1，薪酬外部劣势不公平将加剧高管薪酬粘性特征，并引起薪酬结构调整，隐性薪酬比例提升一定程度上弥补了高管薪酬损失，从而缓解了高管薪酬粘性特征。

基于上述分析，提出假设 7 - 2：

假设 7 - 2：隐性薪酬在薪酬外部劣势不公平加剧高管薪酬粘性过程中具有中介遮掩效应。

7.3.3　薪酬管制调节效应

以薪酬外部劣势不公平程度（m）为自变量，对式（7-11）求导，可得：

$$\frac{\partial \lambda^*}{\partial m} = -\frac{g\beta}{n} \qquad (7-15)$$

由式（7-15）可知，λ 对 m 的一阶偏导为负，说明薪酬外部劣势不公平程度（m）与降薪惩罚力度（λ）负相关，即薪酬外部劣势不公平加剧高管薪酬粘性特征。薪酬管制强度（g）对其负相关性具有调节作用，g 越大，一阶偏导绝对值越大，λ 与 m 之间的负相关关系越强，即薪酬管制强化了薪酬外部劣势不公平对高管薪酬粘性影响，薪酬管制强度越大，薪酬外部劣势不公平对降薪惩罚力度的边际影响越强。上述结论很好地诠释了中国现实经济环境下薪酬管制带来的经济影响，它冲击了经理人市场定价和高管激励机制，降低了行业平均薪酬和外部参照标准。此时若高管薪酬依然处于劣势不公平状态，高管蒙受的损失很大。若薪酬粘性是公司为缓解薪酬外部劣势不公平而给予高管的替代性补偿机制，薪酬管制则加剧了薪酬外部劣势不公平对高管薪酬负向影响，需要用更高薪酬粘性去补偿。

基于上述分析，提出假设7-3：

假设7-3：薪酬管制加剧了薪酬外部劣势不公平对高管薪酬粘性影响，薪酬管制强度越大，上述影响越明显。

7.4　研究设计

7.4.1　样本选取与数据来源

本章以 2013～2018 年沪深 A 股上市公司为研究样本。考虑薪酬外部公平性对高管薪酬粘性及隐性薪酬影响的滞后性，薪酬外部劣势

（优势）不公平计量选用 2013～2017 年数据，其他变量选用 2014～2018 年数据。为满足研究需要，对样本进行两次处理（夏宁和王嘉茵，2020）[25]：①样本筛选。剔除 ST 和 *ST 类公司样本；剔除数据不全或有异常值的公司样本；剔除金融保险类公司样本。经过上述筛选后，剩余 1451 家公司，共 7255 个有效观测值。②样本细分。为检验高管薪酬粘性形成机制，将初筛样本进一步细分为"薪酬外部劣势不公平"样本组（4322 个）和"薪酬外部优势不公平"样本组（2933 个）。

本章实证研究数据全部来自于国泰安金融数据库（CSMAR）。为消除极端值影响，对连续变量处于 0～1% 和 99%～100% 的样本数据进行了缩尾处理（林钟高等，2014）[26]。

7.4.2　变量选择与定义

（1）被解释变量

本章被解释变量为高管货币薪酬（Comp）。参照张俊瑞等（2018）[27]以及谢获宝和惠丽丽（2017）[28]做法，以年报附注中披露的薪酬最高的前三位高管薪酬总额为依据，利用通货膨胀指数消除该因素对各年高管薪酬水平影响，并以调整后高管货币薪酬的自然对数计量变量值。

（2）解释变量

①公司业绩。公司业绩常见的计量指标较多，如净资产收益率（Roe）、总资产收益率（Roa）、息税前利润（Ebit）以及每股收益（Eps）等。本章借鉴谢获宝和惠丽丽（2017）[28]的做法，选取净资产收益率（Roe）作为公司业绩替代变量，因其更能准确衡量股东投入资本利用效率。

②业绩下降（D）。虚拟变量，公司业绩下降时取值 1，公司业绩上升时取值 0。

③薪酬外部公平性。参考祁怀锦和邹燕（2014）[16]薪酬外部公平

性研究思路，设计式（7-16）和式（7-17）模型分别计量薪酬外部劣势不公平和薪酬外部优势不公平。式中高管预期薪酬是根据公司业绩和规模预估的高管薪酬，计量步骤如下：首先，将同年份、同行业样本公司分别按净资产收益率（Roe）和公司规模（Size）从低到高升序排列，并分别等分为"高、中、低"三个业绩区间段和"大、中、小"三个规模区间段；其次，计算同行业、同年份、相同业绩区间段且相同规模区间段内样本公司高管货币薪酬中位数，并以其作为各样本公司高管预期薪酬。

$$薪酬外部劣势不公平（Ed）=1-\frac{高管货币薪酬}{高管预期薪酬} \quad (7-16)$$

$$薪酬外部优势不公平（Eu）=\frac{高管货币薪酬}{高管预期薪酬}-1 \quad (7-17)$$

薪酬外部不公平体现在两个方面，一是不公平状态，二是不公平程度。高管货币薪酬与预期薪酬比值小于1，代表高管薪酬外部劣势不公平，该比值越低，薪酬外部劣势不公平程度越大。高管货币薪酬与预期薪酬比值大于1，代表高管薪酬外部优势不公平，该比值越高，薪酬外部优势不公平程度越大。为便于实证结果分析，此处在现有文献研究思路基础上对薪酬外部劣势和优势不公平计量方法进行两点修订：一是进行同向化处理，使两个指标解释意义一致，即指标值越高，薪酬外部不公平程度越大；二是用高管货币薪酬与预期薪酬比值替代文献中的薪酬分位数，综合考虑公司业绩与公司规模对高管薪酬影响，使薪酬外部公平性计量更加客观合理。

（3）调节变量和中介变量

①调节变量。薪酬外部劣势不公平对高管薪酬粘性影响研究中，引入"薪酬管制强度（Ctl）"调节变量。因采用门槛回归模型进行实证检验，故该调节变量亦称门槛变量。借鉴徐细雄和刘星（2013）[24]以及鄢伟波和邓晓兰（2018）[29]的做法，用员工平均薪酬与高管团队平均薪酬的比值衡量薪酬管制强度。

②中介变量。引入"隐性薪酬比例（*Str*）"中介变量，检验其在薪酬外部劣势不公平对高管薪酬粘性影响过程中的中介遮掩效应。在不完备契约条件下，在职消费作为薪酬结构重要组成部分满足高管激励需求（傅颀和汪祥耀，2013）[30]，是高管薪酬不可或缺的重要构成内容。此处借鉴伍中信和吴成（2016）[31]的做法，以高管人均在职消费与人均薪酬总额（高管人均在职消费与薪酬最高的前三位高管薪酬均值）的比值衡量隐性薪酬比例（*Str*）①。

（4）控制变量

为保证实证结论的可信性、避免遗漏变量导致内生性，本章参考方军雄（2009）[5]、孙园园等（2017）[33]以及张路和张瀚文（2017）[8]的研究思路，选取九个代表公司财务、股权和董事会特征的控制变量，包括"公司规模（*Size*）""资产负债率（*Lev*）""股权性质（*Soe*）""第一大股东持股比例（*Fsh*）""管理层持股比例（*Msh*）""监事会持股比例（*Jsh*）""两职兼任（*Dual*）""董事会规模（*Bod*）"以及"独立董事比例（*Ddp*）"，同时设置"行业（*Ind*）"和"年度（*Year*）"两个虚拟变量。

上述各变量名称、符号及计量方法如表 7 - 1 所示。

表 7 - 1　　　　　　　　变量名称、符号及计量方法

变量类型	变量名称	变量符号	变量计量方法
被解释变量	高管货币薪酬	*Comp*	剔除通货膨胀影响后薪酬最高的前三位高管薪酬总额自然对数
解释变量	净资产收益率	*Roe*	净利润/净资产平均余额
	业绩下降	*D*	净资产收益率下降取值1，否则取值0

---

① 目前，理论界主要采用办公费、差旅费、业务招待费、通信费、国（境）外培训费、董事会费、小车费和会议费八项费用之和计量在职消费（陈怡秀等，2017）[32]，这些费用并非都是高管消费，也都不是隐性薪酬。但由于在职消费隐蔽性和信息披露不完备性，目前尚无办法准确剥离，只能近似替代。为降低误差、消除高管团队规模影响，本章用高管人均在职消费与人均薪酬总额的比值计量隐性薪酬比例（*Str*）。

变量类型	变量名称	变量符号	变量计量方法
解释变量	薪酬外部劣势不公平	Ed	见式（7-16）
	薪酬外部优势不公平	Eu	见式（7-17）
调节变量	薪酬管制强度	Ctl	员工平均薪酬/高管团队平均薪酬
中介变量	隐性薪酬比例	Str	高管人均在职消费/（高管人均在职消费 + 薪酬最高的前三位高管薪酬均值）
控制变量	资产负债率	Lev	负债总额/资产总额
	董事会规模	Bod	董事会人数
	公司规模	$Size$	年末总资产的自然对数
	两职兼任	$Dual$	董事长兼任总经理取值1，否则取值0
	股权性质	Soe	国有公司取值1，否则取值0
	独立董事比例	Ddp	独立董事人数/董事会人数
	管理层持股比例	Msh	管理层持股数量/公司股份总量
	监事会持股比例	Jsh	监事会持股数量/公司股份总量
	第一大股东持股比例	Fsh	第一大股东持股数量/公司股份总量
	年度	$Year$	虚拟变量，样本来自所在年度取值1，否则取值0
	行业	Ind	虚拟变量，样本来自所在行业取值1，否则取值0

7.4.3　模型建立

（1）薪酬外部公平性对高管薪酬粘性影响回归模型

参照张路和张瀚文（2017）[8]研究方法建立式（7-18）回归模型，检验薪酬外部公平性对高管薪酬粘性影响。其中，a_0 为常数项，$a_i (i = 1, 2, \cdots, 14)$ 为各变量回归系数，$\varepsilon_{i,t}$ 为残差项，其他符号含义如表7-1所示。

$$
\begin{aligned}
Comp_{i,t} = {} & a_0 + a_1 Roe_{i,t} + a_2 D_{i,t} + a_3 D_{i,t} \times Roe_{i,t} + a_4 Ed_{i,t-1}(Eu_{i,t-1}) \\
& + a_5 D_{i,t} \times Roe_{i,t} \times Ed_{i,t-1}(Eu_{i,t-1}) + a_6 Dual_{i,t} + a_7 Bod_{i,t} \\
& + a_8 Fsh_{i,t} + a_9 Msh_{i,t} + a_{10} Jsh_{i,t} + a_{11} Ddp_{i,t} + a_{12} Size_{i,t} \\
& + a_{13} Lev_{i,t} + a_{14} Soe_{i,t} + \sum Year + \sum Ind + \varepsilon_{i,t} \qquad (7-18)
\end{aligned}
$$

（2）隐性薪酬中介传到效应回归模型

参照温忠麟和叶宝娟（2014）[34]以及张路和张瀚文（2017）[8]的研究思路，在式（7-18）基础上构建式（7-19）和式（7-20）回归模型，三式联合检验隐性薪酬比例在薪酬外部劣势不公平加剧高管薪酬粘性过程中的中介传导效应。

$$
\begin{aligned}
Str_{i,t} = {} & a_0 + a_1 Ed_{i,t-1} + a_2 Dual_{i,t} + a_3 Bod_{i,t} + a_4 Fsh_{i,t} + a_5 Msh_{i,t} \\
& + a_6 Jsh_{i,t} + a_7 Ddp_{i,t} + a_8 Size_{i,t} + a_9 Lev_{i,t} + a_{10} Soe_{i,t} \\
& + \sum Year + \sum Ind + \varepsilon_{i,t} \qquad (7-19)
\end{aligned}
$$

$$
\begin{aligned}
Comp_{i,t} = {} & a_0 + a_1 Roe_{i,t} + a_2 D_{i,t} + a_3 D_{i,t} \times Roe_{i,t} + a_4 Ed_{i,t-1} \\
& + a_5 D_{i,t} \times Roe_{i,t} \times Ed_{i,t-1} + a_6 Str_{i,t} + a_7 D_{i,t} \times Roe_{i,t} \\
& \times Str_{i,t} + a_8 Dual_{i,t} + a_9 Bod_{i,t} + a_{10} Fsh_{i,t} + a_{11} Msh_{i,t} \\
& + a_{12} Jsh_{i,t} + a_{13} Ddp_{i,t} + a_{14} Size_{i,t} + a_{15} Lev_{i,t} + a_{16} Soe_{i,t} \\
& + \sum Year + \sum Ind + \varepsilon_{i,t} \qquad (7-20)
\end{aligned}
$$

（3）薪酬管制调节效应回归模型

借鉴刘满凤和谢晗进（2017）[35]以及池欧（Chou，2013）[36]的研究思路，基于式（7-18）构建式（7-21）门槛回归模型①，运用 Stata15.1 相关程序进行门槛回归。以薪酬管制强度（Ctl）作为门槛变量，以门槛值为界将样本划分成两个区制，并将薪酬外部劣势不公平（Ed）及其交乘项设置成门槛示性函数，验证不同薪酬管制强度区制内薪酬外部劣势不公平对高管薪酬粘性影响的差异性。其中，

---

① 门槛回归（threshold regression）是一种非线性计量经济学模型，在表达因果关系的变量中确定门槛变量，并依据样本数据对门槛值进行测算，检验受门槛变量影响的解释变量回归系数是否在不同门槛区制内存在显著差异。该方法只将受门槛变量影响的主要变量设置为示性函数，与门槛变量不甚相关的其他解释变量或控制变量不受影响。

$1(\cdot)$ 代表示性函数，满足括号中条件取值 1，否则取值 0（Ctl_low 代表低于门槛值，Ctl_high 代表高于门槛值）。薪酬外部劣势不公平（Ed）和交乘项（$D \times Roe \times Ed$）回归系数在不同门槛值区制内分别记为 a_{4a}、a_{4b} 和 a_{5a}、a_{5b}。

$$
\begin{aligned}
Comp_{i,t} &= a_0 + a_1 Roe_{i,t} + a_2 D_{i,t} + a_3 D_{i,t} \times Roe_{i,t} + a_{4a} Ed_{i,t-1} \cdot 1 \\
&\quad (Ctl_{i,t}\_low) + a_{4b} Ed_{i,t-1} \cdot 1(Ctl_{i,t}\_high) + a_{5a} Ed_{i,t-1} \\
&\quad \times D_{i,t} \times Roe_{i,t} \cdot 1(Ctl_{i,t}\_low) + a_{5b} Ed_{i,t-1} \times D_{i,t} \times Roe_{i,t} \cdot 1 \\
&\quad (Ctl_{i,t}\_high) + a_6 Dual_{i,t} + a_7 Bod_{i,t} + a_8 Fsh_{i,t} \\
&\quad + a_9 Msh_{i,t} + a_{10} Jsh_{i,t} + a_{11} Ddp_{i,t} + a_{12} Size_{i,t} + a_{13} Lev_{i,t} \\
&\quad + a_{14} Soe_{i,t} + \sum Ind + \varepsilon_{i,t}
\end{aligned}
\qquad (7-21)①
$$

7.5　实证过程及结果分析

7.5.1　描述性统计分析

全样本变量描述性统计结果如表 7-2 所示。为揭示不同薪酬外部公平状态下各主要变量结果差异，区分薪酬外部劣势与优势不公平样本组分别进行描述性统计，结果如表 7-3 所示。

表 7-2　　　　　　　　全样本各变量描述性统计结果

变量类型	变量名称	最大值	最小值	均值	中位数	标准差
被解释变量	高管货币薪酬（$Comp$）	16.324	12.743	14.426	14.396	0.673
解释变量	净资产收益率（Roe）	0.357	-0.479	0.061	0.062	0.110
	业绩下降（D）	1.000	0.000	0.530	1.000	0.499
	薪酬外部劣势不公平（Ed）	0.906	0.000	0.345	0.333	0.208
	薪酬外部优势不公平（Eu）	6.313	0.000	0.508	0.334	0.595

---

① 同时控制年份（$Year$）与行业（Ind）的回归结果会产生常数项异常值（0.000），其余变量回归系数和显著性水平与仅控制行业（Ind）的结果高度相似，因而该回归模型仅控制行业（Ind）。

变量类型	变量名称	最大值	最小值	均值	中位数	标准差
调节变量	薪酬管制强度（Ctl）	0.786	0.023	0.168	0.139	0.123
中介变量	隐性薪酬比例（Str）	0.997	0.020	0.684	0.721	0.197
控制变量	两职兼任（Dual）	1.000	0.000	0.210	0.000	0.407
	董事会规模（Bod）/人	15.000	5.000	8.722	9.000	1.734
	第一大股东持股比例（Fsh）	0.746	0.085	0.342	0.319	0.148
	管理层持股比例（Msh）	0.631	0.000	0.071	0.000	0.142
	监事会持股比例（Jsh）	0.048	0.000	0.001	0.000	0.006
	独立董事比例（Ddp）	0.571	0.333	0.374	0.333	0.053
	公司规模（Size）	26.026	19.895	22.540	22.401	1.223
	资产负债率（Lev）	0.888	0.068	0.458	0.455	0.204
	股权性质（Soe）	1.000	0.000	0.481	0.000	0.500

表 7 – 3　　薪酬外部劣势与优势不公平样本组主要变量描述性统计结果

变量类型	变量名称	薪酬外部劣势不公平		薪酬外部优势不公平		组间差异
		均值	标准差	均值	标准差	
被解释变量	高管货币薪酬（Comp）	14.138	0.547	14.851	0.614	− 0.712 ***
解释变量	净资产收益率（Roe）	0.058	0.111	0.064	0.110	− 0.006 **
	业绩下降（D）	0.543	0.498	0.510	0.500	0.033 ***
调节变量	薪酬管制强度（Ctl）	0.195	0.129	0.128	0.099	0.067 ***
中介变量	隐性薪酬比例（Str）	0.717	0.184	0.636	0.205	0.081 ***

（1）高管显性与隐性薪酬

高管货币薪酬（Comp）最小值为 12.743，最大值为 16.324，标准差为 0.673，说明中国上市公司高管薪酬差距较大。薪酬外部优势不公平样本组高管薪酬（均值 14.851）明显高于薪酬外部劣势不公平样本组（均值 14.138），分化现象依然较为严重。隐性薪酬比例

(Str）最大值为 0.997，个别公司在职消费畸高，需要加强管控；均
值为 0.684，可见隐性激励是中国公司高管激励的重要手段。薪酬外
部劣势不公平样本组隐性薪酬比例均值（0.717）远远高于薪酬外部
优势不公平样本组（0.636），初步证明薪酬外部劣势不公平时公司
更倾向于通过隐性薪酬发挥补充激励作用。

（2）公司业绩

净资产收益率（Roe）最大值为 0.357，最小值为 −0.479，二者
相距甚远，说明中国上市公司业绩存在两极分化现象，部分公司亏损
严重。Roe 均值和中位数分别为 0.061 和 0.062，说明半数以上公司
达到证监会规定的增发股票或发行可转债业绩要求（0.060），整体
盈利能力尚可。相比之下，薪酬外部优势不公平样本组公司业绩
（均值 0.064）明显优于薪酬外部劣势不公平样本组（均值 0.058）。
业绩下降（D）均值在 0.500 以上，超过半数公司出现业绩下滑情
况。相比之下，薪酬外部劣势不公平样本组业绩下降公司数量更多。

（3）薪酬管制与薪酬外部公平性

薪酬管制强度（Ctl）最大值（0.786）为最小值（0.023）的 30
多倍，相差非常悬殊，说明中国上市公司薪酬管制强度不一，个别公
司受薪酬管制影响较大。相比之下，薪酬外部劣势不公平样本组薪酬
管制影响（均值 0.195）高于薪酬外部优势不公平样本组（均值
0.128）。薪酬外部劣势不公平样本数 4322 个，占比 59.573%，多数
公司高管货币薪酬激励不足。薪酬外部劣势不公平（Ed）与薪酬外
部优势不公平（Eu）最大值分别为 0.906 和 6.313，说明个别公司存
在严重的薪酬分配不公平问题。

7.5.2　相关性分析

为初步展示各变量之间相关性，此处区分全样本、薪酬外部劣势
与优势不公平样本组分别进行相关性检验，结果如表 7 − 4、表 7 − 5
和表 7 − 6 所示。

表 7 – 4

全样本变量相关性分析

变量	Comp	Roe	Str	Ctl	Dual	Bod	Ddp	Fsh	Jsh	Msh	Lev	Size	Soe
Comp	1.000												
Roe	0.255***	1.000											
Str	-0.134***	0.021*	1.000										
Ctl	-0.498***	-0.106***	0.081***	1.000									
Dual	0.022*	0.000	0.018	-0.034***	1.000								
Bod	0.100***	0.035***	-0.099***	-0.017	-0.199***	1.000							
Ddp	-0.010	-0.048***	0.103***	0.029**	0.127***	-0.476***	1.000						
Fsh	0.020*	0.143***	0.074***	0.100***	-0.074***	0.050***	0.021*	1.000					
Jsh	-0.052***	0.026**	-0.013	-0.042***	0.019*	-0.006	-0.042***	-0.127***	1.000				
Msh	-0.043***	0.031***	0.026**	-0.088***	0.195***	-0.148***	0.064***	-0.138***	0.357***	1.000			
Lev	0.126***	-0.128***	0.245***	0.040***	-0.066***	0.130***	0.015	0.075***	-0.127***	-0.209***	1.000		
Size	0.426***	0.168***	0.392***	-0.079***	-0.093***	0.243***	0.015	0.255***	-0.105***	-0.187***	0.508***	1.000	
Soe	-0.029**	-0.037**	-0.036***	0.203***	-0.281***	0.244***	-0.039***	0.246***	-0.170***	-0.450***	0.235***	0.265***	1.000

注：①对角线下方为 Pearson 系数；② ***，** 和 * 分别代表在 1%，5% 和 10% 水平下显著，本章同。

表 7 - 5　薪酬外部劣势不公平样本组变量相关性分析

变量	Comp	Roe	Ed	Str	Ctl	Dual	Bod	Ddp	Fsh	Jsh	Msh	Lev	Size	Soe
Comp	1.000													
Roe	0.255***	1.000												
Ed	-0.471***	-0.003	1.000											
Str	-0.134***	0.021*	0.163***	1.000										
Ctl	-0.498***	-0.106***	0.243***	0.081***	1.000									
Dual	0.022*	0.000	-0.011	0.018	-0.034***	1.000								
Bod	0.100***	0.035***	-0.031***	-0.099***	-0.017	-0.199***	1.000							
Ddp	-0.010	-0.048***	0.002	0.103***	0.029***	0.127***	-0.476***	1.000						
Fsh	0.020*	0.143***	0.038***	0.074***	0.100***	-0.074***	0.050***	0.021*	1.000					
Jsh	-0.052***	0.026*	-0.027*	-0.013	-0.042***	0.019*	-0.006	-0.042***	-0.127***	1.000				
Msh	-0.043***	0.031*	-0.014	0.026*	-0.088***	0.195***	-0.148***	0.064***	-0.138***	0.357***	1.000			
Lev	0.126***	-0.128***	0.032**	0.245***	0.040***	-0.066***	0.130***	0.015	0.075***	-0.127***	-0.209***	1.000		
Size	0.426***	0.168***	0.002	0.392***	-0.079***	-0.093***	0.243***	0.015	0.255***	-0.105***	-0.187***	0.508***	1.000	
Soe	-0.029**	-0.037***	-0.040***	-0.036***	0.203***	-0.281***	0.244***	-0.039***	0.246***	-0.170***	-0.450***	0.235***	0.265***	1.000

表 7-6　薪酬外部优势不公平样本组变量相关性分析

变量	Comp	Roe	Eu	Str	Ctl	Dual	Bod	Ddp	Fsh	Jsh	Msh	Lev	Size	Soe
Comp	1.000													
Roe	0.255***	1.000												
Eu	0.523***	0.088***	1.000											
Str	-0.134***	0.021*	-0.119***	1.000										
Ctl	-0.498***	-0.106***	-0.249***	0.081***	1.000									
Dual	0.022*	0.000	0.047**	0.018	-0.034***	1.000								
Bod	0.100***	0.035***	0.054**	-0.099***	-0.017	-0.199***	1.000							
Ddp	-0.010	-0.048***	-0.013	0.103***	0.029**	0.127***	-0.476***	1.000						
Fsh	0.020*	0.143***	-0.006	0.074***	0.100***	-0.074***	0.050***	0.021*	1.000					
Jsh	-0.052***	0.026**	-0.044**	-0.013	-0.042***	0.019*	-0.006	-0.042***	-0.127***	1.000				
Msh	-0.043***	0.031***	-0.024	0.026**	-0.088***	0.195***	-0.148***	0.064***	-0.138***	0.357***	1.000			
Lev	0.126***	-0.128***	0.045**	0.245***	0.040***	-0.066***	0.130***	0.015	0.075***	-0.127***	-0.209***	1.000		
Size	0.426***	0.168***	0.161***	0.392***	-0.079***	-0.093***	0.243***	0.015	0.255***	-0.105***	-0.187***	0.508***	1.000	
Soe	-0.029*	-0.037***	-0.087***	-0.036***	0.203***	-0.281***	0.244***	-0.039***	0.246***	-0.170***	-0.450***	0.235***	0.265***	1.000

三类样本相关性结果显示，高管货币薪酬（*Comp*）与净资产收益率（*Roe*）在1%水平下显著正相关，证明中国上市公司已建立良好的业绩型薪酬激励机制。高管货币薪酬（*Comp*）与薪酬管制强度（*Ctl*）以及隐性薪酬比例（*Str*）在1%水平下显著负相关，说明薪酬管制强度越大，高管显性薪酬激励越不充分，隐性薪酬与显性薪酬具有替代性，可在一定程度上弥补高管货币薪酬激励不足。

薪酬外部劣势不公平（*Ed*）与高管货币薪酬（*Comp*）存在显著负相关关系，与隐性薪酬比例（*Str*）以及薪酬管制强度（*Ctl*）显著正相关，初步证明薪酬管制是导致高管薪酬外部劣势不公平的重要制度性因素，薪酬管制强度越大，薪酬外部劣势不公平程度越高，高管薪酬结构中隐性薪酬占比越高。此外，薪酬外部劣势不公平（*Ed*）与净资产收益率（*Roe*）不存在显著相关性，显示薪酬外部劣势不公平对公司业绩的直接影响不明显。

薪酬外部优势不公平（*Eu*）与高管货币薪酬（*Comp*）及净资产收益率（*Roe*）显著正相关，表明薪酬外部优势不公平程度越大，高管货币薪酬激励越充分，对公司业绩的正向促进作用越明显。薪酬外部优势不公平（*Eu*）与隐性薪酬比例（*Str*）及薪酬管制强度（*Ctl*）显著负相关，证明薪酬管制较弱时薪酬外部优势不公平程度较高，货币薪酬激励过度导致隐性薪酬比例降低。

7.5.3 薪酬外部公平性对高管薪酬粘性影响机制及传导路径实证检验

运用式（7-18）回归模型检验薪酬外部公平性对高管薪酬粘性影响，并将式（7-18）、式（7-19）和式（7-20）三式联合验证隐性薪酬在薪酬外部公平性影响高管薪酬粘性过程中的中介传导效应，结果如表7-7所示。

表 7 - 7　薪酬外部公平性对高管薪酬粘性影响及中介效应检验结果

项目	式 (7-18) (被解释变量 Comp) 薪酬外部劣势不公平		式 (7-18) (被解释变量 Comp) 薪酬外部优势不公平		式 (7-19) (被解释变量 Str)		式 (7-20) (被解释变量 Comp)	
	回归系数	T 值	回归系数	T 值	回归系数	T 值	回归系数	T 值
常数项	9.893***	72.803	9.613***	54.792	-0.774***	-13.533	9.528***	70.182
净资产收益率 (Roe)	1.528***	15.248	1.941***	14.494	—	—	1.488***	15.152
业绩下降 (D)	0.120***	10.349	0.083***	5.382	—	—	0.116***	10.189
交乘项 ($D \times Roe$)	-0.696***	-5.954	-0.967***	-6.208	—	—	-0.678***	-5.918
薪酬外部劣势不公平 (Ed)	-1.316***	-49.031	—	—	0.137***	12.065	-1.256***	-47.009
薪酬外部优势不公平 (Eu)	—	—	0.422***	33.137	—	—	—	—
交乘项 ($D \times Roe \times Ed$)	-0.572**	-2.068	—	—	—	—	-0.707***	-2.587
交乘项 ($D \times Roe \times Eu$)	—	—	0.305**	1.971	—	—	—	—
隐性薪酬比例 (Str)	—	—	—	—	—	—	-0.426***	-12.058
交乘项 ($D \times Roe \times Str$)	—	—	—	—	—	—	1.285***	4.069
两职兼任 ($Dual$)	0.022	1.515	0.005	0.293	-0.011*	-1.838	0.018	1.272
董事会规模 (Bod)	-0.006	-1.576	0.008	1.585	-0.020***	-11.327	-0.015***	-3.831

续表

项目	式（7-18）（被解释变量 Comp）				式（7-19）（被解释变量 Str）		式（7-20）（被解释变量 Comp）	
	薪酬外部劣势不公平		薪酬外部优势不公平					
	回归系数	T值	回归系数	T值	回归系数	T值	回归系数	T值
第一大股东持股比例（Fsh）	-0.132***	-3.197	-0.207***	-4.003	-0.040**	-2.242	-0.153***	-3.775
管理层持股比例（Msh）	-0.071	-1.514	-0.089	-1.485	0.001	0.033	-0.063	-1.380
监事会持股比例（Jsh）	-0.606	-0.644	-2.291	-1.392	-0.151	-0.372	-0.708	-0.768
独立董事比例（Ddp）	-0.235*	-1.951	-0.104	-0.671	-0.081	-1.558	-0.275**	-2.333
公司规模（$Size$）	0.196***	32.604	0.200***	24.887	0.080***	31.850	0.232***	35.670
资产负债率（Lev）	-0.046	-1.329	-0.126**	-2.575	0.068***	4.828	-0.019	-0.553
股权性质（Soe）	-0.069***	-5.007	-0.095***	-5.416	-0.047***	-7.932	-0.088***	-6.499
年份（$Year$）和行业（Ind）	控制		控制		控制		控制	
样本量（N）	4322		2933		4322		4322	
调整后 R^2	0.575		0.606		0.306		0.593	
F值	183.700		133.683		68.904		185.901	
显著性水平	0.000		0.000		0.000		0.000	

（1）薪酬外部公平性对高管薪酬粘性影响机制分析

首先，观察表 7-7 左侧栏式（7-18）薪酬外部劣势不公平样本组回归结果。高管货币薪酬（$Comp$）与净资产收益率（Roe）回归系数 1.528，二者在 1% 水平下显著正相关，说明中国上市公司高管薪酬业绩敏感性较强。交乘项（$D \times Roe$）回归系数（-0.696）通过 1% 显著性检验，说明业绩上升和下降时高管薪酬业绩敏感性存在不对称现象，高管薪酬存在粘性特征。薪酬外部劣势不公平（Ed）回归系数在 1% 水平下显著为负（-1.316），薪酬外部劣势不公平程度越大，高管货币薪酬越低。交乘项（$D \times Roe \times Ed$）回归系数在 5% 水平下显著为负（-0.572），证明薪酬外部劣势不公平加剧了高管薪酬粘性特征，劣势不公平程度越高，高管薪酬粘性特征越明显。

其次，观察表 7-7 左侧栏式（7-18）薪酬外部优势不公平样本组实证检验结果。净资产收益率（Roe）回归系数在 1% 水平下显著为正（1.941），交乘项（$D \times Roe$）回归系数在 1% 水平下显著为负（-0.967），表明高管薪酬存在粘性特征，与薪酬外部劣势不公平样本组结论一致。薪酬外部优势不公平（Eu）回归系数（0.422）通过 1% 显著性检验，薪酬外部优势不公平程度越大，高管货币薪酬越高。交乘项（$D \times Roe \times Eu$）回归系数在 5% 水平下显著为正（0.305），证明薪酬外部优势不公平削弱了高管薪酬粘性，优势不公平程度越高，薪酬粘性特征越弱。

综合上述分析，薪酬外部劣势不公平加剧高管薪酬粘性，薪酬外部优势不公平缓解高管薪酬粘性。该结论表明高管薪酬粘性并非单纯管理漏洞，一定程度上是公司为缓解薪酬外部劣势不公平而给予高管的替代性补偿机制，假设 7-1 成立。

（2）隐性薪酬中介传导效应分析

高管薪酬粘性部分源于薪酬外部劣势不公平，隐性薪酬因其隐蔽性和灵活性且不受薪酬管制约束，常常成为弥补高管货币薪酬激励不足的替代性选择。薪酬外部劣势不公平可能引起高管薪酬结构调整，隐性薪酬比例提升降低了薪酬外部劣势不公平程度，从而削弱了同为替代性补偿机制的高管薪酬粘性。为验证上述猜测，依照温忠麟和叶宝娟（2014）[34]的中介效应检验流程，以薪酬外部劣势不公平样本组为研究对象，利用式（7-18）、式（7-19）和式（7-20）回归模型验证高管隐性薪酬在薪酬外部劣势不公平加剧高管薪酬粘性过程中的中介传导效应，结果如表7-7所示。

式（7-19）实证结果显示，薪酬外部劣势不公平（Ed）与隐性薪酬比例（Str）回归系数在1%水平下显著为正（0.137），证明薪酬外部劣势不公平会引起隐性薪酬比例增长，薪酬外部劣势不公平程度越大，隐性薪酬占比越高。式（7-20）实证结果显示，高管货币薪酬（$Comp$）与净资产收益率（Roe）存在显著正相关关系，交乘项（$D \times Roe$）回归系数（-0.678）通过1%显著性检验，证明高管薪酬存在粘性特征。交乘项（$D \times Roe \times Ed$）回归系数（-0.707）通过1%显著性检验，说明薪酬外部劣势不公平加剧了高管薪酬粘性特征，与式（7-18）结论一致。隐性薪酬比例（Str）回归系数显著为负（-0.426），隐性薪酬与高管货币薪酬存在显著负相关性，证明隐性薪酬与显性薪酬存在替代关系。交乘项（$D \times Roe \times Str$）回归系数在1%水平下显著为正（1.285），表明隐性薪酬比例提升有助于缓解高管薪酬粘性。

综合上述分析，式（7-18）结果表明薪酬外部劣势不公平加剧了高管薪酬粘性，式（7-19）结果显示薪酬外部劣势不公平促进隐性薪酬比例提升，而式（7-20）结果证明隐性薪酬比例提升有助于缓解高管薪酬粘性。上述结果证实隐性薪酬在薪酬外部劣势不公平加剧高管薪酬粘性过程中具有中介遮掩效应，中介效应值为0.176

(0.137×1.285)，占直接效应比例为 0.249（$|0.176/-0.707|$）①。至此，假设 7 - 2 得证。

7.5.4　薪酬管制调节效应实证检验

运用式（7 - 21）门槛回归模型，验证不同薪酬管制强度区制内薪酬外部劣势不公平对高管薪酬粘性影响的差异性，结果如表 7 - 8 所示。

表 7 - 8　　　　　　　　薪酬管制调节效应检验结果

变量	回归系数	Z 值
净资产收益率（Roe）	1.385 ***	13.942
业绩下降（D）	0.098 ***	8.633
交乘项（D × Roe）	- 0.675 ***	- 5.803
两职兼任（Dual）	0.037 ***	2.582
董事会规模（Bod）	- 0.008 **	- 2.059
独立董事比例（Ddp）	- 0.164	- 1.380
第一大股东持股比例（Fsh）	- 0.142 ***	- 3.477
监事会持股比例（Jsh）	- 1.839 **	- 1.975
管理层持股比例（Msh）	- 0.102 **	- 2.221
资产负债率（Lev）	- 0.118 ***	- 3.495
公司规模（Size）	0.204 ***	34.942
股权性质（Soe）	- 0.033 **	- 2.398
行业（Ind）	控制	

---

①　温忠麟和叶宝娟（2014）[34] 的中介效应检验流程指出，"构建 $Y = cX + e$，$M = aX + e$ 和 $Y = c'X + bM + e$ 三个回归模型，其中 Y 为被解释变量，X 为解释变量，M 为中介变量，e 为残差。若回归系数 c、a、b 和 c' 显著，则比较中介效应（ab）和直接效应（c'）的符号，同号属于部分中介效应，报告中介效应占总效应比例为 ab/c；异号属于遮掩效应，报告间接效应与直接效应比例绝对值 $|ab/c'|$。"（张明慧，2017[37]；刘义宇，2019[38]）。

变量	低于门槛值		高于门槛值	
	回归系数	T 值	回归系数	T 值
薪酬外部劣势不公平程度（Ed）	− 1.073 ***	− 30.895	− 1.338 ***	− 30.769
交乘项（$D \times Roe \times Ed$）	− 0.396	− 1.064	− 0.845 **	− 2.064
常数项	9.906 ***	73.596	9.767 ***	72.874
门槛值	0.196			
SSR	532.941			

净资产收益率（Roe）回归系数显著为正（1.385），交乘项（$D \times Roe$）回归系数显著为负（− 0.675），表明高管薪酬存在粘性特征，与前文结论一致。观察交乘项（$D \times Roe \times Ed$）回归系数，发现薪酬管制强度（Ctl）低于门槛值（0.196）时薪酬外部劣势不公平对高管薪酬粘性影响不明显（回归系数未通过显著性检验），而薪酬管制强度（Ctl）高于门槛值时交乘项回归系数（− 0.845）通过 5% 显著性检验，证明薪酬外部劣势不公平加剧高管薪酬粘性。对比两组样本回归结果，发现不同薪酬管制强度区制内薪酬外部劣势不公平对高管薪酬粘性影响存在显著差异，证明薪酬管制强度（Ctl）对薪酬外部劣势不公平与高管薪酬粘性关系具有调节效应，薪酬管制强度（Ctl）较大时薪酬外部劣势不公平加剧高管薪酬粘性的作用效果更明显。至此，假设 7 − 3 得证。

7.6　内生性与稳健性检验

7.6.1　内生性检验

薪酬外部劣势不公平与高管薪酬是本章研究的两个重要变量。为确保二者之间不存在内生性，进行如下处理：①参照李春涛和宋敏（2010）[39]的做法，在实证模型中加入行业和年份虚拟变量；②回归模型主要解释变量"薪酬外部劣势（优势）不公平"采用滞后一期数据，避免由于反向因果导致内生性问题。在上述处理基础上，借鉴菲斯曼和思文森（Fisman and Svensson，2007）[40]内生性检验的工具变量法，以薪酬外部劣势不公平（Ed）行业均值为工具变量，对式（7 - 18）进行 Hausman 和 DWH 内生性检验，结果如表 7 - 9 所示。比较引入工具变量后回归系数（IV）和原有最小二乘法回归系数（OLS），发现考虑内生性影响后各变量回归系数并未发生明显改变，且 Hausman 与 DWH 检验 p 值均大于 0.1，接受原假设，证实原回归模型不存在内生性问题。

表 7 - 9　　　　　　　　　　工具变量法内生性检验

变量	引入工具变量回归系数（IV）	最小二乘法回归系数（OLS）	二者差异性	标准误
净资产收益率（Roe）	1.532	1.528	0.004	0.026
业绩下降（D）	0.120	0.120	0.000	0.001
交乘项（$D \times Roe$）	-0.698	-0.696	-0.003	0.018
薪酬外部劣势不公平（Ed）	-1.357	-1.316	-0.041	0.281
交乘项（$D \times Roe \times Ed$）	-0.646	-0.572	-0.075	0.517
两职兼任（$Dual$）	0.021	0.022	-0.000	0.003
董事会规模（Bod）	-0.007	-0.006	-0.000	0.001
独立董事比例（Ddp）	-0.236	-0.235	-0.002	0.012
第一大股东持股比例（Fsh）	-0.129	-0.132	0.004	0.025
监事会持股比例（Jsh）	-0.616	-0.606	-0.010	0.069

续表

变量	引入工具变量回归系数（IV）	最小二乘法回归系数（OLS）	二者差异性	标准误
管理层持股比例（*Msh*）	− 0.072	− 0.071	− 0.002	0.011
资产负债率（*Lev*）	− 0.043	− 0.046	0.003	0.017
公司规模（*Size*）	0.196	0.196	− 0.000	0.001
股权性质（*Soe*）	− 0.070	− 0.069	− 0.001	0.008
Hausman 检验	卡方（chi^2）= 0.020		p 值 = 0.885	
DWH 检验	卡方（chi^2）= 0.022	p 值 = 0.883	F 值 = 0.021	p 值 = 0.884

7.6.2 稳健性检验

更换薪酬外部公平性计量方法重新进行实证检验。首先，将同年份、同行业样本公司按净资产收益率（*Roe*）从低到高升序排列，并分别等分为"高、较高、中、较低、低"五个业绩区间段。其次，计算同行业、同年份、相同业绩区间段样本公司高管货币薪酬均值，并以其作为样本公司高管预期薪酬。最后，按照式（7 − 16）和式（7 − 17）重新计量"薪酬外部劣势不公平（*Ed*）"及"薪酬外部优势不公平（*Eu*）"，并代入式（7 − 18）、式（7 − 19）、式（7 − 20）以及式（7 − 21）。稳健性检验结果如表 7 − 10 和表 7 − 11 所示，除模型估计参数大小出现少许差异外，参数符号和研究结论与前文一致，证明本章研究结论具有稳健性。

表 7 - 10　薪酬外部公平性对高管薪酬粘性影响及中介效应稳健性检验结果

项目	式（7-18）（被解释变量 Comp）				式（7-19）（被解释变量 Str）		式（7-20）（被解释变量 Comp）	
	薪酬外部劣势不公平		薪酬外部优势不公平					
	回归系数	T值	回归系数	T值	回归系数	T值	回归系数	T值
常数项	12.350***	88.417	12.169***	67.245	-1.000***	-16.294	11.828***	84.440
净资产收益率（Roe）	1.921***	19.889	2.149***	16.125	—	—	1.858***	19.743
业绩下降（D）	0.139***	12.408	0.109***	7.081	—	—	0.135***	12.318
交乘项（D×Roe）	-0.970***	-8.646	-0.936***	-6.036	—	—	-0.935***	-8.553
薪酬外部劣势不公平（Ed）	-1.387***	-53.381	—	—	0.142***	12.411	-1.315***	-51.102
交乘项（D×Roe×Ed）	-0.611**	-2.332	—	—	—	—	-0.612**	-2.398
薪酬外部优势不公平（Eu）	—	—	0.389***	38.023	—	—	—	—
交乘项（D×Roe×Eu）	—	—	0.367***	3.031	—	—	—	—
隐性薪酬比例（Str）	—	—	—	—	—	—	-0.480***	-14.548
交乘项（D×Roe×Str）	—	—	—	—	—	—	0.895***	3.023
两职兼任（Dual）	0.033**	2.452	0.031	1.635	-0.007	-1.095	0.030**	2.287
董事会规模（Bod）	-0.003	-0.704	0.004	0.856	-0.021***	-11.440	-0.013***	-3.296

续表

项目	式(7-18)(被解释变量 Comp)				式(7-19)(被解释变量 Str)		式(7-20)(被解释变量 Comp)	
	薪酬外部劣势不公平		薪酬外部优势不公平					
	回归系数	T值	回归系数	T值	回归系数	T值	回归系数	T值
第一大股东持股比例（Fsh）	-0.111***	-2.787	-0.149***	-2.927	-0.046***	-2.592	-0.135***	-3.459
管理层持股比例（Msh）	0.012	0.278	-0.026	-0.402	-0.015	-0.752	0.010	0.246
监事会持股比例（Jsh）	0.000	0.000	0.043	0.021	-0.160	-0.414	-0.098	-0.116
独立董事比例（Ddp）	-0.210*	-1.762	-0.253*	-1.708	-0.039	-0.734	-0.230**	-1.976
公司规模（Size）	0.081***	13.031	0.092***	11.158	0.090***	33.513	0.126***	18.780
资产负债率（Lev）	-0.104***	-3.126	-0.218***	-4.510	0.091***	6.377	-0.065**	-2.001
股权性质（Soe）	-0.048***	-3.562	-0.104***	-6.023	-0.051***	-8.473	-0.072***	-5.492
年份（Year）和行业（Ind）	控制		控制		控制		控制	
样本量（N）	4484		2771		4484		4484	
调整后 R²	0.555		0.599		0.310		0.578	
F值	176.028		122.794		73.021		181.890	
显著性水平	0.000		0.000		0.000		0.000	

表 7 –11　　　　　　　　薪酬管制调节效应稳健性检验结果

变量	被解释变量：高管薪酬（*Comp*）	
	回归系数	Z 值
净资产收益率（*Roe*）	1.719 ***	17.592
业绩下降（*D*）	0.107 ***	9.542
交乘项（*D* × *Roe*）	– 0.942 ***	– 8.317
两职兼任（*Dual*）	0.038 ***	2.803
董事会规模（*Bod*）	– 0.007 *	– 1.751
独立董事比例（*Ddp*）	– 0.160	– 1.332
第一大股东持股比例（*Fsh*）	– 0.156 ***	– 3.885
监事会持股比例（*Jsh*）	– 1.234	– 1.425
管理层持股比例（*Msh*）	– 0.031	– 0.716
资产负债率（*Lev*）	– 0.193 ***	– 5.843
公司规模（*Size*）	0.107 ***	17.688
股权性质（*Soe*）	– 0.003	– 0.188
行业（*Ind*）	控制	

变量	低于门槛值		高于门槛值	
	回归系数	t 值	回归系数	t 值
薪酬外部劣势不公平（*Ed*）	– 0.948 ***	– 18.541	– 1.341 ***	– 43.136
交乘项（*Ed* × *D* × *Roe*）	– 0.797	– 1.524	– 0.574 *	– 1.864
常数项	12.060 ***	86.229	11.944 ***	85.626
样本量（*N*）	4484			
门槛值	0.120			
SSR	552.173			

7.7　结论与启示

本章以 2013 ~ 2018 年中国沪深 A 股上市公司为研究对象，从薪酬外部公平性视角研究高管薪酬粘性形成机制与传导路径，发现如下三点结论：①薪酬外部劣势不公平加剧高管薪酬粘性，薪酬外部优势不公平缓解高管薪酬粘性，证明高管薪酬粘性一定程度上是公司为缓解薪酬外部劣势不公平而给予高管的替代性补偿激励机制。②薪酬外部劣势不公平会引起隐性薪酬比例提升，从而缓解高管薪酬粘性特征，即隐性薪酬在薪酬外部劣势不公平加剧高管薪酬粘性过程中具有中介遮掩效应。③薪酬管制对薪酬外部劣势不公平与高管薪酬粘性关系具有显著调节效应，薪酬管制较强时薪酬外部劣势不公平加剧高管薪酬粘性的作用效果更显著，证明薪酬管制是高管薪酬粘性产生的重要制度根源。本章研究结论可对高管激励实践与政府监管提供如下三点启示：

（1）利用高管薪酬粘性发挥替代性补充激励作用

高管薪酬契约设计宗旨是最大限度提升高管激励效应，因此应体现公平公正原则。中国特殊制度背景下，薪酬管制可能导致高管货币薪酬与其贡献不匹配，背离"多劳多得，按劳分配"的社会分配原则。为保证高管薪酬分配公平性，更好发挥薪酬激励效应，可以利用高管薪酬粘性弥补货币薪酬激励不足。最优契约论认为，股东应基于自身利益最大化原则设计高管薪酬契约，至于高管薪酬与公司业绩相关性强弱是股东权衡多种利弊而做出的内生选择。高管薪酬粘性本质上是对高管收益的一种保护，可作为替代性激励机制而存在。原因体现在如下三方面：①公司业绩噪音使高管薪酬粘性的存在具有合理性。公司业绩是股东衡量高管努力水平的直接依据，但公司业绩受行业环境和经营风险等诸多因素影响，存在许多噪声。例如，垄断行业公司业绩远远高于竞争性行业，经济繁荣时公司业绩普遍较好，经济衰退时公司业绩普遍较差。业绩下滑时一味强调薪酬业绩高度相关性可能会挫伤高管的工作积极性，提高薪酬粘性可能对高管具有更强激励效应。②提高薪酬粘性可在一定程度上抑制高管盈余操纵行为。公司业绩是高管薪酬契约设计的重要依据，高管很可能在公司业绩下滑时实施上行盈余操纵，给公司带来一定负面影响。股东为降低代理成本，倾向于在业绩下滑时削弱薪酬业绩敏感性。此时高管薪酬粘性是股东权衡利弊之下的无奈选择，可在一定程度上抑制高管盈余操纵行为。③多维度业绩评价制度必然导致高管薪酬存在粘性特征。公司业绩评价是多维度的，不仅考虑短期盈利水平，还要兼顾非营利性基本面特征。将非营利性业绩引入业绩评价中来，必然加剧以盈利业绩为衡量标准的高管薪酬粘性。

（2）适度调整薪酬管制强度

薪酬管制是中国国有公司独有的制度特色，旨在解决 21 世纪初期高管薪酬畸高产生的社会分配不公平问题。薪酬管制政策实施后，国有公司高管"天价薪酬"现象得到有效遏制，对促进社会分配公平发挥了重要作用。但薪酬管制政策在创造积极效应的同时，其弊端也逐步显现出来，表现在如下几个方面：①薪酬管制可能引发新的分配不公平问题。薪酬管制是中国政府对国有公司高管薪酬的直接干预和限制，有悖于高管薪酬市场化定价机制，很难适应市场经济发展需要，极易引发高管薪酬外部不公平现象，产生新的分配不公平问题。以 2012～2016 年中国沪深 A 股上市公司为例，剔除 ST、*ST、SST、金融保险类公司样本以及数据缺失和异常的公司样本后，得到 991 家上市公司 5 年平衡面板数据，共 4955 个有效观测值。其中薪酬外部劣势不公平样本数为 2614 个，薪酬外部优势不公平样本数 2341 个，超过半数公司高管薪酬处于劣势不公平状态，薪酬管制是其形成的重要根源。②薪酬管制可能加剧高管贪污腐败等机会主义行为。薪酬管制导致国有公司高管货币薪酬激励不足，可能诱发高管利用手中权力借用各种名目扩大隐性收入，产生新的腐败问题。徐细雄和刘星（2013）[24] 的研究显示，当货币薪酬受到管制时会被迫出现不直接以货币薪酬体现的多元化替代性激励形式，包括在职消费等隐性薪酬以及贪污、腐败与财产侵占等赤裸裸的违法行为。③薪酬管制导致各种替代性补偿激励机制问世。薪酬管制的直接后果就是高管货币薪酬激励不足，必然出现其他替代性补偿激励方式。首先，在职消费由于其隐蔽性和不易追踪性，可以不受薪酬管制约束，一度成为国有公司高管自我激励的重要手段。其次，为弥补薪酬管制导致的高管激励不足，高管薪酬契约设计常常降低薪酬业绩敏感性、提高高管薪酬粘性。本章研究证明高管薪酬粘性一定程度上是公司为缓解薪酬外部劣势不公平而给予高管的替代性补偿激励机制，薪酬管制是高管薪酬粘性产生的重要制度根源。

（3）合理制定在职消费管理规范

21世纪初期中国国有公司实行薪酬管制，货币薪酬激励不足使高管利用职权谋取私利的动机增强。由于在职消费具有隐蔽性和灵活性特点，且不受薪酬管制约束，因此成为高管攫取私有利益的主要手段。中国政府制定在职消费规范，意欲控制这种自利动机的超额职务消费，毋庸置疑是正确之举。但在职消费规范应保持在合理适度范围内，否则可能影响正常职务消费及替代性补偿激励引发的职务消费。孙世敏等（2016）[41]的研究指出，中国国有公司高管职务消费包括正常职务消费、货币薪酬补充成分与自娱性消费三重属性。正常职务消费是高管履职过程中不可避免的必要消费，如公务用车、通信及必要的国（境）外考察培训等。关系网络是中国公司特殊的"经济资源"，高管需要通过宴请、旅行、买单和礼物赠与等形式建立和维持关系资源，以获取短期和长期收益。正常职务消费有助于提高高管工作效率，促进公司业绩改善。此外，薪酬管制导致国有公司高管货币薪酬激励不足，在职消费作为一种替代性补偿激励机制有助于调动高管工作积极性。中国政府应合理管控在职消费规范，坚决遏制自娱性消费，严厉打击高管机会主义行为。在此基础上，确保高管合理的职务消费，满足替代性激励机制所需。

本章研究存在以下两点局限：①由于在职消费的隐蔽性和不易追踪性，现有数据库没有披露该项信息，只能采用八项费用之和替代，可能对实证结果产生一定影响。②高管薪酬包括货币薪酬、在职消费和股权激励，但由于资本市场不完善，本章尚未将股权激励纳入高管薪酬研究范畴。

本章参考文献

［1］Jackson S B, Lopez T J, Reitenga A L. Accounting fundamentals and CEO bonus compensation ［J］. Journal of Accounting & Public Policy, 2008, 27 (5): 374 – 393.

［2］Shaw K W, Zhang M. Is CEO cash compensation punished for poor firm performance? ［J］. The Accounting Review, 2010, 85 (3): 1065 – 1093.

［3］Morse A. Payday lenders: heroes or villains ［J］. Journal of Financial Economics, 2011, 102 (1): 28 – 44.

［4］Lin D, Kuo H C, Wang L H. Chief executive compensation: an empirical study of fat cat CEOs ［J］. International Journal of Business & Finance Research, 2013, 7 (2): 27 – 42.

［5］方军雄. 我国上市公司高管的薪酬存在粘性吗？［J］. 经济研究, 2009 (3): 110 – 124.

［6］陈修德, 彭玉莲, 吴小节. 中国上市公司 CEO 薪酬粘性的特征研究 ［J］. 管理科学, 2014, 27 (3): 61 – 74.

［7］罗正英, 詹乾隆, 段姝. 内部控制质量与企业高管薪酬契约 ［J］. 中国软科学, 2016 (2): 169 – 178.

［8］张路, 张瀚文. 超募资金与高管薪酬契约 ［J］. 会计研究, 2017 (4): 38 – 44, 95.

［9］张秀敏, 高云霞. 社会责任信息披露与高管薪酬粘性 ［J］. 软科学, 2017, 31 (11): 134 – 138.

［10］Garvey G T, Milbourn T T. Asymmetric benchmarking in compensation: executives are rewarded for good luck but not penalized for bad ［J］. Journal of Financial Economics, 2006, 82 (1): 197 – 225.

［11］步丹璐, 张晨宇. 产权性质、风险业绩和薪酬粘性 ［J］. 中国会计评论, 2012, 10 (3): 325 – 346.

[12] 高文亮，罗宏，程培先．管理层权力与高管薪酬粘性 [J]．经济经纬，2011（6）：82－86．

[13] 罗莉，胡耀丹．内部控制对上市公司高管薪酬粘性是否有抑制作用？——来自沪深两市 A 股经验证据 [J]．审计与经济研究，2015，30（1）：26－35．

[14] 聂常虹，武香婷．股权激励促进科技成果转化——基于中国科学院研究所案例分析 [J]．管理评论，2017，29（4）：264－272．

[15] 吴联生，林景艺，王亚平．薪酬外部公平性、股权性质与公司业绩 [J]．管理世界，2010（3）：117－126，188．

[16] 祁怀锦，邹燕．高管薪酬外部公平性对代理人行为激励效应的实证研究 [J]．会计研究，2014（3）：26－32，95．

[17] 张敦力，江新峰．管理者能力与企业投资羊群行为：基于薪酬公平的调节作用 [J]．会计研究，2015（8）：41－48，96．

[18] 黄辉．高管薪酬的外部不公平、内部差距与企业绩效 [J]．经济管理，2012，34（7）：81－92．

[19] 宿玉海，刘璐．基于行业公平性的上市公司高管薪酬激励作用研究 [J]．山东财经大学学报，2016，28（2）：55－64．

[20] Hur Y. Testing herzberg's two-factor theory of motivation in the public sector: is it applicable to public managers? [J]. Public Organization Review, 2018, 18（3）: 329－343.

[21] 贺京同，那艺．行为经济学——选择、互动与宏观行为 [M]．北京：中国人民大学出版社，2015．

[22] 陈冬华，陈信元，万华林．国有企业中的薪酬管制与在职消费 [J]．经济研究，2005（2）：92－101．

[23] 刘银国，张劲松，朱龙．国有企业高管薪酬管制有效性研究 [J]．经济管理，2009，31（10）：87－93．

[24] 徐细雄，刘星．放权改革、薪酬管制与企业高管腐败 [J]．管理世界，2013（3）：119－132．

［25］夏宁，王嘉茵．高管团队断层线对企业创新投入的影响研究［J］．会计之友，2020（7）：63 - 69.

［26］林钟高，郑军，彭琳．关系型交易、盈余管理与盈余反应——基于主要供应商和客户视角的经验证据［J］．审计与经济研究，2014（2）：47 - 57.

［27］张俊瑞，王良辉，汪方军．管理层任职网络会影响高管薪酬吗？——一项基于社会资本的实证研究［J］．管理评论，2018，30（6）：136 - 148.

［28］谢获宝，惠丽丽．成本粘性、公司治理与高管薪酬业绩敏感性——基于企业风险视角的经验证据［J］．管理评论，2017，29（3）：110 - 125.

［29］鄢伟波，邓晓兰．国有企业高管薪酬管制效应研究——对高管四类反应的实证检验［J］．经济管理，2018，40（7）：56 - 71.

［30］傅颀，汪祥耀．所有权性质、高管货币薪酬与在职消费——基于管理层权力的视角［J］．中国工业经济，2013（12）：104 - 116.

［31］伍中信，吴成．薪酬差距的度量改进及其对企业绩效的影响［J］．财会月刊，2016（18）：3 - 8.

［32］陈怡秀，孙世敏，屠立鹤．在职消费经济效应的影响因素——基于高管异质性视角的研究［J］．经济管理，2017，39（5）：85 - 100.

［33］孙园园，梁相，史燕丽．大股东掏空、管理层权力与高管薪酬——基于薪酬辩护理论视角的分析［J］．财经问题研究，2017（6）：86 - 92.

［34］温忠麟，叶宝娟．中介效应分析：方法和模型发展［J］．心理科学进展，2014，22（5）：731 - 745.

［35］刘满凤，谢晗进．我国工业化与城镇化的环境经济集聚双门槛效应分析［J］．管理评论，2017，29（10）：21 - 33.

［36］Chou M C. Panel threshold analysis of Chinese Taiwan's outbound visitors［J］. Economic Modeling，2013（33）：787 – 793.

［37］张明慧. 创业导向对团队绩效的影响机制研究［D］. 上海：上海交通大学，2017.

［38］刘义宇. CFO 财务执行力、会计信息质量与投资效率［D］. 南京：南京财经大学，2019.

［39］李春涛，宋敏. 中国制造业企业的创新活动：所有制和 CEO 激励的作用［J］. 经济研究，2010，45（5）：55 – 67.

［40］Fisman R，Svensson J. Are corruption and taxation really harmful to growth? Firm level evidence［J］. Journal of Development Economics，2007，83（1）：63 – 75.

［41］孙世敏，柳绿，陈怡秀. 在职消费经济效应形成机理及公司治理对其产生的影响［J］. 北京：中国工业经济，2016（1）：37 – 51.

第8章

薪酬外部公平性对高管薪酬同业参照影响

8.1 引　　言

　　高管薪酬是公司治理的重要研究问题，近些年中国政府虽对其进行了规范化管理，但整体呈增长态势。2017年中国上市公司高管薪酬总额约为236亿元，较2016年增长近一成，年薪500万元以上高管148位，其中13位享有千万年薪收入。针对上述现象，部分学者尝试探索高管薪酬棘轮式增长原因，发现薪酬同业参照对其具有显著影响。现有研究显示，上市公司高管薪酬契约设计通常以同行业类似公司高管薪酬为参照基准（Brookman and Thistle，2013[1]；徐细雄和谭瑾，2014[2]；赵颖，2016[3]）。基于人力资本视角的研究指出，行业薪酬参照有助于形成市场薪酬导向，增强薪酬契约有效性（Holmstrom and Kaplan，2003[4]；江伟，2010[5]）；基于管理层权力视角的研究发现高管薪酬同群选择具有更大自由裁量权，倾向于以规模较大且薪酬较高的公司作为参照对象（Faulkender and Yang，2010[6]；Bizjak et al.，2011[7]）。目前，中国上市公司并未要求强制披露高管薪酬契约设计所参照的同群公司，高管薪酬参照对象选择与参照信息使用更具隐蔽性（孙园园和马忠，2018）[8]。薪酬同业参照对高管薪酬市场化改革具有重要意义，但由于制度和治理结构差异，中国上市公司高管薪酬制定过程与英美国家不同，薪酬管制使高管薪酬契约设计更具独特性，可能导致高管薪酬同业参照具有选择偏好，该方面研究十分匮乏，需要取得证据支持。

中国上市公司高管薪酬强制性披露政策为薪酬同业参照创造了条件，但随着薪酬信息透明度提高，高管对薪酬公平性诉求日益增强。社会比较理论认为，高管倾向于通过社会比较判断利益得失，当其薪酬与付出比高于比较对象时会产生满足感；反之则滋生自我利益被侵蚀的消极心理并影响其决策选择。行业薪酬参照基准在一定程度上体现高管人力资本价值，薪酬外部优势不公平时高管为保持较高薪酬可能排斥同业参照，薪酬外部劣势不公平时高管为提升薪酬有强烈愿望选择同业参照。由此推测，薪酬外部不公平可能导致高管薪酬同业参照出现选择偏好。高管薪酬同业参照及其选择偏好可能受行业特征和公司内部环境影响。行业平均薪酬上升时选择同业参照有助于提升高管薪酬，行业平均薪酬下降时拒绝同业参照具有薪酬保护功效；前景较好行业能够给予高管更大发展空间，在一定程度上可以缓解薪酬外部劣势不公平对同业参照的促进作用；规模较大行业高管薪酬契约设计更多采用市场机制，高管薪酬比较接近行业基准。由此推测，行业特征可能对高管薪酬同业参照选择偏好产生影响。此外，公司业绩与管理层权力是影响高管薪酬的重要因素，它们可能对高管薪酬同业参照选择偏好具有调节作用。上述问题至今尚未查阅到相关研究文献，需要深入探索。

本章学术贡献表现在如下五方面：①将薪酬外部公平性引入高管薪酬同业参照研究中来，为理论研究开辟了一个新视角。②通过高管薪酬变动与行业薪酬变动相关性检验高管薪酬同业参照现象，发现薪酬外部劣势不公平促进高管薪酬同业参照，薪酬外部优势不公平抑制高管薪酬同业参照。③基于公司内部环境研究薪酬外部公平性对高管薪酬同业参照影响差异性，发现公司业绩增长强化薪酬外部劣势不公平对高管薪酬同业参照的促进作用，公司业绩下滑缓解薪酬外部优势不公平对高管薪酬同业参照的抑制作用；董事长与总经理两职兼任对薪酬外部公平性与高管薪酬同业参照关系无显著影响；管理层持股加剧薪酬外部劣势不公平对高管薪酬同业参照的促进作用。④进一步研究发现，行业发展前景越好，薪酬外部劣势不公平对高管薪酬同业参照的促进作用越弱；行业规模越大，薪酬外部劣势不公平对高管薪酬同业参照的促进作用越强，薪酬外部优势不公平对高管薪酬同业参照的抑制作用越弱。⑤在亚当斯公平理念基础上借助倾向得分匹配法对高管薪酬外部比较对象加以识别，并从薪酬与业绩两方面衡量高管薪酬外部公平性，使其计量更为精准。

8.2　相关研究回顾

8.2.1　高管薪酬同业参照

高管薪酬同业参照研究源于代理问题，股东将同业公司高管薪酬作为薪酬契约设计参照基准，可以排除更多外生因素干扰，降低成本。现有研究显示，部分公司高管薪酬增长会引起同群其他公司高管薪酬随之增长，即高管薪酬具有同群传染性（Gabaix and Landier，2008[9]；Brookman and Thistle，2013[1]；Bereskin and Ciccro，2013[10]）。基于人力资本视角的研究指出，薪酬同业参照可以准确捕捉高管人力资本信息，增强薪酬契约设计有效性（Murphy and Zabojnik，2004）[11]；薪酬参照是对 CEO 才能的奖励，有助于提升公司绩效（Albuquerque et al.，2013）[12]。基于管理层权力视角的研究则认为，引入薪酬同业参照是高管利用职权干扰薪酬分配、谋取私利的手段。佛勒肯德和杨（Faulkender and Yang，2010）[6]在控制行业、规模、知名度、CEO 责任和人才流动后发现，公司倾向于选择行业较高薪酬作为参照基准以证明其 CEO 薪酬是合理的，这种影响在 CEO 兼任董事长时更显著。卡德曼和卡尔特（Cadman and Carter，

2014)[13]研究了608家样本公司实际参照群体选择与高管薪酬的关系，并未发现二者存在必然关联。为探究中国上市公司高管薪酬增长根源，国内学者结合中国管理实践对薪酬同业参照展开研究。江伟（2010）[5]率先对上述两种理论假说的适用性进行检验，发现人力资本理论可以解释薪酬同业参照基准，认为高管人力资本越重要，越可能因为同业参照获得薪酬增长。继此之后，江伟（2011）[14]借助市场化程度和行业竞争两个外部治理变量对行业薪酬基准展开进一步研究，证明管理层权力理论对中国上市公司行业薪酬基准使用具有解释力。

8.2.2 高管薪酬外部公平性

亚当斯（1965）[15]基于社会交换视角对薪酬公平性进行了界定，指出公平性源于人们对投入与所得的对比，个体倾向于将自身所得与心理预期对比，或将自身投入收益比与其他参照对象进行比较。考瑞等（Core et al. , 1999）[16]建立高管团队薪酬决定模型，按年度与行业分别进行回归，将其残差（亦称额外薪酬）定义为高管薪酬外部不公平。吴连生等（2010）[17]借鉴考瑞等（1999）[16]的薪酬外部公平性计量方法，发现正向额外薪酬仅对非国有公司高管具有激励作用，负向额外薪酬的"惩戒"作用并未得到证实。祁怀锦和邹燕（2014）[18]以薪酬分位数衡量薪酬外部公平性，证实高管薪酬外部公平性对公司业绩影响具有显著区间效应。罗华伟等（2015）[19]以及常建（2016）[20]的研究均证明高管薪酬外部公平性与公司业绩存在关联性。张兴亮和夏成才（2016）[21]以高管薪酬水平差距和垂直差距衡量薪酬公平性，证实中国上市公司高管存在"不患寡而患不均"的心理，为薪酬外部公平性研究提供了启示。此外，现有研究基于个体社会比较心理，从公平关切、攀比、嫉妒等视角对高管薪酬外部公平性进行了深层次解读，发现高管薪酬低于同行业可比公司高管薪酬中位数越多，高管在未来通过盈余管理操纵薪酬的程度越大（罗宏等，2016）[22]。

8.2.3　现有研究局限

现有文献分别基于人力资本和管理层权力视角研究高管薪酬同业参照现象，为中国上市公司高管薪酬增长提供理论诠释。但现有研究存在如下三点局限：

（1）人力资本理论和管理层权力理论研究结论存在较大分歧

人力资本理论和管理层权力理论研究高管薪酬同业参照，均基于薪酬契约设计依据探索薪酬参照与高管薪酬增长关系，忽略了高管行为动机对薪酬同业参照影响。依据行为经济学理论，薪酬外部公平性影响高管心理感知，并对其行为决策产生影响。薪酬外部优势不公平时高管可能为保持高薪酬而抵制同业参照，而薪酬外部劣势不公平时高管为提高薪酬更愿意促成同业参照。将薪酬外部公平性引入高管薪酬同业参照研究中来，可能对人力资本理论与管理层权力理论的融合提供契机，为两种理论分歧作出合理解释。

（2）国外薪酬同业参照研究方法与结论不适合中国国情

国外公司被强制要求披露高管薪酬契约设计的同业参照公司，将特定公司与同业参照公司高管薪酬对比分析，即可看出高管薪酬同业参照效应是否存在。中国上市公司高管薪酬同业参照信息属于自愿披露范畴，大多数公司年报附注中没有该项信息，无法借鉴国外经验直接对比，需要探索新的研究思路与方法。

（3）高管薪酬同业参照选择偏好及影响因素尚未清晰

现有研究显示，中国上市公司高管薪酬具有同业参照现象。但中国制度环境下，高管薪酬同业参照可能存在选择偏好，薪酬外部劣势与优势不公平条件下高管对薪酬同业参照可能拥有不同态度。此外，高管薪酬同业参照及其选择偏好可能受行业特征（如行业规模、行业发展前景以及行业薪酬水平等）与公司内部环境（如公司业绩及管理层权力等）等诸多因素影响。该方面研究十分薄弱，需要深入探索。

8.3　理论分析与研究假设

8.3.1　薪酬外部公平性对高管薪酬同业参照影响

公司管理实践中，董事会和薪酬管理委员会通常以行业平均薪酬为参照基准确定高管薪酬水平（Brookman and Thistle，2013[1]；Bereskin and Ciccro，2013[10]）。高管薪酬同业参照可排除部分外部因素影响，更为准确地获取人力资本信息，增强薪酬契约有效性（Albuquerque et al.，2013）[12]。外界对公司业绩和发展前景的预期受高管薪酬行业地位影响（Elson and Ferrere，2013）[23]，出于信号传递需求公司会参照行业薪酬基准调整高管薪酬。目前，中国政府强制要求上市公司披露高管薪酬，为薪酬同业参照创造了条件。拉谢佛（Laschever，2013）[24]发现薪酬管理委员会通常选择具有相似特征的同业公司高管薪酬作为参照基准。李维安等（2010）[25]以及罗昆和徐智铭（2018）[26]的研究显示，高管薪酬与外部参照基准存在正相关关系。可见，中国上市公司高管薪酬存在同业参照现象。

高管薪酬外部公平性包括劣势不公平和优势不公平两种情况。薪酬外部劣势不公平时，高管薪酬低于外部参照基准，高管会极力促进薪酬同业参照，通过市场定价使自身薪酬向行业参照基准靠拢。公司为吸引优秀人才，激发高管工作热情，也会推崇薪酬同业参照。薪酬外部优势不公平时，高管获得了高于行业参照基准的超额薪酬。为证明自身高额薪酬合理性，高管倾向于选择薪酬较高的行业参照对象进行薪酬辩护（Pittinsky and Diprete，2013）[27]，因此会不自觉地排斥甚至抵制同业参照。从股东角度看，高管超额薪酬具有保健功效，给予未必提升激励效果，但降低一定会挫伤工作积极性，因此公司不会轻易参照行业薪酬基准降低高管薪酬。

基于上述分析，提出假设 8 - 1：

假设 8 - 1：薪酬外部劣势不公平促进高管薪酬同业参照，薪酬外部优势不公平抑制高管薪酬同业参照。

8.3.2　公司业绩变动调节效应

依据最优契约理论，只有与公司业绩挂钩的薪酬契约才是有效的。然而，现实工作中高管薪酬与公司业绩存在非线性且不对称关系（Canarella and Nourayi，2008）[28]，业绩上升时高管薪酬增幅较大，而业绩下滑时高管薪酬并未显著降低（方军雄，2011）[29]。高管薪酬变动可能源于公司业绩改变，也可能源于薪酬同业参照。行为经济学研究表明高管具有损失厌恶特征（Kahneman and Tversky，1979）[30]，内在偏好会因现有收益结果而改变（潘禄和钱秀莹，2014）[31]。薪酬外部劣势不公平时，高管获得与其能力不相匹配的低价薪酬，公司业绩增长幅度越大，高管机会成本越高。为避免高管因损失厌恶而滋生机会主义行为，公司会在业绩上升时增强薪酬同业参照以提升高管薪酬。此外，公司业绩体现高管人力资本价值，业绩增长为高管提供了薪酬议价的筹码，可促进薪酬管理委员会选择薪酬同业参照，提升薪酬激励强度。由此推测，公司业绩上升将强化薪酬外部劣势不公平对高管薪酬同业参照的促进作用，业绩上升幅度越大，薪酬外部劣势不公平对高管薪酬同业参照的促进作用越强。薪酬外部优势不公平时，高管获得了超额薪酬，经济和心理上的满足使其对薪酬外部公平性关注度较低，在损失厌恶心理作用下更在意业绩下降可能导致的降薪惩罚。公司业绩大幅下滑时，薪酬同业参照对高管薪酬具有保护作用，可以避免高管遭受过多薪酬损失。由此推测，公司业绩下滑幅度越大，薪酬外部优势不公平对高管薪酬同业参照的抑制作用越弱。

基于上述分析，提出假设 8 - 2：

假设 8 - 2：公司业绩上升将强化薪酬外部劣势不公平对高管薪

酬同业参照的促进作用；公司业绩下滑将缓解薪酬外部优势不公平对高管薪酬同业参照的抑制作用。

8.3.3　管理层权力调节效应

现有研究指出，薪酬同业参照便于公司获取高管人力资本定价信息，有助于提升高管薪酬合理性（Holmstrom and Kaplan，2003[4]；江伟，2010[5]）。但中国经理人市场尚不完善，内部人控制现象较为普遍，市场机制不能有效约束高管代理行为（钟海燕等，2010）[32]，基于同业参照基准制定高管薪酬可能滋生代理问题。管理层权力视角的研究指出，管理层权力过大会导致高管操纵性薪酬增加（权小锋等，2010）[33]，使旨在解决委托代理问题的高管薪酬契约失去应有效果。权力较高管理层可能对薪酬契约设计过程实施干预，选择对其最有利的参照公司和参照条件，使薪酬同业参照的公平性选择偏好更为明显。高度集中的股权结构是中国上市公司的典型特征，而内部人控制是管理层权力的主要来源（李维安等，2010）[25]。从高管职权角度看，董事长与总经理两职兼任一直以来都是管理层权力的重要衡量指标（傅颀等，2014）[34]，两职兼任赋予高管更高决策控制权，使其可以利用手中资源抵御董事会监督，甚至通过干预薪酬管理委员会而操纵薪酬。从股权结构上看，管理层持股使其具有股东和经营者双重身份，管理层持股比例决定其在董事会的话语权，高管可以利用双重身份对薪酬管理委员会施加影响，从而加剧薪酬外部不公平对高管薪酬同业参照的影响。管理层权力越大，薪酬外部劣势不公平促进高管薪酬同业参照效果越明显，薪酬外部优势不公平抑制高管薪酬同业参照效果越显著。

基于上述分析，提出假设8-3：

假设8-3：管理层权力会强化薪酬外部劣势（优势）不公平对高管薪酬同业参照的促进（抑制）作用。

8.4　研　究　设　计

8.4.1　样本选取与数据来源

本章以 2010～2017 年中国沪深 A 股上市公司为研究对象，并进行如下筛选（苑泽明等，2020）[35]：①剔除金融保险类公司以及没有披露行业薪酬统计信息的居民服务、修理和其他服务业公司；②剔除行业公司数过少的教育类以及卫生和社会工作类公司；③剔除公司经营业绩较差的 ST、*ST、SST 和 PT 类公司；④剔除"零薪酬"公司、资产报酬率为负值的公司以及数据缺失的公司。经过上述筛选后，最终得到 14181 个有效观测值。由于部分指标需以差额计量，故实证数据观测期间实为 2011～2017 年。

本章实证研究数据全部来自于国泰安数据库（CSMAR）和万得金融数据库（Wind）。为控制极端值影响，对所有连续变量进行上下 1% 的缩尾处理（王琪，2020）[36]。

8.4.2　变量选择与定义

（1）被解释变量

本章被解释变量为高管薪酬变动（$\Delta Comp$）。高管薪酬包括显性薪酬（货币薪酬、股权等）和隐性薪酬（在职消费等），其中只有货币薪酬可依据同业参照基准确定，因此本章高管薪酬仅限于货币薪酬。用样本公司第 t 期与第 $t-1$ 期货币薪酬最高的前三名高管薪酬均值之差衡量高管薪酬变动幅度，为剔除公司规模影响、使检验结果具有横向可比性，以公司千元总资产对应的高管薪酬变动幅度作为"高管薪酬变动（$\Delta Comp$）"变量值。

（2）解释变量

①行业薪酬变动（$\Delta Indc$）。中国上市公司未被要求强制披露薪酬

契约设计参照群体，薪酬同业参照研究多以行业薪酬均值为参照基准。此处采用第 t 期与第 $t-1$ 期样本公司所在行业高管薪酬均值之差计量行业薪酬变动。为剔除样本公司高管薪酬对行业薪酬均值影响，计算行业薪酬均值时首先剔除样本公司高管薪酬。为使"行业薪酬变动（$\Delta Indc$）"与"高管薪酬变动（$\Delta Comp$）"口径一致，以公司千元总资产对应的行业薪酬变动幅度作为"行业薪酬变动（$\Delta Indc$）"变量值。

②薪酬外部公平性（ED）。目前，理论界大都采用薪酬分位数衡量高管薪酬外部公平性，虽然简便易行，但存在两点弊端：第一，只考虑高管薪酬比较，忽略了高管业绩贡献，不能真正体现公平性；第二，将行业平均薪酬作为参照基准比较粗糙。本章以亚当斯公平理论为依据，从薪酬—业绩双重视角计量高管薪酬外部公平性。首先，采取倾向得分匹配法（PSM）对外部比较对象进行识别，按照样本公司规模、所属行业、所处地区、产权性质和年份五个指标计算样本倾向值，寻找特征类似公司，再以 1:5 半径匹配法选取配对组，以配对组高管薪酬均值作为高管薪酬外部比较标准。其次，依据式（8-1）计量薪酬外部公平性，以标准"1"为公平分界点，将 $ED>1$ 界定为薪酬外部优势不公平，$ED<1$ 界定为薪酬外部劣势不公平。为便于实证结果分析，以 $ED-1$ 绝对值代表薪酬外部不公平程度。

$$薪酬外部公平性（ED）=\frac{样本公司高管薪酬 \div 配对组高管薪酬均值}{样本公司业绩 \div 配对组公司业绩均值}$$

$$(8-1)$$

(3) 调节变量

①公司业绩变动（ΔRoa）。公司业绩衡量指标较多，此处选取最常见的资产报酬率（Roa）作为公司业绩替代变量，用样本公司第 t 期与第 $t-1$ 期资产报酬率（Roa）差值衡量公司业绩变动（ΔRoa）。

②管理层权力。此处选择两个代表管理层权力指标：一是"两职兼任（$Dual$）"，董事长兼任总经理取值1，否则取值0；二是"管

理层持股比例（Msh）"，以管理层持股数量占公司发行股份总量的比例衡量。

（4）控制变量

根据研究需要，设置"资产负债率（Lev）""公司规模（$Size$）""公司成长性（$Grow$）""股权集中度（Fsh）""独立董事比例（Ddp）""董事会规模（Bod）""四委设立数（Nfc）"以及"所有权性质（Soe）"八个控制变量，同时设置行业（Ind）和年度（$Year$）两个虚拟变量。

各变量名称、符号及计量方法如表 8－1 所示。

表 8－1 　　　　　　　　　　　变量名称、符号及计量方法

变量类型	变量名称	符号	计量方法
被解释变量	高管薪酬变动	$\Delta Comp$	千元总资产对应的本期与上期高管薪酬均值之差
解释变量	行业薪酬变动	$\Delta Indc$	千元总资产对应的本期与上期行业高管薪酬均值之差
	薪酬外部不公平程度	ED	$ED-1$ 的绝对值
调节变量	公司业绩变动	ΔRoa	本期与上期资产报酬率的差值
	两职兼任	$Dual$	董事长兼任总经理取值 1，否则取值 0
	管理层持股比例	Msh	管理层持股数量占公司对外发行股份总量的比例
控制变量	资产负债率	Lev	负债总额/资产总额
	公司规模	$Size$	期末资产总额的自然对数
	公司成长性	$Grow$	（本期净利润－上期净利润）/上期净利润
	股权集中度	Fsh	第一大股东持股数量占公司对外发行股份总量比例
	独立董事比例	Ddp	独立董事人数占董事会总人数比例
	董事会规模	Bod	董事会成员总人数

变量类型	变量名称	符号	计量方法
控制变量	四委设立数	Nfc	审计委员会、战略委员会、提名委员会及薪酬管理委员会设立数量
	产权性质	Soe	国有公司取值1，非国有公司取值0
	行业	Ind	虚拟变量，样本所在行业取值1，否则取值0
	年度	$Year$	虚拟变量，样本所在年度取值1，否则取值0

8.4.3 模型建立

（1）薪酬外部公平性对高管薪酬同业参照影响回归模型

为验证中国上市公司高管薪酬增长究竟源于业绩增长还是薪酬同业参照，构建式（8-2）回归模型，检验公司业绩变动及薪酬外部公平性对高管薪酬同业参照的影响。

$$\Delta Comp_{i,t} = \alpha_0 + \alpha_1 \Delta Indc_{i,t} + \alpha_2 ED_{i,t-1} + \alpha_3 \Delta Indc_{i,t} \times ED_{i,t-1}$$
$$+ \alpha_4 \Delta Roa_{i,t} + \alpha_5 Lev_{i,t} + \alpha_6 Size_{i,t} + \alpha_7 Grow_{i,t}$$
$$+ \alpha_8 Fsh_{i,t} + \alpha_9 Ddp_{i,t} + \alpha_{10} Bod_{i,t} + \alpha_{11} Nfc_{i,t} + \alpha_{12} Soe_{i,t}$$
$$+ \sum Ind_{i,t} + \sum Year_{i,t} + \varepsilon_{i,t} \qquad (8-2)$$

其中，α_0 为常数项，$\alpha_i(i=1，2，\cdots，12)$ 为各变量回归系数，$\varepsilon_{i,t}$ 为残差项，其他符号含义如表 8-1 所示。若 α_1 显著为正，说明高管薪酬变动与行业薪酬变动同向，即中国上市公司高管薪酬存在同业参照效应。若 α_4 显著为正，说明高管薪酬增长部分源于公司业绩提升。若高管薪酬外部劣势与优势不公平样本组 α_3 存在显著差异，则证明薪酬外部劣势与优势不公平对高管薪酬同业参照具有差异化影响。

（2）公司业绩变动对薪酬外部公平性与薪酬同业参照关系调节效应回归模型

公司业绩是高管薪酬的重要决定因素，公司业绩上升增加了高管薪酬谈判筹码，可能加剧薪酬外部劣势不公平对高管薪酬同业参照的促进作用。同理，公司业绩下滑可能缓解薪酬外部优势不公平对高管薪酬同业参照的抑制作用。为验证上述推测，在模型（8－2）基础上将"公司业绩变动（ΔRoa）"作为调节变量，建立式（8－3）回归模型。

$$
\begin{aligned}
\Delta Comp_{i,t} = {} & \alpha_0 + \alpha_1 \Delta Indc_{i,t} + \alpha_2 ED_{i,t-1} + \alpha_3 \Delta Roa_{i,t} + \alpha_4 \Delta Indc_{i,t} \\
& \times ED_{i,t-1} + \alpha_5 \Delta Indc_{i,t} \times \Delta Roa_{i,t} + \alpha_6 ED_{i,t-1} \times \Delta Roa_{i,t} \\
& + \alpha_7 \Delta Indc_{i,t} \times ED_{i,t-1} \times \Delta Roa_{i,t} + \alpha_8 Lev_{i,t} + \alpha_9 Size_{i,t} \\
& + \alpha_{10} Grow_{i,t} + \alpha_{11} Fsh_{i,t} + \alpha_{12} Ddp_{i,t} + \alpha_{13} Bod_{i,t} \\
& + \alpha_{14} Nfc_{i,t} + \alpha_{15} Soe_{i,t} + \sum Ind_{i,t} + \sum Year_{i,t} + \varepsilon_{i,t}
\end{aligned}
$$

$$(8-3)$$

式（8－3）中，若 α_7 回归系数通过显著性检验，则证明公司业绩变动对薪酬外部公平性与薪酬同业参照关系具有调节作用。

（3）管理层权力对薪酬外部公平性与薪酬同业参照关系调节效应回归模型

为验证管理层权力对薪酬外部公平性与高管薪酬同业参照关系调节效应，在模型（8－2）基础上分别引入"两职兼任（$Dual$）"和"高管持股比例（Msh）"两个调节变量，建立式（8－4）回归模型。

$$
\begin{aligned}
\Delta Comp_{i,t} = {} & \alpha_0 + \alpha_1 \Delta Indc_{i,t} + \alpha_2 ED_{i,t-1} + \alpha_3 Dual_{i,t}/Msh_{i,t} \\
& + \alpha_4 \Delta Indc_{i,t} \times ED_{i,t-1} + \alpha_5 \Delta Indc_{i,t} \times Dual_{i,t}/Msh_{i,t} \\
& + \alpha_6 ED_{i,t-1} \times Dual_{i,t}/Msh_{i,t} + \alpha_7 \Delta Indc_{i,t} \times ED_{i,t-1} \\
& \times Dual_{i,t}/Msh_{i,t} + \alpha_8 Lev_{i,t} + \alpha_9 Size_{i,t} + \alpha_{10} Grow_{i,t} \\
& + \alpha_{11} Fsh_{i,t} + \alpha_{12} Ddp_{i,t} + \alpha_{13} Bod_{i,t} + \alpha_{14} Nfc_{i,t} \\
& + \alpha_{15} Soe_{i,t} + \sum Ind_{i,t} + \sum Year_{i,t} + \varepsilon_{i,t}
\end{aligned} \qquad (8-4)
$$

式（8-4）中，若 α_7 回归系数通过显著性检验，则证明管理层权力对薪酬外部公平性与薪酬同业参照关系具有调节作用。

8.5 实证过程及结果分析

8.5.1 描述性统计分析

为展示各变量整体水平及其偏差，区分全样本、薪酬外部劣势与优势不公平样本分别进行描述性统计，结果如表 8-2 所示。

表 8-2　　　　　　　　　　主要变量描述性统计结果

变量	全样本（N=14181）				薪酬外部劣势不公平（N=6640）		薪酬外部优势不公平（N=7541）	
	最大值	最小值	均值	标准差	均值	标准差	均值	标准差
高管薪酬变动（$\Delta Comp$）	0.665	-9.552	-0.836	1.502	-0.662	1.238	-0.989	1.687
行业薪酬变动（$\Delta Indc$）	0.289	-0.260	0.120	0.119	0.122	0.117	0.118	0.121
薪酬外部不公平程度（ED）	38.827	0.011	2.023	5.167	0.436	0.241	3.420	6.781
公司业绩变动（ΔRoa）	8.137	-18.291	-0.943	3.615	-1.332	3.842	-0.601	3.366
两职兼任（$Dual$）	1.000	0.000	0.266	0.442	0.303	0.460	0.235	0.424
管理层持股比例（Msh）	0.685	0.000	0.132	0.201	0.133	0.202	0.131	0.203
资产负债率（Lev）	0.881	0.047	0.422	0.211	0.350	0.191	0.487	0.206
公司规模（$Size$）	25.800	19.703	22.080	1.235	21.729	1.071	22.389	1.287
公司成长性（$Grow$）	0.125	-0.236	-0.003	0.036	-0.359	3.667	-0.220	3.573
股权集中度（Fsh）	0.738	0.088	0.347	0.147	34.696	14.728	34.707	14.747
独立董事比例（Ddp）	0.571	0.333	0.372	0.052	0.373	0.052	0.372	0.053
董事会规模（Bod）/人	14.000	1.000	3.597	1.101	3.577	1.083	3.614	1.117
四委设立数（Nfc）/个	4.000	0.000	3.872	0.416	3.887	0.401	3.859	0.429
产权性质（Soe）	1.000	0.000	0.375	0.484	0.361	0.480	0.387	0.487

薪酬外部优势不公平样本（7541）略高于薪酬外部劣势不公平样本（6640），超过半数公司存在货币薪酬激励过度问题。薪酬外部劣势与优势不公平均值分别为 0.436 和 3.420，薪酬分配不公平程度较高。

高管薪酬变动（$\Delta Comp$）最大值（0.665）与最小值（-9.552）相差悬殊，标准差达到 1.502，说明中国上市公司高管薪酬升降幅度差异较大。均值 -0.836，总体上看高管薪酬有下降趋势。相比之下，薪酬外部优势不公平样本组高管薪酬降低幅度较大。行业薪酬变动（$\Delta Indc$）最大值为 0.289，最小值为 -0.260，不同行业高管薪酬升降幅度差异较大。均值为 0.120，整体上看行业高管薪酬处于增长态势。

公司业绩变动（ΔRoa）分化比较严重，三类样本均值均为负数，说明中国上市公司整体业绩出现下滑趋势，薪酬外部劣势不公平样本组公司业绩下降幅度更大。

管理层持股比例均值为 0.132，薪酬外部劣势与优势不公平样本组无显著差异。两职兼任（$Dual$）均值为 0.266，约有近三成上市公司高管兼任董事长。薪酬外部劣势不公平样本组两职兼任（$Dual$）水平高于薪酬外部优势不公平样本组。

8.5.2　相关性分析

各变量相关性分析结果如表 8 – 3 所示。

高管薪酬变动（$\Delta Comp$）与行业薪酬变动（$\Delta Indc$）在 1% 水平下显著正相关（相关系数 0.062），说明高管薪酬升降受行业薪酬变动影响，初步证实中国上市公司高管薪酬具有同业参照现象。高管薪酬变动（$\Delta Comp$）与薪酬外部不公平程度（ED）在 1% 水平下显著负相关（相关系数 -0.090），证明薪酬外部公平性对高管薪酬变动产生影响。高管薪酬变动（$\Delta Comp$）与公司业绩变动（ΔRoa）相关

表 8 – 3

变量相关性分析结果

变量	ΔComp	ΔIndc	ED	Lev	Size	Grow	Fsh	Ddp	Bod	Nfc	Soe	ΔRoa	Msh	Dual
ΔComp	1.000													
ΔIndc	0.062***	1.000												
ED	-0.090***	-0.053***	1.000											
Lev	-0.001	0.017	0.235***	1.000										
Size	0.000*	-0.030***	0.196***	0.537***	1.000									
Grow	-0.008	-0.026***	0.017**	-0.014	0.000	1.000								
Fsh	-0.001*	0.002	0.016*	0.022**	0.020**	0.028***	1.000							
Ddp	-0.002	-0.012	-0.001	-0.024***	0.001	-0.015*	-0.002	1.000						
Bod	-0.004	0.009	-0.007	0.020**	0.027***	-0.005	-0.004	0.007	1.000					
Nfc	0.009*	-0.002	-0.004	0.007	-0.042***	-0.013	-0.013	0.014*	0.009	1.000				
Soe	-0.005*	0.007	0.004	0.049***	0.076***	-0.002	-0.006	-0.005	0.383***	0.021	1.000			
ΔRoa	0.104***	0.041***	0.018**	-0.044***	0.122***	-0.006	-0.005	-0.013	0.016*	0.009	0.008	1.000		
Msh	-0.004*	-0.128***	0.007	-0.125***	-0.058***	0.051***	-0.101***	0.025***	0.007	0.016*	0.044***	0.032***	1.000	
Dual	0.003	-0.007	-0.052***	-0.158***	-0.177***	0.004	-0.006	0.102***	-0.018**	0.022***	-0.040***	-0.003	0.042***	1.000

注：①对角线下方为 Pearson 系数；②***，**和*分别代表在 1%，5% 和 10% 水平下显著，本章同。

系数为 0.104，通过 1% 显著性检验，表明高管薪酬变动部分源于公司业绩变动。此外，高管薪酬变动（$\Delta Comp$）与管理层持股比例（Msh）存在较弱负相关关系，而与两职兼任（$Dual$）不相关。

行业薪酬变动（$\Delta Indc$）与薪酬外部不公平程度（ED）以及管理层持股比例（Msh）在 1% 水平下显著负相关（相关系数分别为 -0.053 和 -0.128）。行业薪酬变动（$\Delta Indc$）与公司业绩变动（ΔRoa）在 1% 水平下显著正相关（相关系数为 0.041）。

8.5.3　薪酬外部公平性对高管薪酬同业参照影响实证检验

为验证假设 8 - 1，运用式（8 - 2）回归模型检验薪酬外部公平性对高管薪酬同业参照的影响。为比较不同薪酬外部公平状态下高管薪酬同业参照差异性，将全样本细分为薪酬外部优势不公平样本组和薪酬外部劣势不公平样本组，分别进行实证检验，结果如表 8 - 4 所示。

表 8 - 4　　薪酬外部公平性对高管薪酬同业参照影响回归结果

变量	薪酬外部劣势不公平（6640）		薪酬外部优势不公平（7541）	
	回归系数	T 值	回归系数	T 值
常数项	2.057 ***	3.528	3.615 ***	6.893
行业薪酬变动（$\Delta Indc$）	0.747 ***	2.745	0.550 **	2.089
薪酬外部不公平程度（ED）	0.657 ***	9.769	- 0.002	- 0.560
交乘项（$\Delta Indc \times ED$）	1.506 ***	2.868	- 0.037 *	- 1.717
公司业绩变动（ΔRoa）	0.019 ***	3.660	0.003	0.644
资产负债率（Lev）	0.595 ***	5.615	0.612 ***	5.319
公司规模（$Size$）	- 0.135 ***	- 5.708	- 0.2138 ***	- 9.803
公司成长性（$Grow$）	- 0.003	- 0.709	- 0.001	- 0.227

续表

变量	薪酬外部劣势不公平 （6640）		薪酬外部优势不公平 （7541）	
	回归系数	T 值	回归系数	T 值
股权集中度（Fsh）	− 0.001	− 1.051	− 0.002	− 1.115
独立董事比例（Ddp）	0.195	0.654	0.011	0.030
董事会规模（Bod）	− 0.012	− 0.819	− 0.018	− 0.909
四委设立数（Nfc）	0.009	0.189	0.118 **	2.364
产权性质（Soe）	− 0.046	− 1.356	− 0.193 ***	− 4.387
年份（Year）	控制		控制	
行业（Ind）	控制		控制	
R²	0.047		0.060	
F 值	8.297		17.869	

注：回归结果已剔除异方差影响。

首先，观察表 8 - 4 高管薪酬同业参照检验结果。薪酬外部劣势与优势不公平样本组高管薪酬变动（ΔComp）与行业薪酬变动（ΔIndc）显著正相关，表明高管薪酬变动受行业薪酬变动影响，证明中国上市公司高管薪酬具有同业参照效应。对比两组样本回归结果，发现薪酬外部劣势不公平样本组 ΔIndc 回归系数（0.747）通过1% 显著性检验，而薪酬外部优势不公平样本组 ΔIndc 回归系数（0.550）仅通过5% 显著性检验，证明薪酬外部劣势不公平时高管薪酬同业参照效应更强。此外，薪酬外部劣势不公平样本组公司业绩变动（ΔRoa）与高管薪酬变动（ΔComp）在1% 水平下显著正相关，证明薪酬外部劣势不公平状态下高管薪酬变动部分源于公司业绩变动。

其次，观察表 8 - 4 薪酬外部公平性对高管薪酬同业参照影响回归结果。薪酬外部劣势不公平样本组交乘项（ΔIndc × ED）回归系数（1.506）通过1% 显著性检验，证明薪酬外部劣势不公平促进高管薪酬同业参照，劣势不公平程度越大，薪酬同业参照效应越强。薪酬外部优势不公平样本组交乘项（$\Delta Indc \times ED$）回归系数（ -0.037 ）在 10% 水平下显著，表明薪酬外部优势不公平对高管薪酬同业参照具有较弱抑制作用。

综合上述分析，中国上市公司高管薪酬具有同业参照效应，薪酬外部劣势不公平促进高管薪酬同业参照，薪酬外部优势不公平抑制高管薪酬同业参照。相比之下，薪酬外部劣势不公平对高管薪酬同业参照的促进效应强于薪酬外部优势不公平对高管薪酬同业参照的抑制效应。假设 8 - 1 得证。

8.5.4　公司业绩变动调节效应实证检验

上述研究显示，高管薪酬增长部分源于公司业绩增长，尤其是薪酬外部劣势不公平状态。由此推测，公司业绩变动对薪酬外部公平性与高管薪酬同业参照关系可能具有调节效应。为验证上述猜测，运用式（8 - 3）回归模型进行实证检验，结果如表 8 - 5 所示。

表 8 - 5　　　　　　　公司业绩变动调节效应回归结果

变量	薪酬外部劣势不公平 (6640)		薪酬外部优势不公平 (7541)	
	回归系数	T 值	回归系数	T 值
常数项	2.051 ***	3.528	3.628 ***	6.923
行业薪酬变动（$\Delta Indc$）	0.774 ***	2.805	0.563 **	2.140
薪酬外部不公平程度（ED）	0.677 ***	9.828	-0.003	-0.796
交乘项（$\Delta Indc \times ED$）	1.740 ***	3.276	-0.042 *	-1.899
公司业绩变动（ΔRoa）	0.017 ***	3.123	0.006	1.212
交乘项（$\Delta Indc \times \Delta Roa$）	-0.024	-0.556	-0.05	-1.314
交乘项（$ED \times \Delta Roa$）	0.020	1.359	-0.002 ***	-3.137
交乘项（$\Delta Indc \times ED \times \Delta Roa$）	0.201 *	1.792	-0.011 **	-2.289
资产负债率（Lev）	0.600 ***	5.658	0.614 ***	5.344
公司规模（$Size$）	-0.135 ***	-5.746	-0.214 ***	-9.822
公司成长性（$Grow$）	-0.003	-0.693	-0.001	-0.264

续表

变量	薪酬外部劣势不公平 (6640)		薪酬外部优势不公平 (7541)	
	回归系数	T 值	回归系数	T 值
股权集中度（Fsh）	-0.001	-1.031	-0.002	-1.160
独立董事比例（Ddp）	0.192	0.645	0.027	0.077
董事会规模（Bod）	-0.011	-0.800	-0.018	-0.930
四委设立数（Nfc）	0.010	0.212	0.117**	2.358
产权性质（Soe）	-0.046	-1.347	-0.194***	-4.408
年份（Year）与行业（Ind）	控制		控制	
R²	0.048		0.061	
F 值	7.665		16.642	

观察表 8-5 薪酬外部劣势不公平样本组回归结果，发现公司业绩变动（ΔRoa）与高管薪酬变动（ΔComp）在 1% 水平下显著正相关（回归系数 0.017），证明公司业绩变动是高管薪酬变动的助力。交乘项（ΔIndc×ED×ΔRoa）回归系数（0.201）通过 10% 显著性检验，表明公司业绩增长强化了薪酬外部劣势不公平对高管薪酬同业参照的促进作用。观察表 8-5 薪酬外部优势不公平样本组回归结果，公司业绩变动（ΔRoa）对高管薪酬变动（ΔComp）影响不明显，但交乘项（ΔIndc×ED×ΔRoa）回归系数（-0.011）在 5% 水平下显著，表明公司业绩增长加剧薪酬外部优势不公平对高管薪酬同业参照的抑制作用，而公司业绩下滑则缓解了薪酬外部优势不公平对高管薪酬同业参照的抑制作用。至此，假设 8-2 得证。

8.5.5 管理层权力调节效应实证检验

运用式（8-4）回归模型，检验管理层权力对薪酬外部公平性与高管薪酬同业参照关系调节效应，结果如表 8-6 所示。

表 8 - 6　　管理层权力调节效应回归结果

变量	两职兼任				管理层持股比例			
	薪酬劣势不公平		薪酬优势不公平		薪酬劣势不公平		薪酬优势不公平	
	回归系数	T 值	回归系数	T 值	回归系数	T 值	回归系数	T 值
常数项	2.097***	3.611	3.675***	7.027	2.067***	3.564	3.753***	7.095
行业薪酬变动（$\Delta Indc$）	0.750***	2.764	0.602**	2.292	0.657**	2.396	0.566**	2.138
薪酬外部不公平程度（ED）	0.662***	9.667	-0.002	-0.693	0.648***	9.666	-0.002	-0.752
交乘项（$\Delta Indc \times ED$）	1.476***	2.797	-0.034*	-1.741	1.872***	3.491	-0.027*	-1.715
公司业绩变动（ΔRoa）	0.019***	3.673	0.004	0.709	0.020***	3.790	0.004	0.685
两职兼任（$Dual$）	-0.037	-1.198	-0.049	-1.118	—	—	—	—
交乘项（$\Delta Indc \times Dual$）	0.739**	2.538	1.147***	3.140	—	—	—	—
交乘项（$ED \times Dual$）	-0.056	-0.421	-0.006	-0.800	—	—	—	—
交乘项（$\Delta Indc \times ED \times Dual$）	-0.411	-0.363	-0.019	-0.290	—	—	—	—
管理层持股（Msh）	—	—	—	—	-0.004***	-3.606	-0.005***	-4.281
交乘项（$\Delta Indc \times Msh$）	—	—	—	—	0.009	1.043	0.018**	2.025
交乘项（$ED \times Msh$）	—	—	—	—	-0.005	-1.549	0.000	0.102

续表

变量	两职兼任				管理层持股比例			
	薪酬劣势不公平		薪酬优势不公平		薪酬劣势不公平		薪酬优势不公平	
	回归系数	T值	回归系数	T值	回归系数	T值	回归系数	T值
交乘项（$\Delta Indc \times ED \times Msh$）	—	—	—	—	0.067**	2.202	0.002	1.383
资产负债率（Lev）	0.604***	5.661	0.616***	5.334	0.588***	5.563	0.614***	5.347
公司规模（$Size$）	-0.137***	-5.841	-0.216***	-9.931	-0.136***	-5.768	-0.222***	-10.055
公司成长性（$Grow$）	-0.003	-0.673	-0.001	-0.237	-0.003	-0.611	-0.001	-0.124
股权集中度（Fsh）	-0.001	-1.074	-0.002	-1.121	-0.002	-1.420	-0.002	-1.623
独立董事比例（Ddp）	0.237	0.792	0.050	0.145	0.220	0.737	0.029	0.083
董事会规模（Bod）	-0.012	-0.859	-0.018	-0.938	-0.012	-0.838	-0.017	-0.886
四委设立数（Nfc）	0.008	0.177	0.114**	2.267	0.004	0.095	0.116**	2.335
产权性质（Soe）	-0.044	-1.310	-0.194***	-4.405	-0.044	-1.297	-0.196***	-4.447
年份（$Year$）与行业（Ind）	控制		控制		控制		控制	
样本量	6493		7416		6640		7541	
R^2	0.048		0.061		0.050		0.062	
F值	8.054		16.447		8.127		17.289	

　　表 8-6 左侧栏两职兼任回归结果显示，中国上市公司高管薪酬存在同业参照现象，薪酬外部劣势（优势）不公平加剧（抑制）了高管薪酬同业参照效应，结论同前。薪酬外部劣势与优势不公平样本组交乘项（$\Delta Indc \times Dual$）回归系数分别为 0.739 和 1.147，分别通过 5% 和 1% 显著性检验，说明高管和董事长两职兼任强化了高管薪酬同业参照效应。交乘项（$\Delta Indc \times ED \times Dual$）回归系数均未通过显著性检验，表明高管和董事长两职兼任对薪酬外部公平性与高管薪酬同业参照关系无显著影响。

　　观察表 8-6 右侧栏回归结果，薪酬外部劣势不公平样本组交乘项（$\Delta Indc \times Msh$）回归系数（0.009）未通过显著性检验，表明管理层持股对薪酬同业参照无显著影响。交乘项（$\Delta Indc \times ED \times Msh$）回归系数（0.067）在 5% 水平下显著为正，证明管理层持股会进一步加剧薪酬外部劣势不公平对高管薪酬同业参照的促进作用。薪酬外部优势不公平样本组交乘项（$\Delta Indc \times Msh$）回归系数（0.018）在 5% 水平下显著，显示管理层持股会增强薪酬同业参照效应。交乘项（$\Delta Indc \times ED \times Msh$）回归系数未通过显著性检验，证明管理层持股对薪酬外部优势不公平抑制高管薪酬同业参照无显著影响。

　　总体上看，管理层权力对高管薪酬同业参照具有一定促进作用，但管理层权力对薪酬外部公平性与高管薪酬同业参照关系的调节效应并未取得足够证据支持，假设 8-3 不完全成立。

8.6　拓展性研究

　　中国上市公司虽然被强制披露高管薪酬，但对其同群参照公司并未做出披露要求，高管薪酬同业参照信息相对隐蔽。受行业特征影响，高管薪酬同业参照对象可能视情境而异，薪酬外部公平性改变可能导致高管薪酬同业参照出现选择偏好。首先，行业前景较好的公司能够为高管提供更好的发展平台，在一定程度上可以缓解薪酬外部劣势不公平带来的不利影响，可能改变高管薪酬同业参照的公平性选择偏好。其次，行业规模较大公司高管薪酬市场定价机制比较健全，高管薪酬水平趋近于行业基准，薪酬外部公平性对高管薪酬同业参照影响可能更强。

为验证上述推测，在模型（8-2）基础上引进"行业发展前景（Idg）"和"行业规模（$Isize$）"两个代表行业特征的调节变量，建立式（8-5）回归模型。若 α_7 通过显著性检验，则证明行业特征对薪酬外部公平性与高管薪酬同业参照关系具有调节效应。实证检验结果如表 8-7 所示。

$$
\begin{aligned}
\Delta Comp_{i,t} = {}& \alpha_0 + \alpha_1 \Delta Indc_{i,t} + \alpha_2 ED_{i,t-1} + \alpha_3 Idg_{i,t}/Isize_{i,t} \\
& + \alpha_4 \Delta Indc_{i,t} \times ED_{i,t-1} + \alpha_5 \Delta Indc_{i,t} \times Idg_{i,t}/Isize_{i,t} \\
& + \alpha_6 ED_{i,t-1} \times Idg_{i,t}/Isize_{i,t} + \alpha_7 \Delta Indc_{i,t} \times ED_{i,t-1} \\
& \times Idg_{i,t}/Isize_{i,t} + \alpha_8 Lev_{i,t} + \alpha_9 Size_{i,t} + \alpha_{10} Grow_{i,t} \\
& + \alpha_{11} Fsh_{i,t} + \alpha_{12} Ddp_{i,t} + \alpha_{13} Bod_{i,t} + \alpha_{14} Nfc_{i,t} \\
& + \alpha_{15} Soe_{i,t} + \sum Ind_{i,t} + \sum Year_{i,t} + \varepsilon_{i,t} \qquad (8-5)
\end{aligned}
$$

其中，"行业发展前景（Idg）"用行业可持续增长率衡量，计算方法如式（8-6）所示；行业规模（$Isize$）以行业内公司数量的自然对数表达。

$$
行业可持续增长率 = \frac{（净利润 \div 所有者权益） \times \left[\dfrac{1-每股税前派息}{（净利润 \div 实收资本）}\right]}{1-（净利润 \div 所有者权益） \times \left[\dfrac{1-每股税前派息}{（净利润 \div 实收资本）}\right]}
$$

$$(8-6)$$

表 8 - 7　行业特征调节效应回归结果

变量	行业发展前景				行业规模			
	薪酬劣势不公平		薪酬优势不公平		薪酬劣势不公平		薪酬优势不公平	
	回归系数	T 值	回归系数	T 值	回归系数	T 值	回归系数	T 值
常数项	2.051***	3.447	3.656***	6.968	2.622***	3.339	3.472***	4.467
行业薪酬变动（$\Delta Indc$）	0.826***	2.980	0.600**	2.172	1.012***	3.590	0.894***	3.244
薪酬外部不公平程度（ED）	0.651***	9.379	-0.002	-0.724	0.547***	7.939	-0.006	-1.637
交乘项（$\Delta Indc \times ED$）	1.351**	2.492	-0.037*	-1.675	3.046***	5.175	-0.046*	-1.822
行业发展前景（Idg）	-0.020	-0.566	0.003	0.176	—	—	—	—
交乘项（$\Delta Indc \times Idg$）	0.570	1.332	-0.021	-0.269	—	—	—	—
交乘项（$ED \times Idg$）	-0.103	-0.770	-0.001	-0.386	—	—	—	—
交乘项（$\Delta Indc \times ED \times Idg$）	-3.836**	-2.478	-0.004	-0.356	—	—	—	—
行业规模（$Isize$）	—	—	—	—	-0.168	-1.052	0.046	0.260
交乘项（$\Delta Indc \times Isize$）	—	—	—	—	0.253**	2.265	0.289**	2.312
交乘项（$ED \times Isize$）	—	—	—	—	-0.056	-1.202	0.006*	1.796
交乘项（$\Delta Indc \times ED \times Isize$）	—	—	—	—	1.345***	4.451	0.044**	2.150

变量	行业发展前景				行业规模			
	薪酬劣势不公平		薪酬优势不公平		薪酬劣势不公平		薪酬优势不公平	
	回归系数	T值	回归系数	T值	回归系数	T值	回归系数	T值
公司业绩变动（ΔRoa）	0.019***	3.617	0.003	0.505	0.019***	3.725	0.004	0.783
资产负债率（Lev）	0.606***	5.575	0.627***	5.532	0.595***	5.615	0.610***	5.308
公司规模（Size）	-0.136**	-5.609	-0.215***	-9.889	-0.137***	-5.804	-0.217***	-9.953
公司成长性（Grow）	-0.003	-0.682	-0.001	-0.257	-0.003	-0.750	-0.001	-0.220
股权集中度（Fsh）	-0.001	-0.940	-0.002	-1.255	-0.001	-1.169	-0.002	-1.061
独立董事比例（Ddp）	0.272	0.914	-0.017	-0.049	0.225	0.755	0.006	0.017
董事会规模（Bod）	-0.011	-0.760	-0.018	-0.911	-0.011	-0.754	-0.018	-0.912
四委设立数（Nfc）	0.004	0.086	0.118**	2.339	0.006	0.128	0.113**	2.262
产权性质（Soe）	-0.048	-1.399	-0.205***	-4.555	-0.045	-1.332	-0.191***	-4.336
年份（Year）与行业（Ind）	控制		控制		控制		控制	
样本量	6493		7416		6640		7541	
R²	0.052		0.061		0.050		0.061	
F值	7.560		15.788		8.570		16.178	

　　观察表 8 – 7 左侧栏"行业发展前景"回归结果，薪酬外部劣势不公平样本组交乘项（$\Delta Indc \times ED \times Idg$）回归系数（ – 3. 836）在 5% 水平下显著，表明行业发展前景削弱了薪酬外部劣势不公平对高管薪酬同业参照的促进作用。薪酬外部优势不公平样本组交乘项（$\Delta Indc \times ED \times Idg$）回归系数未通过显著性检验，说明行业发展前景对薪酬外部优势不公平与高管薪酬同业参照关系无显著影响。

　　观察表 8 – 7 右侧栏"行业规模"回归结果，薪酬外部劣势不公平与薪酬外部优势不公平样本组交乘项（$\Delta Indc \times ED \times Isize$）回归系数均为正，且分别通过 1% 和 5% 显著性检验，表明行业规模较大公司薪酬外部劣势不公平对高管薪酬同业参照的促进作用较强，薪酬外部优势不公平对高管薪酬同业参照的抑制作用较弱。

　　综合上述分析，行业发展前景对薪酬外部公平性与高管薪酬同业参照关系的调节效应只局限于薪酬外部劣势不公平，行业发展前景越好，薪酬外部劣势不公平对同业参照的促进作用越弱。行业规模越大，薪酬外部劣势不公平对高管薪酬同业参照的促进作用越强，薪酬外部优势不公平对高管薪酬同业参照的抑制作用越弱。

8.7　稳健性检验

　　为验证前文研究结论的稳健性，采用以下两种处理办法：①以可行广义最小二乘法（FGLS）替换最小二乘法（OLS），重新进行回归检验。②为控制潜在异方差及序列问题影响，对所有假设检验回归系数标准误在公司层面进行了聚类处理（徐业坤等，2010）[37]。表 8 – 8 稳健性检验结果显示，各主要变量回归结论没有发生实质性改变，证明本章研究结果是稳健的。

表 8 - 8　主要变量稳健性检验结果

Panel A: 薪酬外部公平性对高管薪酬同业参照影响稳健性检验

项目	薪酬外部劣势不公平		薪酬外部优势不公平	
	回归系数	Z 值	回归系数	Z 值
行业薪酬变动（$\Delta Indc$）	0.6072 ***	-8.3800	0.2547 ***	-2.75
薪酬外部不公平程度（ED）	0.6486 ***	-48.8857	-0.0028 ***	-3.0323
交乘项（$\Delta Indc \times ED$）	1.7100 ***	-13.5553	-0.0235 ***	-2.9059

Panel B: 各因素调节效应稳健性检验

项目	公司业绩变动		两职兼任		管理层持股比例	
	劣势不公平	优势不公平	劣势不公平	优势不公平	优势不公平	劣势不公平
行业薪酬变动（$\Delta Indc$）	0.6406 *** (8 - 9148)	0.1968 ** (2.0954)	0.5175 *** (7.6038)	0.3168 *** (3.1650)	0.6762 *** (10.2996)	0.2639 *** (2.9556)
交乘项（$\Delta Indc \times ED$）	1.7419 *** (13.8083)	-0.0247 ** (-2.5599)	1.8934 *** (19.3136)	-0.0216 ** (-2.3173)	1.6943 *** (15.1603)	-0.0032 (-0.4450)

续表

Panel B：各因素调节效应稳健性检验

项目	公司业绩变动		两职兼任		管理层持股比例	
	劣势不公平	优势不公平	劣势不公平	优势不公平	优势不公平	劣势不公平
交乘项（$\Delta Indc \times ED \times Roa$）	0.2870*** (9.0763)	−0.0060*** (−2.9657)	—	—	—	—
交乘项（$\Delta Indc \times Dual$）	—	—	0.5886*** (10.4988)	0.7032*** (6.9077)	—	—
$\Delta Indc \times ED \times Dual$	—	—	0.3208* (1.8194)	−0.0283 (−1.0373)	—	—
交乘项（$\Delta Indc \times Msh$）	—	—	—	—	0.0050*** (2.7654)	0.0145*** (5.5744)
交乘项（$\Delta Indc \times ED \times Msh$）	—	—	—	—	0.0657*** (11.3550)	0.0013*** (3.0299)

注：回归结果已剔除异方差影响；括号中为 Z 值。

271

8.8 结论与启示

本章以 2010～2017 年中国沪深 A 股上市公司为研究对象，通过高管薪酬变动与行业薪酬变动相关性检验高管薪酬同业参照效应，并借助倾向得分匹配法识别高管薪酬外部比较对象，计量薪酬外部公平性。在此基础上实证检验薪酬外部公平性对高管薪酬同业参照影响以及各因素调节效应，得出如下五点结论：①中国上市公司高管薪酬存在同业参照现象，且薪酬外部劣势不公平时高管薪酬同业参照效应强于薪酬外部优势不公平时。②薪酬外部公平性对高管薪酬同业参照具有显著影响，薪酬外部劣势不公平促进高管薪酬同业参照，薪酬外部优势不公平抑制高管薪酬同业参照。③公司业绩变动对薪酬外部公平性与高管薪酬同业参照关系具有调节效应。公司业绩增长幅度越大，薪酬外部劣势不公平对高管薪酬同业参照的促进作用越强，此时同业参照具有激励强化效用；公司业绩下降幅度越大，薪酬外部优势不公平对高管薪酬同业参照的抑制作用越弱，此时同业参照具有薪酬保护效用。④管理层权力对薪酬外部公平性与高管薪酬同业参照关系具有调节效应。董事长与总经理两职兼任促进高管薪酬同业参照，但对薪酬外部公平性与高管薪酬同业参照关系无显著影响；管理层持股加剧薪酬外部劣势不公平对高管薪酬同业参照的促进作用。⑤行业发展前景对薪酬外部公平性与高管薪酬同业参照关系的调节效应只局限于薪酬外部劣势不公平，行业发展前景越好，薪酬外部劣势不公平对同业参照的促进作用越弱。行业规模越大，薪酬外部劣势不公平对高管薪酬同业参照的促进作用越强，薪酬外部优势不公平对高管薪酬同业参照的抑制作用越弱。本章研究结论对高管薪酬激励实践及国家政策规制具有如下三点启示：

（1）引入高管薪酬同业参照机制

引入高管薪酬同业参照机制是落实高管薪酬市场化定价机制的重

要举措。近些年来，随着市场经济发展和各项规章制度的日趋完善，高管对薪酬公平性诉求日益增强，不仅关注自身薪酬水平，而且通过社会比较判断薪酬公平性。提高薪酬公平性有助于降低代理成本，加速高管薪酬市场化改革进程。薪酬同业参照基准在一定程度上体现高管人力资本价值，将其作为高管薪酬契约设计的参照依据，可以排除更多外生因素干扰，增强薪酬契约设计有效性。

（2）灵活选择高管薪酬同业参照基准

同业参照是高管薪酬市场化运作机制的重要表现，但薪酬同业参照基准选择标准具有多样性，如同行业高管平均薪酬、同行业高管最高薪酬、规模相近同群公司高管平均薪酬、国外高业绩公司高管薪酬等。高管薪酬同业参照基准选择不应一概而论，需要根据公司内外部环境灵活确定。首先，薪酬外部优势或劣势不公平时选择行业平均薪酬作为参照基准，有助于缓解薪酬外部不公平现象。其次，公司业绩是高管薪酬契约设计的重要考量因素，公司业绩上升时可选择同行业同规模中业绩较好公司高管薪酬作为参照基准，公司业绩下滑时可选择同行业业绩水平相似公司高管薪酬作为参照基准。最后，行业前景和公司基本面特征是高管选择应聘公司的重要考虑因素，行业前景较好及公司基本面特征较优的公司可选择同业高管平均薪酬作为参照基准，行业规模较大公司适宜选择市场价格作为参照基准。

（3）提高上市公司高管薪酬同业参照信息透明度

纵观国内外高管薪酬管理实践，发现国内外公司高管薪酬披露制度存在显著差异。国外公司不仅详细披露高管薪酬水平，而且被强制要求披露高管薪酬同业参照公司信息，同业参照效应及其合理性很容易判断。目前，中国证监会尚未强制要求上市公司披露高管薪酬契约设计所参照的同群公司，高管薪酬参照对象选择与参照信息使用更具隐蔽性。在此背景下，中国上市公司高管薪酬同业参照出现乱象，各公司可以自主选择对自身最为有利的参照对象，而不是最为合适的参照对象。提高高管薪酬公平性除了改革现有薪酬分配制度外，规范高管薪酬同业参照制度、提高同业参照信息透明度不失为一种现实选择。首先，明确同业参照对象选择标准。参照国有公司高管薪酬改革实施方案，来自政府任命制的国有公司高管薪酬以公务员工资标准作为参照基准，并将高管薪酬限定在员工薪酬的 7 ~ 8 倍以内，非政府任命制国有公司高管以及非国有公司高管薪酬以职业经理人市场价格作为参照基准。其次，完善高管薪酬同业参照群体薪酬信息披露制度。借鉴国外高管薪酬管理经验，强制要求上市公司披露高管薪酬参照公司信息及其高管薪酬结构与薪酬水平。一方面，便于股东和利益相关者了解高管薪酬信息，并可对其合理性进行审查，防止高管自我交易和自我激励，确保高管薪酬公平性。另一方面，高管薪酬及其参照对象薪酬信息披露是一项良好的公司治理标准，它是一种间接的程序规制，虽不能直接影响高管薪酬结构与薪酬水平，但可确保高管薪酬决策的程序公平性。

本章参考文献

［1］ Brookman J T, Thistle P D. Managerial compensation: luck, skill or labor markets? ［J］. Journal of Corporate Finance, 2013, 21: 252 – 268.

［2］徐细雄，谭瑾. 高管薪酬契约、参照点效应及其治理效果：基于行为经济学的理论解释与经验证据 ［J］. 南开管理评论，2014 (4)：35 –45.

［3］赵颖. 中国上市公司高管薪酬的同群效应分析 ［J］. 中国工业经济，2016 (2)：114 –129.

［4］ Holmstrom B, Kaplan S. The state of US corporate governance: What's right and what's wrong? ［J］. Journal of Applied Corporate Finance, 2003, 15: 8 – 20.

［5］江伟. 行业薪酬基准与管理者薪酬增长——基于中国上市公司的实证分析 ［J］. 金融研究，2010 (4)：144 –159.

［6］ Faulkender M, Yang J. Inside the black box: the role and compo-sition of compensation peer groups ［J］. Journal of Financial Economics, 2010, 96 (2): 257 – 270.

［7］ Bizjak J, Lemmon M, Nguyen T. Are all CEOs above average? An empirical analysis of compensation peer groups and pay design ［J］. Journal of Financial Economics, 2011, 100 (3): 538 – 555.

［8］ 孙园园, 马忠. 上市公司高管薪酬契约的双重参照效应研究——基于系族集团的视角 ［J］. 贵州财经大学学报, 2018 (3): 72 – 83.

［9］ Gabaix X, Landier A. Why has CEO pay increased so much? ［J］. The Quarterly Journal of Economics, 2008 (1): 49 – 100.

［10］ Bereskin F L, Cicero D C. CEO compensation contagion: evi-dence from an exogenous shock ［J］. Journal of Financial Economics, 2013, 107 (2): 477 – 493.

［11］ Murphy K, Zabojnik J. CEO pay and appointments: a market-based explanation for recent trends ［J］. American Economic Review, 2004, 94 (2): 192 – 196.

［12］ Albuquerque A M, De Franco G, Verdi R S. Peer choice in CEO compensation ［J］. Journal of Financial Economics, 2013, 108 (1): 160 – 181.

［13］ Cadman B, Carter M E. Compensation peer groups and their re-lation with CEO pay ［J］. Journal of Management Accounting Research, 2014, 26 (1): 57 – 82.

［14］ 江伟. 市场化程度、行业竞争与管理者薪酬增长 ［J］. 南开管理评论, 2011, 14 (5): 58 – 67.

［15］ Adams J. S. Inequity in social exchange ［J］. Advances in Ex-perimental Social Psychology, 1965, 2 (4): 267 – 299.

［16］ Core J E, Holthausen R W, Larcker D F. Cooperation governance, chief executive officer compensation and firm performance ［J］. Journal of Financial Economics, 1999, 51 (3): 371 – 406.

［17］吴联生, 林景艺, 王亚平. 薪酬外部公平性、股权性质与公司业绩 ［J］. 管理世界, 2010 (3): 117 – 126, 188.

［18］祁怀锦, 邹燕. 高管薪酬外部公平性对代理人行为激励效应的实证研究 ［J］. 会计研究, 2014 (3): 26 – 32, 95.

［19］罗华伟, 宋侃, 干胜道. 高管薪酬外部公平性与企业绩效关联性研究——来自中国 A 股上市房地产公司的证据 ［J］. 软科学, 2015, 29 (1): 6 – 10.

［20］常健. 外部薪酬不公平性与公司绩效——基于上市公司的实证研究 ［J］. 软科学, 2016, 30 (6): 66 – 70.

［21］张兴亮, 夏成才. 非 CEO 高管患寡还是患不均 ［J］. 中国工业经济, 2016 (9): 144 – 160.

［22］罗宏, 曾永良, 宛玲羽. 薪酬攀比、盈余管理与高管薪酬操纵 ［J］. 南开管理评论, 2016, 19 (2): 19 – 31, 74.

［23］Elson C M, Ferrere C. Executive superstars, peer groups and overcompensation: cause, effect and solution ［J］. The Journal of Corporation Law, 2013, 38 (3): 487 – 498.

［24］Laschever R A. Keeping up with CEO jones: benchmarking and executive compensation ［J］. Journal of Economic Behavior & Organization, 2013, 93: 78 – 100.

［25］李维安, 刘绪光, 陈靖涵. 经理才能、公司治理与契约参照点——中国上市公司高管薪酬决定因素的理论与实证分析 ［J］. 南开管理评论, 2010, 13 (2): 4 – 15.

［26］罗昆, 徐智铭. 契约参照点、高管才能与高管薪酬——来自中国情景下行业属性和产权性质的经验证据 ［J］. 华中农业大学学报 (社会科学版), 2018 (1): 138 – 148.

［27］Pittinsky M, Diprete T A. peer group ties and executive compensation networks［J］. Social Science Research，2013，42（6）：1675 – 1692.

［28］Canarella G，Nourayi M M. Executive compensation and firm performance：adjustment dynamics，non-linearity and asymmetry［J］. Managerial and Decision Economics，2008，29（4）：293 – 315.

［29］方军雄. 高管权力与企业薪酬变动的非对称性［J］. 经济研究，2011，46（4）：107 – 120.

［30］Kahneman D，Tversky A. Prospect theory：an analysis of decision under risk［J］. Econometrica，1979，47（2）：263 – 292.

［31］潘禄，钱秀莹. 动态重复决策中先前结果对风险偏好的影响［J］. 心理学报，2014，46（12）：1860 – 1870.

［32］钟海燕，冉茂盛，文守逊. 政府干预、内部人控制与公司投资［J］. 管理世界，2010（7）：98 – 108.

［33］权小锋，吴世农，文芳. 管理层权力、私有收益与薪酬操纵［J］. 经济研究，2010，45（11）：73 – 87.

［34］傅颀，汪祥耀，路军. 管理层权力、高管薪酬变动与公司并购行为分析［J］. 会计研究，2014（11）：30 – 37，96.

［35］苑泽明，徐成凯，金宇. 媒体关注会影响企业的专利质量吗？［J］. 当代财经，2020（3）：78 – 89.

［36］王琪. 竞争战略、战略成熟度与费用粘性［J］. 财会通讯，2020（6）：51 – 56.

［37］徐业坤，陈十硕，马光源. 多元化经营与企业股价崩盘风险［J］. 管理学报，2020（3）：439 – 446.